남쪽의
큰 소리

최대성 장로님(1910~1997)

추천사 1

선교의 하나님, 선교의 사람

황 춘 광 (한국연합회장)

오래전부터 마음속에 품어 온 과제들이 있습니다. 그중 한 가지가 보성을 중심으로 일어난 선교 부흥에 관한 고찰이었습니다. 이런저런 연유로 잘 이뤄지지 않았는데 이 책을 읽고 단번에 해결할 수 있었습니다.

열흘 전쯤 전 연합회 총무이셨던 최영태 목사님이 전화를 주셨습니다. 연합회 〈영적유산위원회〉로부터 부친이신 최대성 장로님께서 영적 유산 스토리의 주인공으로 선정되셔서 손자 최상재 목사님이 집필을 마쳤다고 말씀하시며 추천사를 부탁하셨습니다.

이 책의 첫 페이지를 폈다가 마지막 페이지까지 넘겨야 했습니다. 읽으면 읽을수록 더 깊이 몰입하지 않을 수 없었기 때문입니다. 구구절절에서 감동의 물결이 크게 파도쳤습니다. 마음이 점점 더 뜨거워지고 눈시울이 점점 더 붉어졌습니다. 아직까지도 거룩한 흥분(?)의 여운이 가슴속에 짙게 남아 있습니다. 다 읽고 났을 때 이 책은 선교의 사람 최대성 장로님의 행전이면서 선교의 영 성령 하나님의 행전이라는 생각이 절로 들었습니다.

영적 유산 스토리 ❷ - 최大聲

남쪽의
큰 소리

최상재 저

추천사 2

한 편의 명작을 읽은 것 같은 감동으로

전 정 권 (전 한국연합회장)

  반도의 남녘 끝을 복음화 하려는 큰 사명을 지녔던 남쪽의 큰 사람(대남 大南)이 그야말로 혼신의 힘을 다해서 큰 소리(대성 大聲)로 외쳐 사명을 다한 이야기는 재림 사상에 충실했던 한 평신도가 이루어 낸 감동의 기록이다.

  목회를 갓 나온 초년에 최대성 장로님을 모시고 목회의 인턴 수업을 했던 내게는 그분의 삶의 모습이 두고두고 목회 생활의 귀감이 되었다. 당시에 최 장로님을 따라 일요일도 없이 매일 여덟 시면 정확하게 방문을 시작했다. 당시 보성교회는 안교생이 250명이나 되는 적지 않은 교회였다. 시내는 물론이고 오리실, 진득이, 두무실, 참새골을 넘어서 장흥의 장평, 고흥의 서호리, 득량, 벌교 등의 교회와 가정들을 때로는 한 주에 두 번, 세 번씩 끊임없이 방문했었다. 바쁜 농사철에 교인들이 집에만 있을 리 없어서 어떤 때는 빈집 마당에 매여 있는 염소를 위해서 기도하고 돌아오곤 했다. 그때 걸었던 그 끝없는 논길과 산골의 오솔길, 포장도 안 된 신작로의 흙먼지와 모기 떼, 그런 것들이 아무리 성가시게 해도 집집마다 방문하는 일을 그치게 할 수는 없었다. 그리고 그분이 지난날 리어카에 마이크를 싣고 동네마다 다니며 전도회를 했던 흔적과 또 거기 연관된 사람들의 이야기를 수도 없이 들었다. 그것이 내 목회 초년의 인턴 수업이었다.

그분의 감화를 받고 기별을 들으면서 수많은 영혼이 예수님을 믿고 회개하고 침례를 받았습니다. 또한 그분과 제자들의 눈물 어린 기도와 불길 같은 열정으로 말미암아 무려 28곳의 교회와 집회소 개척이 이루어졌습니다. 오, 참으로 놀라운 선교 부흥의 대역사입니다. 특히 103명의 자여손이 그분의 아름답고 선하고 진실한 신앙을 최고의 유산으로 생각하고 이어받아 한결같은 모습으로 재림 신앙의 길을 걷고 있습니다.

이 책을 어느 분에게든지 적극 추천합니다. 직접 읽어 보시기 바랍니다. 온 가족이 돌아가며 읽으시기 바랍니다. 이 책 속에서 우리는 최 장로님의 큰 외침[大聲]을 생생히 들으면서 오늘날 우리의 가정과 교회가 살길이 무엇이고 갈 길이 무엇인지 확실히 깨달을 수 있습니다.

이 귀한 책을 출간할 수 있도록 섭리해 주신 하나님께 영광을 돌리며 이 소중한 스토리를 정리하고 집필하셔서 한국 교회의 영적 유산으로 삼게 해 주신 최영태 목사님과 최상재 목사님에게 감사를 드립니다. 그리고 이 책으로 말미암아 각 가정과 각 교회가 영적으로 더욱 성숙하고 선교적으로 더욱 부흥하게 되기를 간절히 기원합니다.

2020년 9월

추천사 3

닮고 싶은 사람 '대성(大聲)'

홍 명 관(전 한국연합회장)

지난 한국 재림교회 역사를 통해 구령에 가장 혁혁한 공을 세운 평신도 전도자들 가운데 한 사람이 바로 『남쪽의 큰 소리』의 주인공이신 최대성(大聲) 장로님이셨습니다. 그는 하나님의 복음을 받고 하나님의 자녀로 거듭난 후, 그 복음을 큰 외침으로 전해야겠다는 굳은 결심으로 '큰 소리' 즉 '대성(大聲)'으로 이름을 개명하기까지 하였습니다. 그리하여 평생 동안 식을 줄 모르는 그의 구령에 대한 열정은 자신의 고향 보성읍과 12개 면에 복음을 전파하여 교회를 개척했을 뿐 아니라 장흥군과 고흥군에까지 선교 역량을 확장하여 교회를 개척하였습니다.

특별히 우리를 놀라게 하는 것은 현재 보성교회(현 보성본부교회, 보성읍 주봉리 소재)를 통하여 재림 신앙을 받고 국내외에서 교회를 섬기고 있는 신자들이 약 800명이 넘는다고 하는 것입니다. 그에 더하여 보성 지구 소속 다른 교회들과 여러 가정 예배소에서 배출된 신자들의 수를 합하면 그 수는 가히 엄청날 것입니다.

어떻게 한 평신도의 구령을 위한 열정이 이처럼 놀라운 결과를 이룩할 수 있었을까요? 그 비결이 무엇이었을까요?

저는 『남쪽의 큰 소리』에 실린 최대성 장로님의 구령을 위한 열정을 불

거의 지각이 없는 아침 여덟 시 방문 시간의 준수, 먼 산골짜기에 외롭게 사는 교인들 한 사람 한 사람에 대한 지극한 관심과 애정, 하나님의 말씀과 예언의 신의 가르침에 대한 철저한 순종, 온통 머릿속에 가득 찬 선교 일념의 사명감, 새벽 동이 트면 눈이 오나 비가 오나 교회부터 한 바퀴 돌고 나서 전답을 한 바퀴 순찰하는 부지런함, 마당에 가득 찬 아이들이 예배당을 함부로 하는 것에 대해 야박할 만큼의 꾸지람에서 볼 수 있는 하나님의 교회에 대한 애정 그리고 가족과 친인척들이 교회에 나오지 않고는 배겨 내지 못하는 열성, 그런 철저한 모범만큼 좋은 인턴 수업이 어디 있었으랴.

그 가족에 연결된 사람들의 숫자가 103명이며 거의 모두가 교회에 충실하다는 것은 그의 모범과 엄격한 훈련이 얼마나 중요한가를 다시 한번 깨우쳐 주는 것이다. 그것은 마치 아브라함의 믿음의 실천이 한 국가를 이룰 수 있었던 것처럼 최대성 장로님의 후손들도 대대손손 믿음의 조상 아브라함의 가족처럼 천하 만민에게 복의 근원이 되고 축복의 통로가 되기를 기원한다. 또한 재림 신도로서 모범적인 삶을 산 할아버지의 일대기를 이렇게 기록으로 남긴 최상재 목사에게도 박수를 보낸다. 마치 한편의 명작을 읽은 것 같은 깊은 감동이 남는다.

현대에 있어서 "제칠일안식일예수재림교회의 최대의 위기는 재림 사상의 중성화이다."라는 조지 나이트의 말이 거부할 수 없는 사실이듯이 그리스도의 재림이 지체되고 재림을 기다리는 신자들의 삶에 열정과 헌신이 시들해 가는 이 시대에 한 평신도의 열정과 헌신이 이루어낸 이 아름다운 기록이 독자들에게 재림 사상을 새롭게 부흥시키는 계기가 되기를 간절히 빈다.

2020년 여름

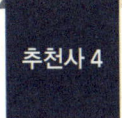

추천사 4

최대성 장로님을 그리워하며

김 기 곤 (전 삼육대학교 총장)

    내가 나의 첫 목회지에서 최대성 장로님 같은 큰 어른을 만날 수 있었던 것은 나의 큰 축복이었다. 1976년 봄, 삼육대학교 신학과를 갓 졸업한 나는 보성교회의 목회자로 부름을 받았다. 경험도 일천하고 더구나 결혼도 못한 총각이었던 나는 평신도 전도 활동으로 유명한 보성교회로 가게 된 것이 부담스러웠다. 당시 보성교회 수석장로는 최영열 장로님이었는데 그분을 중심으로 보성교회의 젊은 평신도들이 지구교회들을 여러 곳 개척하면서 활발히 활동하고 있었다. 그 수석장로님의 부친이 바로 최대성 장로님이셨다. 노인답지 않은 카랑카랑한 목소리를 가지신 그분은 젊은이들을 가르치고 훈련시켜 보성교회와 그 주변 교회들을 개척하고 세우신 보성 지역의 터줏대감이시고 호남 지역 복음화의 선구자이셨다. 그분의 명성을 익히 들어 알고 있던 나는 그분을 두려워하는 마음으로 보성교회 전도사로 부임했다. 젊고 햇병아리 전도사인 내가 어떻게 그런 분의 마음에 들 수 있을까 걱정이 태산 같았다. 그러나 보성교회는 미숙한 나를 따뜻하게 받아 주었다.

태우며 살아오신 이야기를 읽는 순간순간, 흥미진진함과 감동을 느낄 수 있었습니다. 그분은 탁월한 평신도 공중 전도 설교자이셨고, 영혼들을 그리스도의 가슴으로 품고 사랑으로 섬기던 목자이셨습니다. 그러면서 하나님의 말씀과 뜻을 따라야 하는 순종에는 전혀 흔들림이 없는 원칙의 지도자이셨습니다. 저는 이 책을 읽는 동안 그분의 역동적이며 헌신적인 삶의 이야기에서 도저히 눈을 뗄 수가 없었습니다. 끊임없이 이곳저곳에 복음을 전파하며 동분서주하시던 그분의 일거수일투족이 상상되었습니다. 또한 그분께서 놀라운 교회 성장을 이룩하실 수 있었던 비결을 깨닫게 되었습니다. 우리는 이 책 속에서 그 비결을 발견하게 될 것입니다. 그 비결을 발견하기 위해서도 이 책은 읽을 가치가 있습니다.

이 책은 구령을 위한 열이 식어진 우리의 가슴에 다시 한번 뜨거운 열이 전도(傳導)되기를 바라는 마음에서 출판되었습니다. 저는 그토록 구령에 열정을 불태우셨던 최대성 장로님의 삶을 통해 저의 가슴이 뜨거워지는 경험을 갖게 되었습니다. 남은 생애 동안 구령을 위해 모든 것을 바쳐야겠다는 결심을 하게 되었습니다.

끝으로 이 작은 책자가 한국 재림교회의 많은 성도에게 소개될 수 있기를 바랍니다. 그리고 이 책을 통하여 평생 최대성 장로님의 가슴을 뜨겁게 하였던 그 구령의 열을 받아, 우리 중에도 이 시대를 위해 복음을 크게 외치는 제2의 '대성(大聲)'들이 여기저기서 일어나게 되길 바라며, 모든 성도에게 이 책의 일독을 권합니다.

2020년 8월 10일

추천사 5

큰 그릇 하나님의 사도

김 정 태 (전 호남합회장)

하나님은 각 시대마다 인물들을 부르셨다. 사울 시대에 다윗을 부르셔서 "내 마음에 합한 자"라는 말씀을 하셨고 그에게 사명을 부여하셨다. 이어서 기이하게도 솔로몬을 택하사 놀라운 성업을 이루게 하신 분은 하나님이셨다.

고 최대성 장로님도 나라를 빼앗긴 국치년(國恥年)에 태어나셔서 파란만장한 굽이굽이를 넘어 험악한 세월의 강을 건너오셨다. 평소 존함을 들어 익히 알고 있었고, 호남삼육중·고 교목 시절엔 최영선 장로와 호남합회장 재임 중에는 최영태 목사와 함께 일을 하면서 간간이 아버님에 대한 이야기들을 들었다. 그런데 이 책의 원고를 읽으며 그동안 모르고 있었던 많은 사실을 알게 되었고 큰 감동을 받았다. 눈물 없이는 읽을 수가 없었다. 독서하는 내내 감동과 회한과 탄식이 절로 우러나왔다.

호남 재림 신앙 가문의 큰 산을 등산하여 거기서 내리는 산맥들을 탐사한 것 같은 기분이 들었다. 참으로 위대한 발자취가 아닐 수 없다. 보성 선교사를 넘어 호남합회의 자랑스러운 선교 역사이며 그것은 고스란히 한국 재림교회사의 한 자락 꺼지지 않는 성령 하나님의 불길이었다. "교회는 지도자의 영향을 강하게 받을 수밖에 없습니다. 원칙적인 지도자, 그들이 교회를 지킨다고 생각합니다."라고 술회한 조성교회 지생구 장로의 말이 합당하다고 생각한다.

최대성 장로님은 막내아들 같은 나를 사랑해 주셨고 개척하신 이 교회 저 교회를 같이 방문하면서 초창기 개척 무용담들을 들려주셨다. 그분과 같이 걸었던 수십 리 길의 시골길에서 들었던 전도 경험담은 그대로 살아 있는 목회학이었다. 외진 산골에 살고 있는 한 사람의 영혼도 지나치지 않으시는 그분의 열정에서 나는 지도자가 양들을 어떻게 사랑해야 하는가를 배웠다. 그때는 잘 몰랐지만 세월이 흐를수록 그분이 얼마나 큰 지도자였는지가 새삼스럽게 느껴지고 그분의 목소리가 그리워진다. 최대성 장로님이야말로 진정으로 복음의 큰 소리 대성(大聲)이셨고 남쪽의 큰 소리이셨다. 이 책을 읽으시는 분들이 참된 전도자란 어떠해야 하는가를 깨닫고 최대성 장로님과 그가 이끌던 보성 젊은이들의 열정을 본받게 되기를 바라는 마음 간절하다.

2020년 8월

나는 이 책에서 우리 세대가 배워야 할 교훈들이 보석처럼 가득 차 있음을 발견하였다. 우리가 세월과 함께 등한히 하고 소홀히 했던 가치와 전통적 습관들이 그대로 간수되어 있었다. 마치 우리에게 전해진 재림 신앙의 고전적 원천을 발견하는 것 같았다.

이번 최대성 장로님의 선교 신앙 일대기를 읽고 나는 평생 목회를 다시 돌아보게 되었고 은퇴한 지금 무엇을 해야 할지에 대해 깊이 생각하는 시간이 되었다. 한 사람 고 최대성 장로님의 행적이 너무 크고 넓고 깊어 높은 수준의 신자들이나 지도자들이라 할지라도 추종하기가 쉽지 않겠다는 생각을 지울 수가 없었다. 그런데 비슷한 생각을 자랑스러운 대표 필진 최상재 목사가 잘 묘사하여 하나님께 영광을 돌렸다.

"조부님의 과거를 탐구하면서 깊이 인정하게 된 것은 기록을 남기는 이 작업이 하나님께서 하신 일을 발견하는 것이었음을 깨닫게 되었다는 것이다. 하나님을 사랑하고 사람을 사랑한 많은 성도의 헌신을 통하여 하나님이 베푸신 놀라운 은혜와 그분이 펼치신 섭리를 확인할 수 있었다. 하나님은 선교 현장에 생생히 살아 계셨다. 정작 '큰 소리'는 하나님이셨다. 대성과 많은 성도를 통하여 외쳐진 '하나님은 사랑이시라'는 '큰 소리'는 이 작업을 하면서, 책을 쓰면서 내 영혼 깊숙이까지 울려 퍼져 끝없는 메아리가 되었다."

나에게 이렇게 소중한 책의 원고를 미리 읽게 해 주신 후손들에게 심심한 감사의 말씀을 드리며 이 책이 속히 출간되어 욕심 같아서는 모든 한국 교인이 다 읽었으면 좋겠다. 하나님의 은총이 고 최대성 장로님의 후손들에게 주님이 오시는 그날까지 넉넉하고 풍성히 임하기를 축원한다.

2020년 8월

목 차

- 추천사 1   선교의 하나님, 선교의 사람   **황춘광**   4
- 추천사 2   한 편의 명작을 읽은 것 같은 감동으로   **전정권**   6
- 추천사 3   닮고 싶은 사람 '대성(大聲)'   **홍명관**   8
- 추천사 4   최대성 장로님을 그리워하며   **김기곤**   10
- 추천사 5   큰 그릇 하나님의 사도   **김정태**   12
- 머 리 말   남쪽의 큰 소리   **최상재**   18
- 한국에 있는 12개의 어두운 지역에 빛을 비추며   **로버트 L. 셀돈**   21

제1장 보성에서 일본으로
- 죽 한 그릇의 사랑, 수많은 열매로 돌아오다   27
- 질끈 동여맨 성경, 평생의 동반자 되다   29
- "감사하신 하나님 아버지"   33
- 오리실에는 전차가 없었네   36

제2장 대남(大南)에서 대성(大聲)으로
- 소심한 겁쟁이가 어떻게 남쪽의 '큰 소리'가 되었을까?   43
- 그럴 수는 없거든, 천사가 도운 게지   44
- 하나님의 종을 보호하다   48
- 꿩 알에 담긴 사연   50
- 쌀 두 말 반이 있으니 세상 부자 부럽지 않더라   53
- 비 오는 날에 홀로 부르는 찬미   55
- 백설(白雪)이 사시관(四時冠) 하니   59
- 대성의 카리스마   60

제3장 믿음에서 순종으로

- 신앙의 원칙에는 일체의 타협이 없었지 67
- 누워 있는 뼈다귀가 허락하면 비켜 주겠소 69
- 순종, 순종, 순종 71
- 대성 집의 안식일은 준비부터 철저했다 75
- 대성 가족의 매일 예배 78
- 대접하는 문화, 목회가 되다 81
- 세 살 버릇 여든 간다, 아니 신앙이 된다 84
- 천하의 상놈들이로다, 너는 여기 살아서는 안 되겠다 88
- 대를 잇는 교회 사랑, 그 사랑 귀하고 귀하다 91

제4장 소명에서 사명으로〈보성교회(현 보성본부교회)〉

- 장화 장로, 우산 장로 98
- 그 도둑놈은 알고 있었을까? 101
- 아! 선지자학교 – 평신도 제자 훈련 103
- 주봉리, 문맹자가 없었던 유일한 마을 108
- 그리운 옛날 보성교회, 아! 본향 그리워라 111
- 잊지 못할 김봉옥 성도의 설교 한 편 116
- 결혼? 오늘 서로 얼굴 봤으니 날짜 잡읍시다 118
- "신앙인으로 가장 존경하는 분은 최대성 장로님이야" 121
- 팥죽회가 신우회(信友會) 되다 124
- 대성의 교육관, 보성삼육국민학교 128
- 보성교회 재림공원묘지, 하나님의 음성을 기다리다 132
- 교회 신축, 사방에서 몰려와 팔복을 받으라 135
- 보성읍교회, 일곱 번 넘어져도 다시 일어난다 139

제5장 대성(大聲)에서 대성(大聲)들로

1. 금호리교회(현 감정리교회)
- 죽음의 칼춤에도 쓰러지지 않는다   147
- 내 사랑 금호리교회, 어두운 산길 두렵지 않네   150
- 한 알의 씨앗은 삼십 배, 육십 배, 백배가 되었네   152

2. 봉림교회
- 아! 봉림교회와 25살 새댁   159
- 봉림교회는 영원히 닫혔을까? 절대, 그렇지 않다   164

3. 조성교회
- 옛 신앙이 그리워라   168
- "최대성 장로, 그 양반처럼 살아야 한다"   171
- 큰 밭에 썩어진 밀알들이여, 그 헌신 놀랍다   174

4. 웅치교회
- 무한한 가능성, 커다란 아쉬움   181
- 89세의 웅치 선교의 역사를 만나다   187
- 시냇물은 강물 되어 흐르고 강물은 바다로 흘러가네   191

5. 서호리교회(현 대서중앙교회)
- 하나님이 들어 쓰신 한 여인   195
- 14살 소년이 뜻을 정하자 하나님도 뜻을 정하셨네   207
- 그 아버지 목사와 그 아들 변호사   216
- 끊어질 듯 끊어지지 않는 끈질김   218

6. 벌교교회
- 하나님의 은혜는 헤아려 보면 끝이 없다   225
- 끊어져도 연결되고 닫혀도 열린다   228

7. 보성 지구 교회, 끝날 것 같지 않은 영혼 구원의 이야기   231

제6장 전도인 대성(大聲)이 아버지 대성(大聲)으로

- 대성이 사랑했던 작지만 온화한 여인   236
- 88년을 살아 보니   242
- 가족 특별 기도회로 대성을 보내다   245

제7장 현재에서 과거로

- 나의 선교 스타일은 삶의 선교   250
- 사랑과 침묵의 채찍   253
- 친정아버지의 숙제   259
- 외할아버지의 만 원짜리 막내딸   267
- 대총회에 먼저 오셔서 나를 기다리신 외할아버지   271

제8장 땅에서 하늘로

- 존경하는 최대성 장로님을 그리면서   279
- 최대성 장로님을 그리며   282
- 보성본부교회 선교 100주년을 축하드리면서   284

- 맺는 말   큰 소리, 하나님의 호소   287
- 사진첩   290

머리말

남쪽의 큰 소리

　이 책은 일생을 선교에 바친 한 평신도에 관한 이야기다. 이름 없이 빛도 없이 산 넘고 물 넘으며 때로는 외롭게 쓰러져 간 성도들에 관한 책이다. 하지만 무엇보다도 그 평신도들의 헌신과 순종을 큰 축복으로 바꾸어 놓으신 하나님의 놀라운 섭리에 관한 책이다.

　최대성(崔大聲)의 본래 이름은 최대남(崔大南)이었다. 인생의 어느 시점에 하나님의 복음을 큰 외침으로 전해야겠다는 결심으로 '큰 소리' 즉 '대성(大聲)'으로 이름을 바꿨다. 그는 한때 목회자로 일하였으나 평신도가 되어 고향 보성읍과 12개 면에 복음을 전파할 결심을 했다. 그 일을 위하여 평신도들을 철저히 훈련시켜 보성 지역을 복음화 시켰고 장흥군과 고흥군에까지 선교 역량을 확장했다. 1964년, 호남대회에서는 최대성의 선교에 대한 열정과 헌신을 높이 평가하여 그해의 인물로 뽑았다. 대총회 월간지 『Go(가라)』는 1965년 8월에 최대성의 선교 이야기를 전 세계 성도를 위하여 특집으로 꾸미고 그를 표지 모델로 선정하였다. 보성교회(현 보성본부교회, 보성읍 주봉리 소재)에서만 신앙을 받아들여 세계와 전국으로 흩어진 교인이 800명이 넘는다고 한다. 여기에 개척된 보성 지구의 다른 교회들, 가정 집회소들과 예배소들에서 배출한 성도들의 숫자를 합한다면 보성교회를 통한 하나님의 역사가 얼마나 놀라운 것인지를 깨닫게 된다. 후에 최대성 장로와 보성교회는 장흥군 장동면의 가정 집회소를 개척하고 장평면 봉림교회를 돕고 고흥군 대서면 서호리교회(현 대서중앙교회)를 개척하는 등 군을 넘어 선교의 지경을 넓혔다.

최대성 장로는 일곱 자녀를 두었고 후손들이 2020년 현재 103명이다. 모두가 재림교인이다. 손자인 나는 늘 뿌리에 대한 궁금증이 있었다. 최대성 장로의 어떤 것이 그런 결과를 가져왔는지, 그가 교회에 남긴 영적 유산은 무엇인지, 신앙의 후손들은 무엇을 배워야 하는지 언젠가는 연구해야겠다는 생각이 있었다. 목회 27년 차인 나는 여러 교회를 목회하고 많은 성도를 지켜보았다. 오늘에 와서 깨닫게 되는 것은 최대성 장로의 신앙이 매우 귀한 것이라는 사실이다. 이 시대는 늦은 비 성령을 고대하며 성도들이 깨어나야 할 때이다. 복음의 횃불을 높이 들어야 할 엄중한 시기이다. 평신도가 큰 소리를 발해야 할 시점이다.

이 책에서는 최대성 장로의 이름을 '대성(大聲)'이라 했다. 그가 개명할 때의 그 결심, '큰 소리'의 외침이 늘 청년의 목소리로 이 시대의 성도들과 후손들의 마음에 울려 퍼지기를 소망하기 때문이다. 그와 한 시대를 풍미했던 믿음의 선조들이 세상을 등진 지금, 자료를 모으기가 쉽지 않았다. 최영태 목사(대성의 넷째 아들, 전 연합회 총무)와 조부님의 발자취를 찾아 확인하는 작업은 감동과 아쉬움이 교차하는 과정이었다. 더불어 목회자로서 새로운 결심을 하게 된 소중한 경험이었다. 일곱 번 넘어져도 다시 일어나는 신앙으로 교회를 섬겨 온 신실한 성도들을 만날 수 있었는데 그들이 이 시대의 희망임을 깨닫게 되었다. 그들이 깨어 있는 한, 죄의 역사를 끝내는 위대한 큰 외침은 헛되이 사라지지 않을 것이다.

  조부님은 살아 계실 때 그의 일생을 통하여 역사하신 하나님 이야기를 책으로 남기고 싶어 하셨다. 그렇게 하지 못했던 것이 깊은 후회로 남는다. 늦었지만 이 책에 기록된 것만으로도 최대성 장로의 전천후 신앙, 절대적인 순종, 철저한 평신도 훈련과 선교, 하나님과 사람에 대한 사랑, 교회에 대한 깊은 헌신, 인간적인 아픔의 고뇌를 공감하며 교훈을 얻을 수 있을 것이다. 이 책이 한국 재림교회의 성도들에게 영감을 줄 수 있다면 이 책이 쓰인 목적을 이루는 것이다. 이 책을 내도록 기획한 한국연합회에 감사드리며, 인터뷰에 응해 주신 많은 분께 심심한 감사를 드린다. 모든 영광을 하나님께 드린다.

최 상 재

한국에 있는 12개의 어두운 지역에 빛을 비추며

대총회 월간잡지 『Go(가라)』에 실린 글(1965. 8.)

로버트 L. 셀돈 시조사 편집국장(Robert L. Sheldon, Manager)

안교 교과가 복음의 도구로 사용될 것이라고 대개는 생각하지 않겠지만 다음의 이야기는 그럴 수 있음을 보여 준다. 성숙한 젊은이인 최대성은 한국의 남서쪽에 위치한 보성의 한 재림 신도의 가정과 이웃하며 살고 있었다. 당시는 일본이 한국을 통치하고 있었다. 최대성은 안교 교과를 공부하고 있는 친구에게 무엇을 공부하고 있느냐고 물었고 안식일학교에 출석하게 되었으며 28살 때 침례를 받게 되었다.

최대성은 고향 교회에서 활동적인 성도가 되었으며 1936년 일본으로 이주해서 그곳에서 한국인 신자들의 지도자가 되었다. 공습이 빈번해지자 교인들은 각 곳으로 흩어졌고 그는 비밀리에 그들을 찾아 용기를 북돋워 주었다.

전쟁이 끝난 후에는 한국으로 돌아와 선교 사업에 총력을 기울였다. 2차 세계 대전 후 처음으로 『시조』가 발간되자 최대성은 문서 전도 사업에 뛰어들었다. 너무나 성공적으로 그 일을 수행했으므로 호남대회에서는 그를 목회자로 청빙하였다. 1950년 6·25 전쟁이 발발할 때까지 그는 군산교회에서 목회자로 일하고 있었다.

군산에서의 교회 사업은 전쟁으로 타격을 입었으며 최대성의 가족은 고향인 보성으로 피난하였다. 그는 고향 지역을 둘러보고 12개 지역이 복음의 빛이 없이 어두움에 휩싸여 있음을 알게 되었다. 그는 다음과 같이 말하였다. "그것은 저에게 도전이었습니다. 저는 이 지역들에 재림 교회 기별을 전하기 위하여 최선을 다할 것을 결심하였습니다." 평신도로서 그의 헌신을 인정하여 호남대회는 1964년의 탁월한 평신도로 최대성을 뽑아 표창하였다.

최대성의 용기와 믿음은 전염성이 강했고 곧바로 일단의 젊은이들로 구성된 팀을 조직하여 세밀하게 계획된 평신도 복음 전도 사업을 위하여 훈련시켰다. 그들은 교회를 개척할 때에 교회학교를 시작하는 데 역점을 두었다. 지금 이러한 젊은이들이 그를 돕고 있다. 최대성은 잘 조직된 팀을 운용해 새로운 지역에 들어갈 때는 방학 때의 성경학교와 분교 안식일학교를 시작한다. 이 팀은 텐트와 방송 설비를 갖추고 있으며 13개의 새로운 그룹들을 성공적으로 양육하고 있다.

지금의 한국 교회 성장은 적극적이고 신실한 평신도들의 활동의 결과임을 인정해야 한다. 1964년에 4,000명이 침례를 받고 입교했는데 새로운 신자들의 대부분은 평신도들이 진리로 인도한 사람들이다. 1964년 508회의 평신도 전도회를 통하여 11,105명의 결심자를 얻게 되었다.

지금 한국에는 522개의 안식일학교 분교에 19,000명의 안교생들이 매주 모이고 있으며 모두가 최대성과 같은 평신도들에 의하여 지도되고 있다. 그들은 한 가지 목적과 한 가지 목표를 가지고 있는데 재림의 소망을 굳게 잡고 그리스도의 재림의 기별을 한국 사람들에게 전파하는 것이다.

최대성이 목표했던 12개의 지역 중 한 지역만이 미개척지로 남아 있으며 1965년에 그 지역을 개척하기 위하여 현재 계획을 세우고 있다. 이미 조인섭 문서전도자가 복음으로 가득 찬 문서를 전함으로 그 지역에서 기초를 닦고 있다. 한국을 주시하라. 주님을 위한 불타는 평신도들에 의해 1965년도에 하나님을 위한 위대한 일들이 벌어질 것이다.

_ The Journal for Adventist Laymen, vol15, no8, August 1965

(左) 대총회 월간 잡지 『Go(가라)』의 표지 모델인 최대성 장로님(1965년 8월 호)

(右) 왓츠(Watts) 목사로부터 전국 전도왕으로 뽑혀 환등기와 성경 연구 시리즈 필름을 상으로 받고 있는 모습

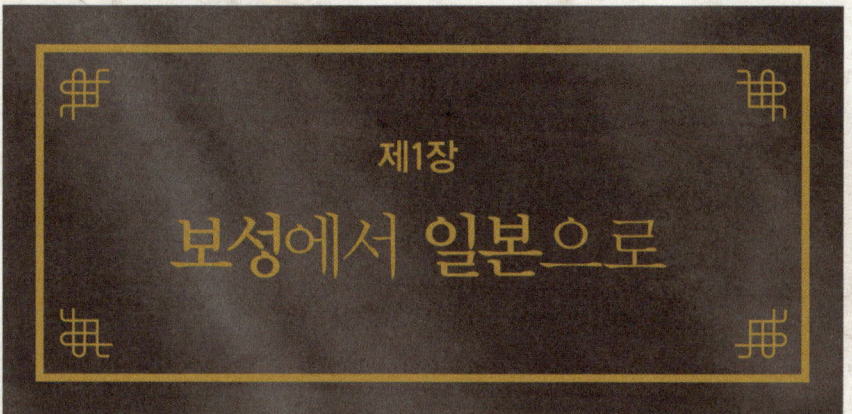

제1장
보성에서 일본으로

"사람이 마음으로 자기의 길을 계획할지라도 그 걸음을 인도하는 자는 여호와시니라"
(잠 16:9)

제1장

보성에서 일본으로

'대성(大聲)'으로 개명하기 전, 그의 이름은 '대남(大南)'이었다. 대남에게 예수 그리스도는 모든 것이었다. 처음과 끝이었으며 모든 결정의 판단 기준이었다. 보성 주봉리 오리실 사람들에게 처음으로 복음의 씨앗을 뿌린 어느 농부도, 머나먼 보성 촌구석까지 찾아온 선교사에게도 예수 그리스도는 모든 것이었다. 예수 그리스도를 믿는 믿음, 그 믿음은 어떤 상황에서도 "감사하신 하나님 아버지"라고 기도하는 전천후 신앙의 근거였다. 신사 참배와 배고픔을 피해 건너간 일본 하늘에서 쏟아지는 B-29 폭탄도, 참혹했던 여순 사건도, 동족상잔의 6·25 전쟁도, 고향 오리실의 가난한 삶도 대남의 "감사하신 하나님 아버지" 신앙을 멈추게 할 수 없었다.

죽 한 그릇의 사랑, 수많은 열매로 돌아오다

대남의 고향 보성군 보성읍 주봉리 '오리실'은 살이 튼실히 오른 오리 모양의 산으로 둘러싸였다 하여 '오리실'이라 했단다. 일제 치하 때라 거의 모든 백성이 목구멍에 풀칠하기도 어려운 시절, 남평에서 복음을 받아들인 화순 출신의 김국진이라는 한 농부가 장모와 아내와 함께 딸을 지게에 지고 보성 구교동에 흘러들어 왔다. 그런데 이 농부가 제칠일안식일예수재림교인이었다. 토요일이면 이 약하디약한 가정에서는 찬미가 흘러나왔다. 매일 벌어 매일 먹고사는 농부 가정이 제칠일 안식일을 기억하여 거룩히 지키는 것이다. 마을 사람들은 이상하게 생각했다. "야소교를 믿어도 이상하게 믿네." 그러던 어느 날, 마을의 서문삼 씨가 옆구리에 종기가 나서 죽을 고생을 하고 있었다. 약도 변변찮은 시절이 아닌가!

초근목피도 부족한 시절에 그 농부 부부는 정성스레 죽 한 그릇을 끓이고 흰쌀 한 되를 가지고 찾아갔다. 그리고 정성스럽게 간호해 주고 기도해 주었다. 하루 이틀이 아니고 지속적으로 그렇게 했던 것이다. 하늘이 감동했는지 서문삼 씨는 병을 털고 일어났다. 그것이 인연이 되어 서문삼 씨는 성경을 공부하고 재림교인이 되었다. 서문삼 씨는 김봉옥 씨에게 복음을 전했다. 김봉옥 씨는 같은 마을의 이계수에게 복음을 전해 주었다. 복음은 가지를 뻗어 나가기 시작했다. 어느 날 이계수는 절친한 친구 대남에게 미국 선교사가 이 시골까지 오니 교회에 가 보자고 청했다. 이계수가 공부하고 있던 안교 교과에 관심을 보였던 대남은 외국인 보기 힘든 세상이라 눈 파랗고 코 큰 미국인 선교사도 볼 겸 교회에 가게 되었다. 이때 그의 나이가 17세였다. 그가 어떤 기별을 듣게 되었는지는 모른다.

보성 촌구석 오리실까지 와서 그 선교사는 서투른 조선말로 무슨 기별을 전했을까? 머나먼 이국땅에 나타난 선교사의 존재만으로도 마음에 깊은 감동이 남지 않았을까? 대남은 성경에 관심을 갖게 되었다. 장가를 든 김봉옥 형님의 신방에서 잠을 같이 잘 정도로 친했던 대남은 성경을 공부하고 재림교인이 되었다. 복음은 사람에게서 사람으로 전파되었다. 그렇게 보성읍 주봉리 오리실에 전해진 복음으로 교회의 기초를 닦은 분들이 고영국, 김봉옥, 본촌댁(이계수 장로 모친), 서문삼, 이계수, 정외덕(정영근 목사 부친), 최대남 7명이다. 죽 한 그릇의 사랑은 복음의 나무에 풍성한 열매를 맺게 하는 밑거름이 되었다. 그 나무가 얼마나 거대한 나무가 될지 당시에는 누구도 상상하지 못했다.

"수확은 뿌려진 씨를 거두는 것이다. 씨마다 '그 종류대로' 열매를 맺는다. 우리가 가진 품성의 특징도 이와 같다. 이기심, 자애심, 자부심 그리고 방종은 번식한다. 이것들은 결국 불행과 파멸을 가져다준다. '자기의 육체를 위하여 심는 자는 육체로부터 썩어질 것을 거두고 성령을 위하여 심는 자는 성령으로부터 영생을 거두리라"(갈 6:8). 사랑과 동정과 친절은 축복이라는 열매를 맺고, 불멸의 수확을 가져온다. 수확할 때에, 씨앗은 여러 배가 된다. 한 알의 밀알은 여러 번 거듭 뿌려지는 중에 번식하여, 드디어 온 땅을 황금의 이삭으로 덮어 버린다. 이와 마찬가지로 단지 한 사람의 일생 또는 한 가지 행위의 영향력도 널리 퍼질 수 있다"(교육, 109).

질끈 동여맨 성경, 평생의 동반자 되다

일제(日帝) 강점기 조선 땅, 입에 풀칠하기가 힘들고 신사 참배 강요로 신앙하기도 힘들었다. 서민들의 삶이 나무 겉옷까지 벗겨 먹는 조선 땅인지라 대남은 일본을 거쳐서 하와이에 가고자 했다. 역경은 도전으로 내몬다. 일본 땅도 마음이 천 리인데 하와이 노동자 길을 생각하는 마음이 답답했다. 그러나 칠흑 같은 미래를 밝힐 빛이 그에게는 있었다. 성경이었다. "주의 말씀은 내 발에 등이요 내 길에 빛이니이다"(시 119:105). 그는 성경을 먼저 챙겼다. 성경을 등에 질끈 동여맸다. 성경은 잃어버려서는 안 된다고 생각했다. 보따리들을 들고 메고 부산에 도착했다. 같이 바다를 건너기로 한 친구를 만나게 되었다. 그 친구는 다른 것은 꼼꼼히 챙겨 왔는데 성경은 가져오지 않았더란다. 대남은 먼 훗날 손자에게 과거를 회상하며 말했다. "지금 돌이켜보니 그 친구하고 많은 차이가 그때 생긴 것이여." 아마도 친구는 성경을 구하기가 쉽지 않았을 것이다. 당시에는 무엇이든 귀했으니까. 그러나 분명한 것은 신앙에서는 우선순위가 모든 것을 꼴 짓는다는 것이다.

일본으로 가는 배는 풍랑에 휘말렸다. 사람들 손에 시달린 물건들은 도착해 보니 없어진 것들이 많았다. 그러나 등에 붙들어 맨 성경은 잃어버릴 수가 없었다. 물설고 낯선 일본 땅, 아침에 일어나 성경을 읽어 하루를 열고 성경을 읽으며 무릎 꿇어 하루 문을 닫았다. 일본에서는 신사 참배를 강요하지 않았으니 신앙하는 데 어려움이 없었다. 친구도 성경 없이 떠났으나 일본에서 신앙으로 매일을 살았다. 그는 평생 재림 성도로 살다 주 안에서 잠들었다.

대남의 성경 읽기는 자녀들에게 항상 목격되는 모습이었다. 수시로 성경을 읽었다. 밭에서 돌아와 잠시 쉬는 시간에도 성경을 읽었다. 단정히 나무 책상 앞에 앉아 성경을 읽는 모습이 손자인 내 뇌리에도 선명하게 남아 있다. 6·25 전쟁으로 인민군이 보성에 들어왔을 때는 성경을 보자기로 둘둘 말아 아궁이 깊숙이에 숨겼다. 대남의 성경책은 자그마한 글씨가 빼곡했다. 성경이 낡아지면 성경을 새로 사지 않고 가죽을 바꿨다. "1961년 12월 제3차 피의"라고 성경에 기록해 놓은 것을 보면 알 수 있다. 특별히 다니엘과 요한계시록에는 연구한 흔적으로 가득하다. 대남은 성경 안에 성경이 있다고 자주 말하곤 했다. 성경 안의 대남의 사도행전은 그렇게 기록되고 있었다.

대남이 운명한 후 성경 쟁탈전(?)이 벌어졌다. 왜 그랬을까? 그 성경의 가치를 모두가 잘 알고 있었기 때문이리라. 그것은 자라나는 후손들에게 보여 주는 것만으로도 큰 교육적 가치가 있을 만큼 대남의 신앙의 흔적이 페이지마다 짙게 남아 있었다. 나는 조부님 살아생전에 그 성경을 나에게 물려줄 것을 부탁했었고, 당시 강웅천 목사(셋째 아들 최영선 장로의 사위)도 그 성경을 호시탐탐 노리고 있었다. 그러나 결국 대남의 손때가 묻은 성경은 가족 회의로 넷째 아들 최영태 목사가 차지하게 되었다. 대남에게 성경은 평생의 동반자였다. 하나님을 만나서 세상을 이기게 한 불멸의 책, 성경 말씀에 순종하며 평생을 걸어갔다.

"루터에게 성경책은 기쁨이었고 위로자였으며 그의 고마운 교사였다. 아무것도 그가 그 책을 연구하는 일을 막을 수 없었다. 그는 죽음을 두려워했으나 하나님의 말씀을 읽기 시작한 때로부터 그와 같은 모든 공포심은 사라지고 하나님의 품성을 찬양하고 그분을 사랑하게 되었다. 그는 스스로 성경을 연구하여 그 안에 있는 풍성한 보화를 즐기게 되었다"(초기문집, 223).

"진리를 찾는 사람이 '여호와께서 말씀하신 것'을 알고자 하여 진지한 열망과 경건한 마음으로 하나님의 말씀을 읽기 위하여 성경을 펼 때

곧 빛과 은혜가 그에게 주어질 것이며, 그는 하나님의 율법에서 놀라운 사건들을 보게 될 것이다. 그는 여호와의 율법을 노예의 멍에로 여기지 아니하고 전지(全知)하시고 자비가 충만하신 하나님의 은혜스런 명령으로 여길 것이다. 그는 하나님의 요구를 실천하기 위하여 노력할 것이다. 오랫동안 등한시되고 평가되지 못했던 위대한 진리가 하나님의 성령으로 드러나게 될 것이며, 흔히 보던 성경절에서도 새로운 뜻이 떠오를 것이다. 성경 한 장 한 장이 진리의 성령으로 비추어질 것이다. 성경은 봉하여진 것이 아니라 개봉된 것이다. 가장 귀중한 진리가 드러나고, 생생한 말씀들이 의아스런 귀에 들리고, 사람들의 양심은 깨우침을 받을 것이다"(안식일학교에 보내는 권면, 34).

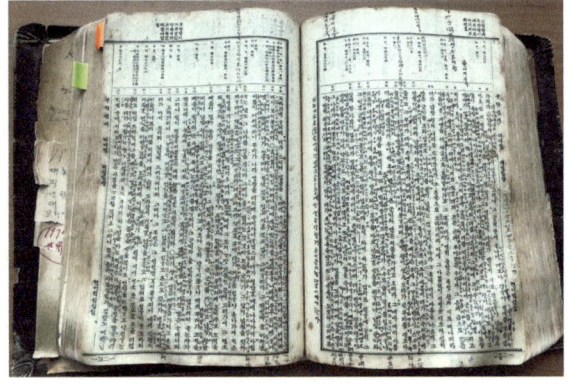

대성의 평생의 동반자였던 성경

"감사하신 하나님 아버지"

"감사하신 하나님 아버지." 대남의 기도는 늘 그렇게 시작했다. 어떤 상황에서도 그렇게 기도했으니 그런 아버지의 모습은 자식들에게는 때로는 이해할 수 없는 것이었다. 신사 참배를 피해 온 일본은 신앙하는 데 방해가 없었다. 조선인으로 살아가는 일본 생활은 쉽지 않았다. 조센징으로 차별받으며 기차역에서 일하고, 한국인 피혁공장에서도 일했다. 나중에는 독립하여 제법 괜찮은 피혁공장을 운영하게 되었다. 경제적으로 여유가 생기기 시작했다. 전쟁은 막바지로 치닫고 있었다. 동경의 낮과 밤으로 나타나는 긴 날개의 미군의 B-29 폭격기는 공포 그 자체였다. 캄캄한 밤하늘에서 우박 퍼붓듯이 폭탄이 쏟아졌다. 대낮에도 소나기 급습하듯 별안간 나타나 온 세상을 뇌성처럼 찢어 놓았다. 신사 참배의 화살을 피해서 일본에 왔더니 B-29 폭탄 비가 기다리고 있었다. B-29 공습을 받으면 안전모를 쓰고 방공호에 몸을 숨겨야 했다. 안전모라고 해 봐야 천으로 만든 허접한 것이었다. 학교 갈 때도 그것은 목에 꼭 감고 다녔다.

요란한 사이렌 소리와 함께 "쿠-슈-" "쿠-슈-"(공습) 숨 가쁜 방송이 몰아치면 다람쥐 구멍으로 줄달음치듯 방공호로 내달렸다. 집마다 방공호가 있었다. 인정사정없는 폭탄이 비 오듯 사방에 떨어졌다. 집 무너지는 소리, 사람들의 비명 소리, 아비규환. 말하여 무엇하리! 그런 폭탄

속 방공호 안에서 한 줄기 기도가 하늘로 올라갔다. "감사하신 하나님 아버지, 이 불구덩이에서 우리를 살려 주옵소서." 대남은 그렇게 기도했다. "벌벌 떨려 죽겠는데 아버지는 감사하신 하나님 아버지라고 기도하셨다. 감사하기는 뭐가 감사해. 죽을 지경인데." 둘째 아들 최영열 장로의 회상이다. 공습이 한두 번이 아닌데도 매번 방공호에서 드리는 기도는 "감사하신 하나님 아버지"였다.

1946년에 귀국했고 1948년에 여순 사건이 발생했다. 여수부터 보성까지 작전 지역이었다. 여수의 14연대의 일부 군인들이 봉기한 사건이다. 보성에는 '호남지구 전투사령부' 예하의 진압군 20연대가 대기하고 있었다. 보성경찰서 뒤쪽에서 전투가 벌어졌고 눈앞에서 죽고 죽이는 끔찍한 사태로 피가 내를 이루었다. 몽둥이로 두들겨 죽이는 처참한 일들이 벌어졌다. 공포의 도가니였다. 밖에서는 총소리가 요란하고 마음은 별도 없는 칠흑인데 대남은 가족들을 모아 놓고 방에 앉아서 기도했다. "감사하신 하나님 아버지." '무서워 죽겠는데 뭐가 감사해.' 자식들은 그런 생각을 하면서도 아버지의 감사 기도를 들으며 자라났다.

그 감사 기도가 그들을 지키고 키우고 있음을 알았을까?

먹을 것이 없어 배가 고파 죽을 지경이었다. 모든 식구가 영양실조로 약해져 온몸에 옴이 올라 욥과 같이 되었다. 그래도 "감사하신 하나님 아버지"였다.

최영열 장로는 회상했다. "아버지는 그런 세상을 살았지. 무조건 감사였어." 세상은 비정해도 대남과 하나님 사이는 그렇게 좋을 수가 없었다.

1950년 6·25가 터졌다. 강산은 피로 붉게 물들었다. 북한의 전투기들이 남쪽의 보성까지 날아와 폭격을 가했다. 보성 철도역에는 물탱크가 높이 세워져 있었다. 북한의 쌕쌕이는 기총 소사를 물탱크에 쏘아 대고 폭탄을 퍼부었다. 옆집에 대남의 형님이 살고 있었는데 무남독녀가 있었다. 난데없는 폭탄 터지는 소리에 아무도 없던 집에서 혼비백산 대남의 집으로 달려 들어갔다. 집은 아무도 없는 듯 조용했다. 방에서 무언가 소리가 들리는 것 같아서 귀를 기울여 보았다. 방에서는 대남의 식구들이 모여 조용히 기도하고 있었다.

세상은 아수라장인데 그곳은 평온한 기도의 초원이었다. 그녀는 그때 생각했단다. "아, 저것이 예수 믿는 것이구나."

놀란 가슴으로 뛰어왔으나 그런 모습을 보고 마음이 차분해졌다. 잔잔한 마음으로 집으로 돌아갈 수 있었다. 그런 적이 여러 번 있었다. 그녀는 나중에 재림교인이 되어 묵동교회에 출석하였다.

인민군은 보성에도 들어왔다. 공산당의 세상은 끔찍했다. 한번은 보성 남국민학교(현 보성 남초등학교)로 사람들을 모이게 했다. 나무 기둥들이 20여 개 세워져 있고 기둥마다 사람들이 묶여 있었다. 눈은 가려져 있고 손은 뒤로 포박되어 있었다. 운동장은 강제로 동원된 사람들로 발 디딜 틈이 없었다. 최영찬 장로(대성의 큰아들)는 그때를 회상했다. "무슨 구경인가 싶어 맨 앞자리에 앉게 되었는데 평생 잊지 못할 참혹한 광경을 보게 되었지. 바짝 마른 긴 대창으로 사람을 찔러 죽이는 것을 봐야 했으니 말이다." 소위 인민재판이었다.

대남은 6·25 전쟁 기간에도 집에서 예배를 쉬는 법이 없었고 "감사하신 하나님 아버지" 기도는 그 험악한 세월을 밀고 나아갔다.

대남은 어떻게 그런 신앙의 소유자가 되었을까? 믿음도 하나님이 주시는 것이다. 하나님을 향하는 자에게 임하시는 성령의 깊은 감화가 아니라면 어떻게 그런 신앙을 설명할 수 있을까. 태평양 전쟁, 여순 사건, 6·25 전쟁. 그 난리와 혼란 속에서 하나님의 은혜가 아니면 "감사하신 하나님 아버지" 신앙이 가능한 일이기나 했을까? 그런 믿음을 주신 분은 "감사하신 하나님 아버지"이시다.

오리실에는 전차가 없었네

1945년 8월 15일, 해방이 되었다. 1946년, 대남은 식구들을 이끌고 한국으로 나오게 되었다. 일본에서 잡은 터전을 미련 없이 버리고 나온 데에는 몇 가지 이유가 있었다. 한 가지는 동경 조선인들에 대한 조총련의 간섭 때문이었다. 많은 일본의 조선인이 환영을 받으며 북한으로 건너간 일은 역사적 사실이다. 대남도 몇 가정과 함께 하와이로 가느냐, 일본에 남느냐, 북쪽으로 가느냐, 고향으로 가느냐 고민했다. 결국, 고향으로 가게 되었다. 공산주의 사상은 신앙의 자유를 부인하기 때문에 북으로 갈 수는 없었다. 일본에 남기도 쉽지 않았다. 일본은 전쟁으로 망했고 고향산천이 그리웠다. 가장 크게 영향을 미친 분은 어머니였다. 어머니는 고향을 너무나 그리워하셨다. 죽어도 보성 주봉리 오리실로 가야 한다고 하셨다. 고향의 정겨움과 울컥함을 누군들 설명할 수 있으랴. 어머니는 일본이 조선을 침략했다며 일본말을 절대 배우지 않았다. 그 고집을 대성이 타고난 것은 아닐까. 고향을 향한 어머니의 그리움은 가슴을 적시고 눈물샘으로 흘러넘쳤다. 옷고름 색깔이 변하도록 눈물을 찍는 어머니가 짠하여 대남은 고향으로 가게 되었다.

  그 결정 하나가 보성을 선교로 불태울 줄 또 누가 알았으랴. "여호와의 말씀에 내 생각은 너희 생각과 다르며 내 길은 너희 길과 달라서 하늘이 땅보다 높음같이 내 길은 너희 길보다 높으며 내 생각은 너희 생각보다 높으니라"(사 55:8~9). 조그만 밀항선 화물 배를 타고 대한해협을 건너오는데 풍랑을 만나서 혼이 나가 버렸다. 천신만고 끝에 부산항에 도착했다. 항구에서 뱃멀미로 토하고 한바탕 난리를 피웠다. 항구에서는 귀환 동포 왔다고 눈구멍이 멍한 명태 대가리로 국물을 내어 퍼 주었다. 일본에서는 먹지도 않고 내다 버리는 명태 대가리를 보자 거기서부터 가난한 티가 줄줄 흘렀다. 어머니 모시고 영찬과 영열, 일본에서 태어난 정자(대성의 첫째 딸)와 영선의 손을 잡고 도착한 고향, 그날이 보성 장날이었다.

보성읍 주봉리 오리실에 도착해 보니 한숨이 절로 나왔다. 일제의 폭풍이 지나간 자리에는 남아 있는 것이 없었다. 산 모양이 살찐 오리처럼 생겼다 하여 '오리실'이라고 불렀다는데 살은커녕 굶어 죽기 딱 좋았다. 그런 '오리실'을 어머니가 왜 그렇게 그리워했는지 이해할 수 없었다. "보성 오리실", "보성 오리실" 노래를 부르는 통에 손주들은 보성이 동경 같은 도시인 줄 알았단다. 전차도 있고 높은 건물들이 있는 줄 알았다. 눈을 씻고 봐도 전차는커녕 제대로 된 달구지도 없었다. 보성에 도착해서 친척 집에 들어갔는데 초가집 한 채가 위태롭게 서 있었다. 그런데 밥이 없었다. 그때부터 배고픔이 시작되었다. 쪽방을 얻어 들어간 집의 문은 창호지가 변변치 않았다. 문을 열면 외양간이라 뚫어진 문구멍으로 소가 큰 눈을 번뜩여 깜짝깜짝 놀란 적이 한두 번이 아니었다.

일본에서 돈을 가지고 나왔지만, 친척에게 사기를 당해 한 푼도 써 보지 못하고 거지가 되어 버렸다. 일본에서 입고 온 고급 오바를 초가집 한 채와 바꿨다. 그러고도 조그만 논을 살 수 있었다. 한국은 너무 가난했다. 도저히 살 수가 없었다. 대남은 일본으로 다시 돌아가려고 했다.

여수까지 친구와 함께 갔으나 친구는 배를 탔고 대남은 어찌 된 영문인지 배를 놓치고 말았다. 결국, 한국에 주저앉게 되었다. 만약 그때 일본으로 돌아갔다면 대남은 하와이를 거쳐 미국으로 갔을 것이다. 그랬다면 지금의 보성 선교 이야기는 없었을 것이다.

"사람이 마음으로 자기의 길을 계획할지라도 그 걸음을 인도하는 자는 여호와시니라"(잠 16:9).

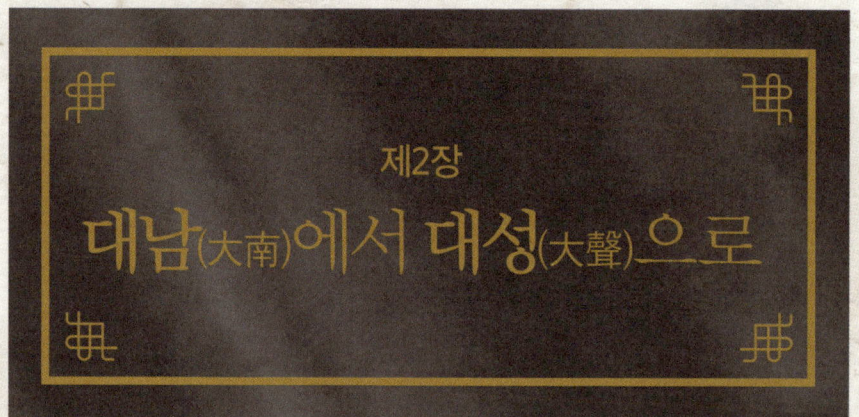

제2장
대남(大南)에서 대성(大聲)으로

"의인의 길은 돋는 햇볕 같아서 점점 빛나서 원만한 광명에 이르느니라"(잠 4:19)

제2장

대남(大南)에서 대성(大聲)으로

김봉옥 성도는 꿈을 꾸었다. 한 사람이 앞서가고 수많은 양 떼가 그를 따라가고 있었다. 그 꿈은 너무나 생생하여 잊을 수 없었다. 그는 후에 앞서가던 사람이 대남이라고 일러 주었다. 대남은 그 꿈을 절대 잊지 않았다. 인생의 어느 시점에 그는 이름을 대남(大南)에서 '대성(大聲)'으로 바꾸었다. 복음을 '큰 소리(대성-大聲)'로 전해야겠다고 개명했는데 그것은 작은 사건이 아니었다. 대성이 되는 길은 쉬운 길도 아니었다. '남쪽의 큰 소리'가 되기 위하여 하나님과 깊이 사귀어야 했으며 인생의 높은 산도 힘겹게 넘고, 깊은 골짜기에서 신음 소리도 토해야 했다. 그는 평생 대성이 되어 갔다. 아니 하나님이 그를 대성으로 만들어 가셨다. 하나님은 말씀으로, 고난으로, 함께하심으로 대남을 대성으로 세월과 함께 바꾸어 가셨다.

소심한 겁쟁이가 어떻게 남쪽의 '큰 소리'가 되었을까?

한번은 소년 대남이 설교 시간에 기도를 하게 되었다. 미리 날짜가 정해져 있어 준비할 시간이 충분히 있었다. 대남은 기도를 할 자신이 없었다. 소심했기 때문이다. 가슴이 떨려서 기도를 도저히 할 수 없었던 대남은 결국 교회에 결석했다. 교회에 절대 빠지지 않았던 대남은 그 안식일에 나타나지 않았다. 그런 소심한 대남이 어떻게 대성(大聲)이 되었을까? 어떻게 그런 영감적인 설교를 하고 담대한 전도자의 삶을 살게 되었을까? 당시에는 성경 한 권 외에는 자료가 없다시피 했는데 대성은 어떻게 그 많은 사람들을 예수께 인도하는 설교자와 전도인으로 변하게 되었을까? 그것은 고숙이 되는 대성의 설교를 수없이 들으며 삶이 쪼개지는 경험을 했다는 정영근 목사(전 호남대회장)에게는 80세가 넘은 지금까지도 풀 수 없는 수수께끼라고 한다. 정영근 목사는 그 비밀이 성경을 깊이 연구하고 묵상하는 사람에게 주어지는 성령 충만일 수밖에 없다는 결론에 이르게 되었다.

대성의 둘째 딸 경자는 아버지와 함께 새벽 기도회에 자주 참석했다. 경자의 새벽잠을 깨워 작은 손을 호주머니에 넣고 어린 딸의 손을 따뜻이 만지작거리며 교회를 향해 오리실 길을 내려가던 대성은 갑자기 걸음을 멈추었다. 그리고 엄지와 검지를 이마에 대고 문질렀다. 머리를 들어 높은 새벽하늘을 바라보며 한참을 서 있었다. 어린 딸은 아버지가 기도하고 있다고 생각했다. 그녀도 작은 걸음을 멈추고 눈을 껌벅이며 아버지를 한 번 올려다보고 높은 새벽 밤하늘을 바라보았다. 하늘을 가로지른 은하수에 수많은 새벽 별들이 숨이 막힐 듯 반짝이고 있었다. 어린 마음에도 경외감이 전신을 쓸고 내려갔다. 대성의 멈춤은 길을 가다가도, 논에서 허리를 펴다가도, 밭일을 하다가도 자주 목격되는 모습이었다.

"아버지는 묵상이 깊었지." 둘째 딸 최경자 집사의 회상이다.

대성이 항상 하나님과 교제하기를 갈망하고 하나님의 말씀을 깊이 묵상했음을 알 수 있다. 하나님과의 교제와 묵상이 그 소심한 소년 대남을 포효하는 큰 소리 대성(大聲)으로 만들어 놓는 데 가장 중요한 원인이었다.

그럴 수는 없거든, 천사가 도운 게지

대성은 목회자가 되어 군산으로 발령을 받았다. 인생의 계획은 예상 못하게 어그러지는 경우가 얼마나 많은가! 이제는 6·25가 터진 것이다. 할 수 없이 식구들을 데리고 피난길에 올랐다. 태평양 전쟁으로, 여순 사건으로, 이제는 동족상잔의 비극으로 인생은 고해에서 고해로 이어졌다. 정말 남아나는 게 없는 세월이었다. 그러나 살아야 한다. 아내와 세 자녀와 함께 군산에서 전주까지 걸어갔다. 영열은 어디서 신발이 벗겨졌는지 맨발이었다. 너무 지쳐서 중간에 소달구지를 돈을 주고 얻어 타게 되었다. 그렇게 도착한 전주 철도역, 기차는 서울에서 싣고 온 피난민들을 역에 퍼 내렸다. 전주역은 인산인해에 아비규환이었다.

 엄마 잃은 아이들이 울며 돌아다니고, 죽은 아이들이 개울에 떠 있었다. 지옥이 따로 없었다. 남쪽으로 내려가는 기차가 몇 번 왔으나 대성의 가족은 자꾸 뒤로 밀리고 있었다. 기어코 밤이 되었다. 기차 한 대가 내려와 정차했다. 쓰나미 밀려가듯 사람들이 몰려가 기차에 매달렸다. 대성의 가족은 기차 근처에도 가지 못했다. 모든 사람이 올라타고 대성의 가족만 남았다. 아이들이 무서워서 울기 시작했다. 본능적으로 알았을까? 그것이 마지막 기차인 것을!

 한 역무원이 대성의 가족을 불쌍히 여겼던지 다가와 따라오라고 했다. 그리고 마지막 침대칸으로 구겨 밀어 넣었다. 영열과 정자는 너무 지치고 허기진 나머지 겨우 침대 밑으로 들어가 잠이 들었다. 가장 어렸던 영선이를 대성은 머리 위로 들고 사람들을 비집고 들어갔다. 몸이 불안정하게 자리를 잡았다. 겨우 몸을 세웠을 때는 꼼짝할 수가 없었다. 공습이 무서워서인지, 등들이 모두 나가서인지 객차 안은 어두컴컴했고 콩나물시루마냥 **빽빽**이 들어찬 곳에서 땀 냄새가 진동했다. 뜨거운 여름 날씨에 숨쉬기도 쉽지 않았다. 그런데 들고 메고 전주까지 걸어온 피곤에다 받쳐 든 아들의 시시각각 제곱근이 되는 무게로 대성의 팔은 온몸을 비틀어 땀으로 범벅을 만들어 놓았다. 곯아떨어진 아들을 받쳐 든 팔은 자꾸 밑으로 내려왔다. 안기도 하고 머리에 올려놓기도 해 보았으나 치근대는 아들의 무게를 어떻게 해 볼 수가 없었다. 마치 아들의 몸으로 자신의 몸을 버티고 있는 듯 견디기 힘들었다. 쌀자루면 어디다 던져 버려도 되는데 자식을 어디다 내려놓을 수가 없었다. 밟혀 죽을 수도 있고 잃어버릴 수도 있고. 수없이 봐 왔으니까.

자식,
그것이 무엇일꼬.

칠흑 같은 밤,
대성은 더 이상 견딜 수 없었다.
대성은 기도했다.
육체의 손은 무거움으로 내려갔지만, 마음의 손은 하늘을 향해 높이 들었다.
"하나님, 저 좀 살려 주십시오. 하나님, 저 좀 살려 주십시오."
칠흑 같은 어둠 속에서 기도했다. 기도라기보다는 애타는 울부짖음이었다. 주의 이름을 부르는 자가 구원을 얻는다 했던가!

그 순간,

무언가가 어둠 속에서 불쑥 나타나는가 싶더니 높이 받쳐 든 두 손에서 아들을 낚아채 가 버렸다. 깜짝 놀라 "영선아! 영선아!" 아무리 소리쳐 불러도 허공을 헤매는 손은 아들을 찾을 수 없었다. 사람 콩나물시루 숲에서 할 수 있는 일이 없었다. 그저 계속 기도할 수밖에 없었다. 기차는 밤을 달팽이처럼 기어 순천에 무거운 발을 멈췄다. 동이 멀리서 터오기 시작했다.

빛이 눈을 밝히기 시작하자 대성은 아들을 찾기 시작했다. 사람들 틈 속에는 없었다. 어디 바닥에 떨어져 있지도 않았다. 식은땀이 등골을 쓸고 내려갔다. 우연히 눈을 들어 먼 선반을 본 대성은 깜짝 놀랄 수밖에 없었다. 끝 선반 위에 큰 가방 하나가 놓여 있고 그 위에서 아들이 천장과 가방 사이에 꼭 끼인 채 세상모르게 자고 있었다. 대성은 키가 1m 75cm 정도, 당시에는 큰 키였다. 그 큰 가방 위에 있는 아들은 발돋움을 해도 닿지 않았다. 대성은 어느 날 손자인 나에게 말씀하셨다.

"하나님께서 천사를 보내 주셨던 게지. 그럴 수는 없거든."

선반 위에서 잠을 잤던 그 아들은 그때 은혜를 크게 받았는지 지금도 낙천적으로 둥글게 잘 살아간다. 순천에 내려 보니 식구들이 꾸역꾸역 기차 문구멍을 통해서 걸어 나왔다. 기차역 바닥에 쓰러져 하늘을 바라보았다. 하나님의 영광이 하늘에 꽉 차 있었다. 아무리 칠흑 같은 어두움이라도 아침은 오는 것이다. 그리고 언뜻언뜻 보이는 하나님의 은혜는 우리로 하여금 다시 살 수 있는 새로운 힘을 주는 것이다.

하나님의 종을 보호하다

1950년 김명길 목사는 중한대회장이었다. 그는 1950년 6월 24일 안식일, 연합회장 배의덕 목사와 15명 내외의 선교사 및 목회자들과 함께 강릉에서 예배당 헌당식을 마쳤다. 그들은 다음 날 6·25 전쟁 소식을 듣게 되었다. 김명길 목사는 서울로 돌아가려 했으나 인민군이 서울까지 이미 들어왔다는 소식을 들었다. 그는 본 교회 서적을 가득 넣은 보따리를 짊어지고 대관령을 넘어 청주, 대전, 광주를 거쳐 이천 리 길 되는 보성까지 걸어 내려갔다. 그는 보성교회에 초대 전도사로 부임한 적이 있었다(이영린, 한국재림교회사, 300, 1965). 대성과 믿음 안에서 친밀한 사이인 그가 위급한 때에 보성을 찾은 것은 극히 자연스런 일이었을 것이다. 남향하면서 보니 전라남북도에 이미 인민군이 들어와 있었다. 군산에서 먼저 보성에 내려와 있던 대성은 그를 반갑게 맞이했다.

해가 떨어질 무렵 구겨질 대로 구겨진 옷에 지칠 대로 지친 모습의 그가 구교동 마을에서 산비탈을 넘어 대성의 집으로 들어갔다. 그런데 그 모습이 누군가의 눈에 띄었는지 몇 청년이 밤에 대성의 집에 들이닥쳤다. 그리고 그를 내어놓으라고 위협했다. 대성 부부는 끝내 그를 내어놓지 않았다. 실랑이를 벌이다가 그중 한 청년이 "이 집에는 없는 모양이니 돌아가자."라며 다른 청년들을 설득하여 집에서 물러났다. 하나님이 그 청년의 마음을 감동시킨 것이 아니라면 팽팽한 삶과 죽음의 줄다리기에서 김명길 목사의 운명이 생명 쪽으로 넘어갈 수 있었을까?

김명길 목사는 대성의 집에서 며칠을 묵었다. 그 기간 동안 다음과 같은 일이 있었다. 어느 날, 비행기 소리와 총소리가 요란하여 대성은 그와 함께 소년 최학봉(현 담양교회 장로)의 집으로 내달렸다. 오리실에 토굴이 있는 집은 그 집밖에 없었다. 마루 밑에 깊숙이 판 토굴에 최학봉의 부모님과 식구, 대성 그리고 김명길 목사가 몸을 피했다. 대성이 자기 식솔들이 아니라 김명길 목사를 거기에 숨긴 것은 교회 지도자를 보호하고자 함이었을 것이다. 굴속에서 대성과 김명길 목사는 기도를 드렸다. 대성이 먼저 기도하고 김명길 목사가 다음으로 기도했다. 어두컴컴한 토굴에서 무릎 꿇어 드리는 간절한 기도는 하나님의 보좌로 올라갔다. 기도를 듣던 소년 최학봉은 깊은 감동을 받았다.

대성의 인도로 김명길 목사는 장흥군 대덕으로 넘어가 김채두 장로를 만나고 교회를 살피고 위로했다. 그 후 김명길 목사는 "보성 최대남 장로 댁에서 싸 주시는 미숫가루를 가지고 가족들의 생각이 궁금하여"

서울을 향하여 길을 재촉했다(이종근, 어둠을 밝히는 빛의 증인들, 136, 1998). 1965년도 판의 이영린 목사의 책에는 '최대성'으로, 이종근 목사의 책에는 '최대남'으로 기록되어 있다.

이영린 목사와 이종근 목사의 책 그리고 최학봉 장로의 회고들은 대성과 당시의 교회 지도자들 간의 밀접한 관계를 보여 준다. 또한 6·25 사변 중에도 교회를 돌보며 성도들을 위로하는 지도자들의 모습을 볼 수 있는 소중한 기록이다.

꿩 알에 담긴 사연

대성은 중앙 무대에도 알려져 있었다. 많은 한국인 지도자들과 이시화, 태부시 등 선교사들이 보성교회를 자주 찾은 것은 보성교회의 선교 활동이 얼마나 활발했는지를 잘 보여 주는 것이리라. 하루는 주봉리 오리실의 교인들이 머리를 맞대고 있었다. 선교사를 기다리는 설레는 나날들이었지만 고민이 있었다. 부두열 선교사(독일 선교사, W. J. Pudewell)가 보성교회를 방문하기로 되어 있었기 때문이다. 그 귀한 손님을 무엇으로 대접할 것인가? 참으로 가난한 시절인지라 먼 길 손님을, 그것도 선교사를 마땅히 대접할 것이 없었던 것이다. 그들은 꿩 알을 줍기로 했다. 모두 산으로 올라갔다. 그러나 꿩 알이 '나 여깄소' 하고 손을 드는 것이 아니어서 발견하기가 쉽지 않았다. 다행히 대성이 꿩 집을 발견하고 꿩 알 한 개를 가지고 내려왔다. 그런데 문제는 한 알을 덩그러니 상에 올려놓을 수는 없는 노릇이었다. 김봉옥 성도는 잠시 생각했다. 그 꿩 알을 다시 가져다 놓으라고 했다. 그러면 두 개, 세 개가 되지 않을까 기대했던 것이다. 아니나 다를까 금요일이 되어서 꿩 알은 4개로 불어났다. 꿩에게는 미안했지만 그것으로 선교사를 대접하기로 했다. 꿩 알 4개를 부끄러운 밥상에 올려놓으며 교인들은 그나마 마음을 다독일 수 있었다. 선교사가 큰 손으로 작은 꿩 알을 까서 먹는 모습을 보고 교인들은 무슨 생각을 했을까? 그 선교사는 교인들의 애틋하고 진한 사랑을 알았을까?

부두열 선교사는 1929년 6월 20일부터 29일까지 동명 소학교 운동장에 천막을 치고 열렸던 조선합회 총회에서 남선대회장으로 선임되었다.

그가 대회장으로 선임되기 전 몇 년 동안 조선에서 활동했다. 그는 1934년에 있었던 부산 전도회의 실질적인 책임자였다. 전도회용 천막을 칠 때부터 동료 동역자들과 함께 비를 맞으면서 몸을 아끼지 않았다. 전도회 25일 기간 동안 조선식 여관에서 조선인 사역자들과 함께 스스럼없이 지내며 헌신한 진정한 선교사였다(오만규, 제칠일안식일예수재림교 한국 선교 100년사). 그런 선교사들이 이 땅 조선에서 땀과 피를 흘린 것이다. 그렇게 우리에게 복음이 전해져 온 것이다. 선교사를 꿩 알로 대접한 사건은 보성교인들에게는 마치 전설처럼 전해져 오고 있는 먼 옛날의 그리운 추억이 되었다. 대성은 종종 꿩 알로 선교사를 대접한 일을 무용담처럼 말하곤 했다. 선교사들의 헌신을 늘 깊이 감사했다. 한번은 대성이 보성교회를 방문한 선교사와 세족 예식을 하게 되었다. 선교사와 짝이 된 대성은 선교사의 양말을 벗기고 한참을 발을 씻기지 못했다. 가뭄에 쩍쩍 갈라진 논과 같은 발을 보고 눈물이 앞을 가렸던 것이다.

이역만리 고향 땅을 떠나 그리스도의 심장으로 젊음을 불태운 백인 선교사들. 인종도 뛰어넘고 나라의 경계도 뛰어넘은 오직 예수 그리스도의 사랑과 복음으로 하나 되었던 그 시절 성도들과 선교사들, 오늘날이라고 그렇게 하나 되지 말라는 법이 있을까. 첫사랑을 잃은 세대여, 옛 신앙과 사랑을 회복하자. 예수 그리스도의 사랑과 복음을 회복하자. 푸른 눈의 부두열 선교사와 기도하는 마음으로 꿩 알을 찾아 산을 헤맸던 보성교인들은 세상에 더 이상 있지 않다. 그러나 그리스도 안에서의 헤어짐에는 다시 만날 영원한 약속이 심겨져 있다. 그리스도가 이 땅 위에 영광 중에 다시 서실 때에.

    십자가 고난 당한 주 문 앞에 당도하셨네
    착한 자 영접하시러 주 다시 오시네
    문 앞에 문 앞에 우리 주님 문에 서셨네
    오시는 주 오시는 주 문에 당도하셨네

주 예수 오실 징조가 날마다 눈에 보이니
하늘의 아침 영광을 쉬 보게 되겠네
문 앞에 문 앞에 우리 주님 문에 서셨네
오시는 주 오시는 주 문에 당도하셨네

새로운 영광 나라에 무궁한 복락 누릴 때
죽음은 다시없겠고 한없이 살겠네
문 앞에 문 앞에 우리 주님 문에 서셨네
오시는 주 오시는 주 문에 당도하셨네 (찬미 212장)

쌀 두 말 반이 있으니 세상 부자 부럽지 않더라

　일본에서 귀국한 후와 6·25 전쟁으로 군산에서 보성으로 귀향한 다음에 대성은 종종 문서 전도를 했다. 당시에는 문서전도인을 권서인(勸書人)이라고 했다. 권서인의 일은 서적을 통하여 복음을 전하는 일이지만 민족의 삶을 살펴보는 중요한 역할을 했을 것이고 전도 장소를 물색하는 데에도 도움이 되었을 것이다. 대성은 종종 출장으로 며칠씩 집에 돌아오지 못했다. 복음 서적을 전하러 갔다가 구도자를 만나 성경을 가르치고 온 경우도 많았다. 하나님이 준비하신 구도자를 만나서 가르치는 일은 하나님의 인도하심을 깊이 체험하는 증거가 되었다.

  집에 돌아와 보면 쌀이 떨어져 있었던 적도 있었다. 그런 사정을 알면서도 전도를 하러 떠나는 대성의 마음이 어찌 편할 수 있었으랴. 그는 문서 전도를 아주 잘했지만 그 일에 평생을 바치지는 않았다. 그의 목표는 보성과 그 주변 지역을 복음화 하는 일이었기 때문이다. 한번은 어떤 장로님에게 이렇게 말했다고 한다. "쌀 두 말 반이 있으니 세상 부자 부럽지 않더라." 이야기인즉 가지고 나간 책을 다 팔아 쌀 두 말을 사서 창고에 들여놓았던 것이다. 가족들이 얼마 동안은 쌀 걱정이 없을 것이므로 대성의 마음이 부자가 되었던 것이다.

  선교가 가장 우선이었던 대성의 삶은 전적인 하나님에 대한 신뢰와 헌신이 없으면 불가능한 것이었다. 가족의 고통으로 믿음이 위협을 받을 때만큼 갈등을 불러오는 것이 있을까? 대성은 고난 앞에서 하나님을 선택하며 신앙이 단단해져 갔다. 하나님은 대성의 선교적 사명도 이룰 수 있도록 그를 훈련시키고 계셨다. 보성과 12개 면 그리고 보성 주위의 장흥군과 고흥군에도 전도하며 교회를 개척하는 소명을 이루도록 하기 위하여 하나님은 그를 준비시키고 계셨다. 시대적 소명과 사명 앞에 하나님을 선택하는 일이 인간적인 고뇌를 동반하는 일이었으나 대성은 하나님을 신뢰하고 함께하시는 하나님을 배우며 사명을 향해 한 걸음씩 나아갔다.

"주께 힘을 얻고 그 마음에 시온의 대로가 있는 자는 복이 있나이다 저희는 눈물 골짜기로 통행할 때에 그곳으로 많은 샘의 곳이 되게 하며 이른 비도 은택을 입히나이다 …만군의 여호와여 주께 의지하는 자는 복이 있나이다"(시 84:5-6, 12).

비 오는 날에 홀로 부르는 찬미

손자, 손녀 중에는 최명화 사모(포항교회 박상철 목사 아내)가 오랫동안 조부이신 최대성 장로를 지켜볼 수 있었다. 광주로 중학교에 가기 전까지 어려서 몇 년, 음대를 졸업하고 사모가 될 때까지 고향 보성에서 피아노 학원을 하면서 보냈던 5~6년 동안이다. 대성은 농부이면서도 전혀 농부 같지 않은 조부님이셨다. 밭일을 오전에 하고 나면 깨끗이 목욕을 하고 머리에 기름을 발랐다. 신사복을 입고 두루마리를 두른 다음 모자를 쓰고 하얀 구두로 단장을 마쳤다. 그리고 자전거를 타고 읍내로 나가셨다. 하루에 한 번은 거의 그렇게 하셨다. 사람도 만나고 친구들과 이야기도 나누셨다.

오리실 동네에는 윗마을이 있고 아랫마을이 있다. 대성은 윗동네에 살고 있었다. 집은 높은 곳에 있어서 모든 마을이 한눈에 들어왔다. 집에서 보는 동네의 모습은 그림처럼 아름다웠다. 집에서 자전거를 타고 내려오면 회관이 나온다. 회관 앞에는 동네 우물터가 있고 마을의 큰길과 이어진다. 길 좌편에는 밭들이, 우편에는 논 들판이 넓게 펼쳐져 있다. 오리실 동네를 벗어나는 마지막 집, 동네를 들어오면 첫 번째 집이 읍내에서 대장간을 운영하는 감 씨네 집이다. 동네를 시작하는 그 길에서 대성은 자전거를 세워 놓고 기도를 하곤 했다. 동네 사람들에게도 자주 목격되곤 했다.

그는 그곳에 서서 동네를 바라보며 무슨 기도를 드렸을까?

젊음은 지고 세월의 몸이 따르지 못했던 대성은 집에 머무는 시간이 많아졌다. 대성은 나이가 들어도 완전 백발은 되지 않았다. 검은 색깔이 흰 머리와 잘 어울렸다. 자기 관리가 철저해서 날마다 기름을 바르고 머리를 가지런히 했다. 나무 책상 앞에 양반다리를 하고 앉아 성경을 읽고 연구하는 모습은 평생의 습관이다. 대성은 성경을 읽다 감동이 되면 찬미를 불렀다. 높지도 않고 낮지도 않은 목소리로 하나님 앞에 드리는 그만의 찬양이다.

하나님 의지 없어서 손들고 옵니다
주 나를 떠나가시면 나 어디 가리까
내 죄를 씻기 원하여 피 흘려 주시니

곧 회개하는 맘으로 주 앞에 옵니다(찬미 329장)

방에서 흘러나오는 찬양은 하나님과 교통하는 그만의 언어였다. 그의 책상에는 성경책이 여러 권 있었다. 책이 많지 않았다. 나무 책상 위에 조그만 4층 책꽂이가 전부였다. 대성은 묵상이 깊었다. 성경을 읽고 깊이 묵상하며 하나님과 교제했다. 감동이 밀려오면 입에서 찬양이 흘러나왔다. 그의 설교가 깊고 감동적이었던 이유는 날마다 가지는 하나님과의 교제로 하나님과의 관계가 친밀했기 때문이다. 불같은 성격으로 사람들과의 관계에서는 서운한 일이 있을 수 있어도 하나님과는 서운한 일이 없었다. 그것이 대성의 신앙의 원동력이다.

어느 비 오는 날이었다. 온종일 비가 내렸다. 밭일을 할 수 없었던 대성은 아침부터 성경을 공부하는 모양이었다. 오후쯤 되자 방에서 찬미가 흘러나왔다. 이번에는 수 시간 계속되었다. 같은 찬미를 반복해서 불렀다.

디베랴 맑은 바다
푸른 목장 없어도
주님 찾아오셔서 좌정하시니
어두웠던 내 맘에 생명의 빛 되시네
갈릴리 작은 갈릴리 내 마음 작은 갈릴리

빼낸 봉 흰 눈 쌓인 헤르몬산 안 뵈도
믿는 마음 주셔서 화평 누리니
인자하신 성령님 이 내 맘에 계시네
갈릴리 작은 갈릴리 내 마음 작은 갈릴리

능력의 신의 아들 오시어서 외롭게
무궁하신 사랑을 역사 지신 곳
내 안에도 그처럼 주의 뜻을 이루리
갈릴리 작은 갈릴리 내 마음 작은 갈릴리 (찬미 466장)

사람이 하나님을 찬양하는 것, 대성이 하나님을 찬양하는 것, 그것은 하나님이 사람에게 어떤 기적을 일으킬 수 있는지를 잘 보여 준다. 옳다고 생각하면 타협이 없고, 성정이 불같은 대성이 하나님을 알지 못하고 세상을 살았다면 어떤 말과 노래가 그 입에서 흘러나왔을까? "달을 보고 빌고 싶은 마음이 있었다"던 대성은 성질 급한 스님이 되었을지 모른다. 그러나 하나님은 크신 은혜로 대성의 입에서 하나님께 감사와 기쁨의 찬양이 흘러나오게 하는 분이시다. 최명화 사모는 조부님의 묵상을 지켜보고 찬양을 들으며 대성의 신앙의 원동력이 어디에서 기인하는지 확인할 수 있었다.

백설(白雪)이 사시관(四時冠) 하니

"白雪이 四時冠 하니 草幕三家 不老村이라." 어느 날 대성의 일곱 자녀는 액자를 하나씩 받았다. 보낸 사람은 아버지 대성이었다. 대성이 누구에겐가 부탁하여 액자를 만들어 보낸 것이다. 액자에는 '구산 최대성'이라고 적혀 있었다. '백설을 사시사철 관으로 썼으니 초막 세 개 불로촌(늙음이 없는 곳)이라.' 이 시는 마가복음 9장의 예수님의 변화산 사건을 묘사한 것이다. 예수님이 베드로, 요한 그리고 야고보를 데리고 산에 오르셨다. 그리고 어느 순간 예수님은 "세상에서 빨래하는 자가 그렇게 희게 할 수 없을 만큼 심히 희어진 옷을"(막 9:3) 입은 모습으로 찬란한 빛을 발산하며 변화하셨다. 예수님은 모세와 엘리야와 함께 대화하고 계셨다.

베드로는 그 모습을 보고 감동이 너무 큰 나머지 예수님께 간청했다. "주여 우리가 여기 있는 것이 좋사오니 우리가 초막 셋을 짓되 하나는 주를 위하여, 하나는 모세를 위하여, 하나는 엘리야를 위하여 하사이다"(마 17:4). 모세는 죽었다가 부활한 성도들을, 엘리야는 살아서 승천할 성도들을 상징한 것이다. 그러니 이 모습은 천국의 모습을 보여 준 것이리라. 대성은 예수님의 변화산 사건을 자주 묵상하고 설교했다. 대성이 찬미 '디베랴 맑은 바다'(446장)를 좋아하는 이유를 알게 된다.

빼낸 봉 흰 눈 쌓인 헤르몬산 안 뵈도
믿는 마음 주셔서 화평 누리니
인자하신 성령님 이 내 맘에 계시네
갈릴리 작은 갈릴리 내 마음 작은 갈릴리 (2절)

주님과 함께 영원히 살 곳, 아픔과 슬픔과 이별이 없는 천국을 대성이 얼마나 고대했는지 알게 된다. 일곱 자녀와 함께 천국에 있고 싶은 간절한 심정을 글에 담아 보낸 것이다. 벽에 늘 걸어 놓고 아버지의 소원을 기억하라고, 꼭 천국에서 보자고 일곱 자녀에게 보낸 아버지의 간절함을 자식들은 알고 있을까? 일곱 자녀 없는 천국을 대성이 상상이나 할 수 있었을까? 최영열 장로는 동생 최영태 목사에게 이렇게 말했다. "그 글은 아버지가 우리 자녀들에게 유언으로 주신 말씀이야." 그랬다. "白雪이 四時冠 하니 草幕三家 不老村이라." 대성은 그곳에서 자녀들과 영원히 살고 싶었던 것이다. 그것이 대성이 사랑하는 그의 일곱 자녀에게 남긴 유언이었다.

대성의 카리스마

대성에게는 누구도 함부로 할 수 없는 카리스마가 있었다. 그것은 타고난 은사였다. 불같은 성정이 복음을 전하려는 열정으로 변화되어 불타올랐다. 말씀의 원칙에 타협 없는 모습이 풍기는 강력함이 있었다. 대성은 설교하거나 가르칠 때 굴복시키는 힘이 있었다. 회중을 휘어잡는 카리스마가 있었다. 그는 농부였으나 선비의 풍채를 가지고 있었고 언변에 확신이 있었다. 행동 또한 거침이 없었고 설득력이 있었다. 웬만한 도전과 어려움에 굴할 성격이 아니었다. 그것이 그가 어려운 시절을 신앙으로 이겨 내고 새로운 곳에 교회를 개척하는 데 큰 힘이 되었다. 대성은 어떤 사람과 조그만 끄나풀 같은 관계만 있어도 그 끄나풀을 타고 들어가 마을의 유지를 만났다. 마을의 유지들을 설득하여 전도회를 개최하는 데 실패가 없었다.

설교할 때에 원고도 없었다. 그러나 평소에는 늘 적는 습관을 지녔다. 대성은 교육 배경이 많은 사람이 아니었다. 그럼에도 불구하고 누구와도 신앙 이야기를 하게 되면 설복시키는 힘이 있었다. 머릿속에 콱콱 집어넣는 은사가 있었다. "그것 때문에 불교가 심하고 유교가 뿌리 깊은 그 시대를 이겨 내고 성공했다고 잘했다고 말을 듣는 것이지. 그런 것은 노력만으로 얻어지는 것은 아니고 아버지에게 그런 것이 있었지. 그것은 특별한 성령의 감동으로 되는 것이지." 최영열 장로의 회상이다. 오늘날의 세상에서 통하는 지도자상은 아닐지 모른다. 그러나 성령께서는 그 시대에 맞게 대성에게 강력한 카리스마를 은사로 주셔서 시대를 압도하도록 하셨던 것이다. 그런 압도하는 힘과 추진력이 아니었다면 그 시대의 사람들을 이끌고 갈 수 없었을 것이다.

보성에서 대성을 아버지처럼 따랐던 최학봉 장로는 대성을 다음과 같이 회고했다. "본인이 사는 전 지역에 교회를 세우는 개척 운동은 최대성 장로님이 최초였을 거야. 내가 알기로는 한국 재림교회에 그런 분은 없지. 10일, 15일 전도회의 설교도 혼자서 다하셨지. 신앙을 생각하면 최대성 장로님을 늘 생각하지. 대단하신 분이셨어." 대성에게는 삶이 선교였고 선교가 삶이었다. 그가 성경과 함께 숨 쉬며 모든 것을 던져 살아 있는 제사를 드렸기 때문에 성령께서 그 시대에 필요한 은사를 선물로 주시지 않았을까?

"하나님의 교회는 다양한 은사와 성령의 능력을 충만하게 받은 여러 성도가 모인 궁정이다. …주께서 당신의 이름이 영화롭게 될 수 있도록 교회를 통하여 성취하고자 하시는 일은 놀라운 사업이다"(사도행적, 12~13).

"하나님께서 인간에게 여러 가지 재능과 은사들을 주신 것은 무용지물로 버려두거나 오락이나 이기적인 만족을 위하여 사용하라고 주신 것이 아니라 열렬하고 자아 희생적인 선교 사업을 함으로 다른 사람들에게 축복이 되게 하기 위함이었다"(청년지도자, 1902년 11월 6일).

"성령의 귀중한 은사들은 한순간에 계발되지 않는다. 용기, 견인불발, 온유, 믿음, 하나님의 구원의 능력을 확고하게 신뢰하는 일 등은 여러 해 동안의 경험을 통하여 얻어진다. 옳은 일을 위하여 거룩한 노력을 기울이고 확고하게 붙드는 생애를 통하여 하나님의 자녀들은 그들의 운명을 결정하게 된다"(치료봉사, 454).

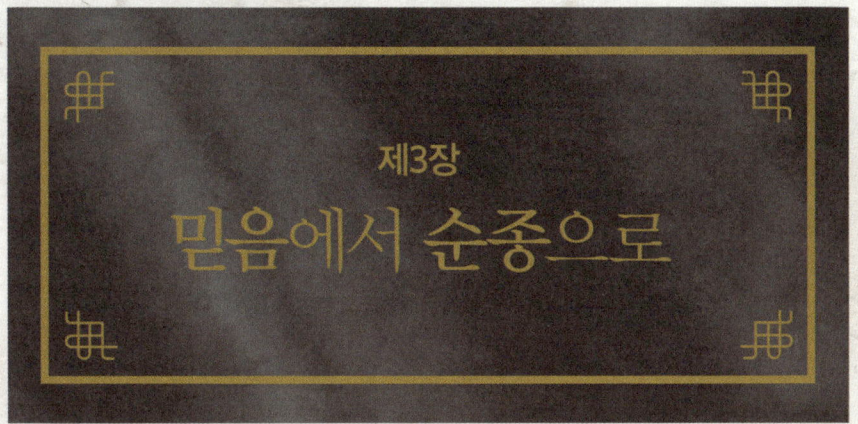

제3장
믿음에서 순종으로

"이 율법책을 네 입에서 떠나지 말게 하며 주야로 그것을 묵상하여 그 가운데 기록된 대로 다 지켜 행하라 그리하면 네 길이 평탄하게 될 것이라 네가 형통하리라"(수 1:8)

제3장

믿음에서 순종으로

　대성의 삶은 순종의 삶이었다. 하나님에 대한 믿음은 순종으로 나타났다. 대성은 위로는 하나님께 순종, 아래로는 부모님께 순종을 최우선으로 생각했다. 하나님과의 매일의 깊은 교제로 믿음이 깊어 가면서 순종은 숨 쉬는 것처럼 자연스러워졌다. 순종이 축복의 통로였으므로 대성은 자녀들에게 어려서부터 순종을 철저하게 가르쳤다. 하나님의 사랑을 깨닫는 것이 먼저일까, 순종이 먼저일까? 순종이 먼저라고 생각했다. 몸에 자리 잡은 습관은 나중에 순종을 대단히 어렵게 한다. 하나님의 사랑을 깨닫는다고 해도 잘못된 습관을 몰아내고 순종하는 데에는 많은 시간과 에너지가 필요하다. 순종은 대성의 자녀들의 삶 곳곳에 뿌리를 내리고 영향력을 발휘했다. 대성은 순종으로 하늘 안테나에 인생 채널을 고정했다. 믿음은 순종의 다른 이름이다.

신앙의 원칙에는 일체의 타협이 없었지

대성은 신앙의 원칙에는 일절 타협이 없었다. 낭주(浪州-영암) 최씨 집안에 참봉이 한 분 계셨다. 지역의 유지였다. 최 참봉으로 유명했다. 세배하러 가면 호랑이 가죽을 깔고 앉아서 절을 받았다. 대남이 어렵게 사는 것을 보고 한번은 그를 불러 제안을 했다. "제사를 지내고 조상을 섬기는 집안 사당 제사에만 참석하면 논 세 마지기와 읍내에 가게를 하나 내주겠네." 가족들이 굶는데 어떻게 보면 달콤한 제안 아닌가? 입에 풀칠도 하기 어려운 사정인데도 대성은 그 말을 듣고 다시는 최 참봉 집에 발길도 하지 않았다. 대성의 친구 중에 전매청에서 일하는 이가 있었다. 담배를 말수레에 싣고 마을의 가게들에 담배를 공급하는 일이었다. 수입이 좋은 직업이었다. 담배도 문제거니와 안식일을 지킬 수 없었다. 대성은 단번에 거절했다. 다른 친구가 그 일을 하게 되었고 부자로 살다가 죽었다.

신앙에 방해되는 것은 한 치의 양보도 없었다. "예수 믿고 전도해야 한다. 교회를 만들어야 한다. 그 생각이셨지. 우리 같으면 그 시대에 돈 벌어서 먹고 자식들 가르치고 할 텐데 그런 것 없어. 그러니까 그 시대에 교회를 세웠지. 교회 살린다고 그렇게 하셨지." 최영열 장로의 말이다. 그런 시대에는 그런 결단적인 신앙인이 필요했던 것이 아닐까. 그런 신앙이 아니라면 굶주림에 시달리고 제사가 판치는 세상에 하나님 신앙이 발을 붙일 수 있었을까. 지도자가 신앙이 희미하면 교회의 모양은 보나 마나 한 일이 아닌가. 타협이 난무하는 오늘의 교회 형편을 보면 그런 신앙이 그립지 않은가? 대성의 단호한 신앙은 자녀들에게도 영향을 미쳤다.

최영열 장로는 보성에 철물점을 가지고 있다. 안식일에는 하늘이 무너져도 가게 문을 열지 않는다. 철물점 가게가 세 곳에 있어 안식일에 오일장이 서지 않는 날이 없을 정도다. 아들 결혼식을 일요일에 해야 하는데 결혼식 날짜가 장날과 겹칠까 봐 염려할 정도로 직업에 충실한 분이지만 안식일에는 일체의 타협이 없다. 한번은 장로교회 목사님이 집에 전화를 하셨다. "장로님, 어제 제가 안식일인 줄도 모르고 장로님 가게에 물건 사러 갔다가 그냥 왔습니다." 최영열 장로는 물었다. "아니, 옆 가게에서 사시지 그러셨습니까?" "아이고, 그럴 수는 없지요. 장로님 가게에서 사야지요. 교회 건축 중인데 어제 하루 그냥 쉬었습니다. 물건 한 차 실어 보내 주십시오." 안식일의 주인이신 하나님이 그의 백성을 그렇게 지키신다. 대성은 일곱 자녀에게 그런 신앙을 물려주려고 노력했다. 그런 확실한 신앙이 불확실함이 넘실거리는 세상의 홍해를 갈라 놓는 것이다.

"참된 화평은 원칙을 양보함으로써는 결코 얻어질 수 없다. 그리고 어느 누구도 반대를 일으킴이 없이 원칙에 충실할 수는 없다. 신령한 그리스도교 신앙은 불순종의 자녀들의 반대를 받을 것이다. 그러나 예수께서는 당신의 제자들에게 '몸은 죽여도 영혼은 능히 죽이지 못하는 자들을 두려워하지 말라'고 분부하셨다. 하나님께 충실한 자들은 사람의 권세나 사탄의 증오를 두려워할 필요가 없다. 그들의 영생은 그리스도 안에서 확보된다. 그들이 두려워해야 할 오직 한 가지는 진리를 버림으로써 하나님께서 그것으로 말미암아 그들을 높이신 신임을 배반하지나 않을까 하는 것이 되어야 한다"(시대의 소망, 356).

"유한한 인간이 자신의 보잘것없는 일시적 이익을 위하여 감히 전능하신 분과 타협하는 것은 가장 참람된 일이다. 때때로 안식일을 세속적 사업에 사용하는 것은 전적으로 그것을 거절하는 것과 마찬가지로 무모한 범법이다. 그것은 주님의 계명을 편의상의 문제로 삼기 때문이다"(4증언, 249).

누워 있는 뼈다귀가 허락하면 비켜 주겠소

최씨 문중은 부유했다. 문중에서는 시제를 철저히 모시고 제사로 시작해서 제사로 마칠 정도로 조상신을 섬겼다. 문중에서는 대성만 예수를 믿었다. 대성은 문중의 도움도 거절하며 철저히 하나님을 믿었다. 문중 사람들의 눈에는 가시였지만 그는 시제에 빠짐없이 참석하여 관계를 끊지 않았다. 신앙을 했지만 문중의 일을 소홀히 하지 않고 조상에 대한 예를 갖추었다. 결국 문중에서는 그를 인정해 주었다. 대성이 세상을 떠나기 몇 해 전부터 문중에서는 그에게 그의 부모님과 형님 부부가 묻혀 있는 묏자리를 문중에 내주고 자리를 옮겨 주면 좋겠다고 끈질기게 제안했다. 남향에 자리를 잡은 대성 집안의 산소는 문중 사람들이 보기에 명당자리가 틀림없었다. 대성은 문중 사람들에게 말했다. "누워 있는 뼈다귀가 허락하면 비켜 주겠소."

  뜻을 이루지 못한 문중 사람들은 대성이 운명한 후 아들들을 설득하기 시작했다. 영암에 있는 조상들을 보성에 모셔 오려고 한다는 것이었다. 고려의 태조 왕건의 책사로서 별자리를 보며 건국을 도왔던 '최지몽'이 조상인데 대성 집안의 산소 자리에 사당을 크게 짓고 옮겨 오겠다는 것이었다. 최영열 장로는 아버지가 하시던 대로 말했다고 한다. "누워 계신 아버지가 허락하시면 비켜 주겠소." 귀신을 믿는 사람들이 귀신들에게 답을 들은 적이 없어 유구무언이었을 것이다. 그렇다면 왜 최씨 문중은 그런 시도를 했을까? 문중에서는 대성의 집을 유심히 살피게 되었다. 세월이 흐를수록 대성의 집안은 번성했고 문중의 집안에서는 아들들이 귀했다. 조상을 섬기는 문중에서 이것은 심각한 문제였다. 문중에서는 대성을 눈여겨보고 나름대로 결론을 내렸다. 대성 집안의 묏자리가 좋다는 것이었다. 좋은 묏자리로 조상을 옮기는 것은 그들에게는 대를 잇는 일과 복을 받는 중차대한 일이었을 것이다. 나중에는 문중에서 이렇게 인정했다고 한다. "대성의 집안이 번창하는 것은 예수를 믿기 때문이다."

순종, 순종, 순종

대성 집안의 가훈은 순종(順從)이다. 위로는 하나님의 말씀에 순종, 아래로는 부모님의 말씀에 순종이다. 집안 어디에도 가훈이 붙어 있지는 않았지만 대성의 자녀들의 입과 손과 발 그리고 마음에는 순종의 인(印)이 찍혀 있다. 대성은 순종을 끊임없이 강조했다. 순종은 오늘날 그리 인기 있는 단어는 아닌 것 같다. 그러나 성경이 인간에게 요구하는 가장 중요한 것 중 하나는 순종이다. 순종처럼 감동적이고 아름다운 단어가 없다. 순종은 하나님의 축복이 흘러 들어오는 통로이다. 순종은 하나님의 사랑에 감동한 인간의 가장 자연스런 감탄사다. 대성의 일곱 자녀는 아버지를 생각하면 항상 순종이 먼저 떠오른다고 했다. 대성의 순종 교육은 얼마나 철저했을까? 어떻게 자녀들에게 순종을 교육시켰을까?

최영태 목사는 열한 살 즈음에 아버지의 심부름을 가게 되었다. 그 시간이 새벽이었다. 20리 길이 되는 한 마을에 가서 아버지의 말을 전달하는 것이었다. 그런데 반드시 지켜야 할 것이 있었다. 마당에서 말을 전달하되 방에 들어가지 말 것이며 밥을 주어도 먹지 말고 곧바로 돌아오라는 것이었다. 폐를 끼치지 말라는 뜻이었다. 열한 살 소년이 새벽 시간에 그 먼 길을 가는 것은 쉬운 일이 아니었다. 늑대도 나오고 호랑이도 보았다는 사람들도 있었다. 그는 두려움에 뒤를 수백 번 돌아보며 길을 재촉했다. 산속에서는 부엉이가 스산스레 울고 풀잎에 바람 스치는 소리는 등골을 오싹하며 타고 내려갔다. 새벽길은 밤새 내린 차가운 서리를 털어 어린 소년의 발을 꽁꽁 얼려 버렸다. 어둠과 추위에 압도당한 소년은 천신만고 끝에 그 집에 도착했다. 얼어붙은 소년의 모습을 본 그 집 사람들은 방 안으로 불러들여 손발을 녹이게 했다. 어떻게 그냥 보낼 수 있겠는가?

새벽 동이 트고 돌아갈 길도 밝아졌을 때 그는 그 집을 떠났다. 집에 도착하니 대성은 심부름을 잘했는지, 왜 그렇게 늦었는지를 물었다. 그리고 방에 들어가지 말라는 말을 어겼음을 알게 되었다. 그는 큰 꾸지람을 듣고 그날 학교에 갈 수 없었다. 대성이 불순종의 벌로 학교를 보내지 않았기 때문이다. 부모님의 말씀에 불순종하는 자가 어떻게 하나님의 말씀에 순종하겠는가 하는 것이 대성의 신념이었다. 훗날 대성은 막내딸 최수자 집사에게 그때 일을 이야기했다고 한다. "그 새벽에 영태가 길을 잘 가는지 내가 따라갔었지." 뒤를 수없이 돌아보며 길을 재촉하는 열한 살 아들을 보며 대성은 무슨 생각을 했을까? "내 기억에 아버지께 '아니요'라고 말해 본 기억이 없어." 최영태 목사의 회고다. 설사 나중에 다시 문제를 제기하는 경우가 생기더라도 아버지 앞에서 대놓고 '아니요'라는 대답은 하지 않았다. 순종이 머리에 깊이 각인된 것이다.

금요일 환영 예배와 안식일 환송 예배에 늦어서는 안 되었다. 해지기 전에 들어와야 했다. 한번은 최영태 목사가 어렸을 적에 친구들과 신나게 뛰어놀다 금요일 환영 예배를 놓치게 되었다. 아버지께 들킬까 봐 큰 대문을 열고 들어오지 못하고 울타리 구멍으로 몰래 들어와 작은 부엌방에서 나오지 못했다. 배에서는 꼬르륵 소리가 들리는데 아버지 말씀을 어겼기에 나가지를 못하는 것이다. 식구들은 식사를 끝내고 무정하게 밥상을 치워 버렸다. 그는 그날 밥을 굶어야 했다. 아버지 말씀에 불순종했기 때문이다. 밥 굶은 채로 교회에 가야 했다. 하나님의 말씀에 철저히 순종하고자 했던 대성은 자녀들에게 그렇게 순종을 철저히 교육하고자 했다.

대성의 딸 최경자 집사도 친구들과 뛰어놀다 금요일 환영 예배에 늦게 되었다. 아버지에게 야단맞을 것이 두려워 숨을 죽이고 집에 들어갔다. 아니나 다를까 대성은 딸을 기다리고 있었다. 그녀는 매를 맞았고 "안식일은 무슨 일이 있어도 준비된 마음과 구별된 몸으로 잘 지켜야 한다는 교훈이 그날의 매로 뇌리에 분명히 새겨졌다."고 한다. 그때는 힘들었지만 지금은 감사하단다. 그녀는 자녀들에게도 그렇게 가르쳤다. 어려서부터 아침 예배를 빠뜨리지 않도록 했고 안식일 준수를 철저히 교육시킨 덕분으로 출가한 자녀들이 그대로 행하고 있다. 그녀는 아버지에게 어려서부터 몸에 배도록 순종의 교육을 받은 것이 자녀들에게 그런 신앙을 물려줄 수 있게 한 동력이었다고 생각하였다.

하나님의 은혜와 사랑을 성장해서 알게 되었던 대성의 자녀들은 몸에 밴 순종으로 하나님의 말씀에 순종하는 데 어려움이 없었다. 세상의 온갖 것이 몸에 배어 습관이 되어 버린 상태에서 후에 순종하고자 하면 얼마나 힘이 들겠는가? 순종을 어려서부터 가르쳐 하나님의 말씀을 순종 안에서 체험해야 한다는 것이 대성의 생각이었다. 방치하는 것이 쉽지 순종을 가르치는 것은 어렵다. 그러나 방치하여 통곡하느니 어려서부터 순종을 가르치는 것이 백번 낫지 않을까? 대성에게는 처음도 나중도 순종이었다.

"순종이 제사보다 낫고 듣는 것이 숫양의 기름보다 나으니"(삼상 15:22).

"네 하나님 여호와의 명을 지켜 그 길로 행하여 그 법률과 계명과 율례와 증거를 모세의 율법에 기록된 대로 지키라 그리하면 네가 무릇 무엇을 하든지 어디로 가든지 형통할지라"(왕상 2:3).

대성 집의 안식일은 준비부터 철저했다

　대성 집의 안식일은 준비부터 철저했다. 당시의 많은 재림교인이 그러했을 것이다. 금요일 오후 3시 정도가 되면 빨랫줄의 빨래는 모두 걷도록 했다. 청소 시간이다. 손자 손녀들은 마당에 물을 뿌려 대빗자루로 깨끗하게 쓸었다. 대성의 집 마당은 늘 깔끔했다. 풀도 정기적으로 정리해서 주위가 정갈했다. 모든 시골의 마당이 그렇게 깨끗한 줄 알았지만 그렇지는 않다는 것을 나중에야 알았다. 금요일에는 마당만 쓰는 것이 아니었다. 마당을 쓴 다음, 집을 한 바퀴 휘감는 정감 어린 집 둘레 길을 밤을 줍기도 하고 도토리를 호주머니에 넣기도 하면서 쓸고 나면 기분이 좋았다. 땀을 씻고 시원한 물 한 바가지 마시고 마당 앞에서 큰 대문에 이르는 돌계단을 쓸며 내려갔다. 거대한 대문을 삐거덕 밀고 나가 앞길을 쓸고 회관으로 내려가는 삼거리에서 오른쪽으로 틀어 은미 집 앞까지 굵은 돌멩이를 치워 가며 쓸었다. 꼭 바깥 길까지 깨끗하게 쓸었다. 길을 쓰는 날은 최씨 집안이 안식일을 준비하는 날인 것을 이웃들은 다 알 수 있었다.

　식구들은 깨끗하게 몸을 씻고 안식일을 준비했다. 금요일 오후에는 아들들과 며느리들이 논과 밭, 일터에서 평소보다 일찍 들어왔다. 바쁜 철이면 늦은 적도 있었지만 금요일 예비일을 잘 준비하도록 애를 썼다. 하나님이 구별하신 거룩한 시간 속으로 준비된 몸과 마음으로 걸어 들어갔다. 금요일 준비하는 시간은 마치 맥박처럼 정기적으로 반복되었다. 그것은 습관이 되었고 품성이 되었다. 그리고 원칙이 되었다. 안식일은 금요일 오후부터 특별하게 구별되었다. 안식일은 사람이 그 시간을 구별하면 그 사람을 특별하게 하는 것임에 틀림없다. 하나님의 약속이 아닌가! 요즘에는 그런 안식일 준비를 찾아보기 여간 쉽지 않다. 이런저런 핑계가 많기 때문이다. 그렇게 안식일을 깨끗이 준비했던 금요일의 해 지는 오후가 가끔은 그리워지는 것이다.

나는 손자로서 안식일에 찬밥을 먹은 적이 없었다. 그러나 대성의 자녀들이 어렸을 때에는 금요일 해가 떨어진 다음에는 아궁이에 불을 지펴 밥을 하지 않았다고 한다. 금요일에 안식일 음식을 미리 준비하는 것이다. 안식일에는 식은 밥을 그대로 먹었단다. 일본에서는 '오담보'라는 보온밥통이 있어 안식일에 따뜻한 밥을 먹을 수 있었으나 한국에는 그와 같은 것이 없었다. 금식 기도도 자주 했었단다. 일 년에 여러 번 금식 기도를 했었다. 먹는 것이 변변치 않았을 시대인데 무슨 금식 기도를 또 했을까. 안식일은 여러모로 대성의 자녀들에게는 특별한 날일 수밖에 없었다.

금요일 저녁, 마을 사람들은 일터에서 돌아오는 시간에 대성의 식구들은 교회로 간다. 예배를 드리고 돌아오는 길은 항상 기분이 좋았다. 여러 마을로 흩어지는 교인들에게 인사를 하고 '오리실'의 수십 명의 재림교인이 앞서거니 뒤서거니 마을로 올라갈 때 아이들은 달리기도 하고 걷기도 하였다. 수십 년의 세월을 건너뛰어 그 길에 서면 성경, 찬미를 들고 쏟아질 듯 밤하늘의 별을 보며 마을 길을 올라가는 어른들의 "어허, 넘어질라. 조심해라." 소리가 귓가에 들리는 듯하다.

안식일 아침, 아침 예배를 드리고 식사를 한다. 대성의 아들 최영열 장로가 챙겨 드린 헌금이 책상에 올려져 있다. 모든 가족은 깨끗하게 옷을 빼입고 교회로 향한다. 안식일은 대성의 집안의 삶의 맥박이요 신앙의 심장이었다. 심장에서 피가 힘차게 뿜어져 나와 몸의 곳곳으로 공급되듯이 안식일의 은혜는 대성의 자손들에게까지 힘차게 퍼지고 있다. 안식일 순서를 맡을 때면 모든 식구가 마당에 두세 줄, 토방에 한 줄로 나란히 서서 특창 연습을 했다. 얼마나 정겨운 안식일 아침의 모습인가!

하나님 신앙이 없다면 세상 어디에서 그런 복을 누릴 것인가!

"여호와 너의 하나님이 네게 명한 대로 안식일을 지켜 거룩하게 하라 엿새 동안은 힘써 네 모든 일을 행할 것이나 제칠일은 너의 하나님 여호와의 안식일인즉 네 아들이나 네 딸이나 네 남종이나 네 여종이나 네 소나 네 나귀나 네 모든 육축이나 네 문 안에 유하는 객이라도 아무 일도 하지 말고 네 남종이나 네 여종으로 너같이 안식하게 할지니라 너는 기억하라 네가 애굽 땅에서 종이 되었더니 너의 하나님 여호와가 강한 손과 편 팔로 너를 거기서 인도하여 내었나니 그러므로 너의 하나님 여호와가 너를 명하여 안식일을 지키라 하느니라"(신 5:12~15).

대성 가족의 매일 예배

대성의 가족 신앙 교육은 철저했다. 대성은 세상에서 출세하는 교육에는 큰 관심이 없었지만 신앙 교육에는 열성을 다했다. 좀 더 사실적으로 표현하자면 철저하기 이를 데 없었다. 새벽에 모든 가족을 깨워서 다 같이 예배를 드렸다. 시계도 없던 시절이라 대성이 깨우는 시간이 기상 시간이었다. 저녁 식사 후에는 흔들리는 호롱불과 함께 졸며 예배를 드렸다. 그러다가 불호령이 떨어지기도 했다. 최경자 집사는 저녁 예배를 드리다 그냥 쓰러져 오빠들 곁에서 잠을 잤던 기억이 많다고 한다. 그래도 저녁 예배는 멈추지 않았다. 안교 교과를 문답식으로 공부했다. 저녁 예배드린 지 얼마 지나지 않아서 다시 아침 예배 시간이 되었다. 무릎을 꿇고 드리는 예배는 끝나야 끝나는 아버지 마음대로 예배였다. 자녀들은 귀찮아 죽을 지경이었지만 대성은 그것이 아니었다. 그것이 교육이었다. 자식들이 상전인 요즘에는 어림도 없는 일일지 모르겠다. 대성의 자녀들은 순종하지 않을 수 없었다. 아버지의 교육은 엄격했고 신앙은 알게 모르게 마음의 근원에 자리를 잡았다. 신앙은 사망의 몸을 깨뜨리고 뿌리를 내리고 있었다.

자녀들이 성장하여 학교와 직장으로 떠날 때까지 아침저녁 예배는 몸에 착 달라붙도록 반복되었다. 대성은 선교로 밖으로 나다닐 일이 많았기 때문에 자녀들에게 더 엄격한 교육을 했을 것이다. 그렇지 않으면 그 많은 자녀를 누가 있어 지키고 유혹 많은 세상에서 무엇이 있어 버티게 하겠는가? 성경의 말씀은 항상 옳다. "아이를 훈계하지 아니치 말라 채찍으로 그를 때릴지라도 죽지 아니하리라 그를 채찍으로 때리면 그 영혼을 음부에서 구원하리라"(잠 23:13~14).

대성의 자녀들은 출가하여 타향에 나가 살았다. 자녀들에게는 매우 엄격했지만 손자, 손녀들에게는 엄격함보다는 따뜻함에 가까웠다. 최영열 장로가 대성을 보성에서 임종하실 때까지 모셨다. 최영열 장로 부부는 새벽 일찍 일터에 나갔다. 그의 네 자녀는 대성과 아침 예배를 드려야 했다. 대성은 아침 식사를 하기 전에 밭에 나가 일을 하고 그다음에야 깨끗이 세안하고 아침 예배를 드렸다. 대성은 식사 전에 소금으로 양치를 했다. 그것이 옳은 순서인지는 모르겠다. 하지만 평생 치아가 좋았다. 대성은 아침 밭에 나가면 종종 늦게 오는 때가 있었다. 손자, 손녀들이 학교에 갈 시간이 거의 다 되어서 오는 것이다. '밥 먹고 그냥 가 버리지.' 그럴 수가 없다. 아침 예배를 빼먹는다? 대성이 통치하는 한 어림도 없다.

손자, 손녀들은 마음이 급했다. 대성은 자녀들에게도 아침에는 기도력을, 저녁 예배 시간에는 교과 과정을 돌아가며 읽도록 했다. 글을 알았던 내 누님(최명화 사모)이 기도력을 읽기 시작했다. 한번은 등교 시간에 쫓겨 기도력을 숨도 안 쉬고 혀에 발동기 돌아가듯 빨리 읽었다. 급하게 해치운 것이다. 기도력이 마치자 대성은 학교 지각이 뭐 그런 대수로운 일이냐는 듯 천천히 한마디 했다. "쪼~끔 찬찬히 읽재 그라냐." 그러고는 "감사하신 조물주 하나님"을 부르며 기도를 시작했다. 누님이 광주로 공부를 하러 떠나자 내가 더 많이 기도력을 읽게 되었다. 나도 속 터질 일이 가끔 생겨서 누님을 이해할 수 있었다.

대성의 집에서는 아무리 급해도 아침 예배는 다음과 같이 진행되었다. 묵상, 찬미가 하나, 기억절 읽음, 기도력 읽음, 기억절을 다시 낭독자가 읽으면 나머지는 따라서 함 그리고 기도함. 예배가 마치면 부리나케 아침 식사를 한다. 학교로 내달린다. 당시에는 기도력이 삼단으로 되어 있었다. 한 페이지에 3일치가 들어가 있었다. 적당하고 좋았다. 목사님들이 생활과 밀접하게 말씀을 주셔서 좋았다는 기억이 난다.

아침 예배는 커다란 유익이 있다. 영적인 유익은 말할 것도 없고 자녀들이 글을 빨리 깨우치게 된다. 정확한 국문법을 속히 익힌다. 또박또박 말하는 훈련이 자연스럽게 된다. 아침마다 찬미를 부른다고 생각해 보라. 노래를 못할 수 있겠는가? 찬미가 속의 가사는 곡조로 울려 퍼지는 하나님의 호소이다. 믿음의 선조들의 간증이다. 아침마다 위대한 설교를 듣고 노래하는 것이다. 그것의 유익은 가늠하기 어렵다. 세상 교육에 쫓겨 매일의 예배를 잃어버린 것이 재림교회가 후세대를 잃고 있는 원인들 중 하나임은 모두가 알고 있다. 젊은 세대가 그것을 가정에서 회복하지 않으면 한국 재림교회의 미래가 있을까?

"가정마다 기도하는 집이 되어야 할 때가 있었다면 그때는 바로 지금이다. 아버지와 어머니는 자신들과 자녀들을 위하여 탄원하는 겸손한 마음으로 자주 그들의 마음을 하나님께 바쳐야 한다. 아내와 자녀들이 기도와 찬송으로써 연합하는 동시에, 아버지는 가족의 제사장으로서 하나님의 제단에 조석으로 희생을 드리도록 하라. 예수께서는 이런 가정에 머무르기를 좋아하실 것이다. 모든 그리스도인 가정으로부터 거룩한 빛이 비쳐 나와야 한다. 사랑이 행동에 나타나야 한다. 그것은 사려 깊은 친절과 너그럽고 이기심 없는 예절 가운데 나타남으로 가정의 모든 상호 관계 가운데서 흘러나와야 한다. 이 원칙이 실천되는 가정들, 곧 하나님을 예배하며 가장 참된 사랑이 다스리는 가정들이 있다. 이런 가정들에서는 조석 기도가 아름다운 향연처럼 하나님께 올라가고 그분의 궁휼과 축복이 아침 이슬처럼 간구자들에게 내려온다"(부조와 선지자, 144).

대접하는 문화, 목회가 되다

대접하는 일은 대성의 집에서는 익숙한 것이었다. 교회에 손님이 오면 으레 자신의 집으로 모셔 들였다. 목사님들, 선교사들, 장로님들, 교인들, 개척한 교회의 교인들 등 수많은 손님을 대접했다. 금요일에 방문한 손님들은 대성의 집으로 들어왔다. 보성은 감자, 고구마 농사가 많았다. "장로님 집에서 감자, 고구마 많이 먹었지요." 보성 지구 교회의 어느 여집사님의 회고다. 때로는 큰 상을 차려야 했다. 반찬이 많아 국그릇이 이쪽저쪽 옮겨 다니며 자리를 비집고 들어가야 하는 상 있지 않은가. 작은 반찬 그릇은 큰 그릇 위로 걸터앉아야 했다. 대성의 가족들은 손님 대접하는 문화에 익숙해져야 했다. 내 집에서 손님을 대접해야 한다는 생각과 문화는 대성의 후손들이 목회하고 교회 생활을 할 때 큰 도움이 되었다. 대성의 집안이 대가족인 데다가 손님들이 오시면 상다리가 후들거리는 밥상을 준비하게 된다. 큰 상 차려 손님 대접하는 훈련은 대접하는 마음에서 두려움을 몰아냈다.

최명화 사모는 손님이 많을수록 더 신이 난단다. "나는 일이 겁이 안 나. 손님이 많을수록 더 좋아. 백 명을 대접해도 일이 무섭지가 않아. 손님 대접하는 것이 즐거워. 어려서는 몰랐는데 나중에 보니 손님 대접 잘하는 집에서 배웠기 때문이더라고. 일의 감을 아니까 목회할 때 큰 힘이 돼. 참 감사한 일이지." 그녀는 어렸을 때 일을 도우면서 불평을 하기도 했단다. 어머니는 밥상을 차릴 때 반드시 돕도록 훈련을 시켰다. 상을 닦든지, 반찬을 놓든지, 그릇을 씻든지 해야 했다. 몸에 밴, 상 차리는 일과 손님을 대접하는 일이 훗날 목회에 큰 도움이 되리라고 어떻게 생각할 수 있었겠는가? 성경의 손님을 잘 대접하라는 가르침은 사람에게 항상 유익이다. 그저 유익이 아니고 큰 유익이다.

최영열 장로도 손님이 오면 집으로 모셔 오기 일쑤였다. 한번은 아내가 몸이 안 좋은데 교회에서 안식일 오후를 보내던 그는 갑자기 손님을 모시고 간다고 집에 연락했다. 남자들은 왜 그럴까. 남자인 나도 잘 모른다. 어쩔 수 없는 사정이 있었겠지만, 아버지가 야속해서 누님은 어머니에게 불평했다. "아빠는 엄마 몸 아픈 것도 생각을 안 하네." 그런데 어머니는 "우리가 대접해야지." 하시면서 부엌으로 들어가셨다. 손님 대접하는 것이 몸에 배어 있는 것이다. 자신이 돕지 않으면 어머니가 힘드니까 누님은 또 돕게 되었단다. 그렇게 손님 대접하는 일은 습관이 되고 성품이 되고 목회가 되었다.

생활 속의 그리스도인 교육이 참다운 진짜 교육이다. 부족한 중에 많은 손님을 대접했던 대성의 자녀들은 넉넉히 나눌 수 있도록 하나님의 축복을 받아 지금도 손님을 후대하는 데 인색함이 없다.

믿음으로 비워야 하나님의 은혜가 채워진다는 가르침은 집 안의 그릇에도 적용되는 불변의 진리이다.

"이 가난에 시달린 과부의 집에 심한 기근이 밀어닥쳐 비참하게도 하잘것없는 음식마저도 끊어질 지경이었다. 그 과부가 삶을 포기할 수밖에 없다는 두려움에 처해 있던 바로 그날에 엘리야가 옴으로 자기의 필요를 공급해 주시는 살아 계신 하나님의 능력에 대한 그 여인의 신앙이 최대의 시험을 받게 되었다. 그러나 무서운 궁지에서라도 그 여인은 마지막 떡 한 조각을 나누어 먹자는 낯선 선지자의 요구에 응함으로써 그의 신앙을 증거 하였다.

　이보다 더 큰 신앙의 시험을 요구할 수 없었다. 과부는 이제까지 모든 나그네를 친절하고 너그럽게 접대하였다. 이제 자신과 아이에게 이르러 올 고통을 생각지 아니하고 자기의 모든 필요를 공급하시는 이스라엘 하나님을 의지하여 '엘리야의 말대로' 함으로 그 여인은 이 손님을 친절히 대접하라는 최고의 시험에 응했다. …이 페니키아 여인이 하나님의 선지자에게 나타낸 후대는 놀라웠으며 그의 신앙과 관용은 놀라운 보상을 받았다. '저와 엘리야와 식구가 여러 날 먹었으나 여호와께서 엘리야로 하신 말씀같이 통의 가루가 다하지 아니하고 병의 기름이 없어지지 아니하니라'"(선지자와 왕, 130).

세 살 버릇 여든 간다, 아니 신앙이 된다

　'오리실'의 모든 집에서 바라볼 수 있는 읍내로 내려가는 큰길, 그 길은 기억하고 있을 것이다. 대성의 대가족의 남자들은 풀 먹인 빳빳한 옷을 차려입고 여인네들은 색색의 한복으로 단장하였다. 최씨 집안의 아들들, 딸들, 며느리들, 손자 손녀들은 그날 아침이면 비슷한 시간에 교회를 향해 걸어갔다. 마을 사람들에게 익숙한 이 모습은 안식일 아침의 모습이다. 그들에게는 특별한 사람들을 보는 특별한 날이었으리라.

세월에 익어 마음 숙인 마을 어른들이 보성교회에서 일생의 마지막 날들을 보내고 있는 모습은 평생 보아 온 최씨 집안의 교회로 향하는 안식일의 발걸음도 한몫했을 것이다. "하나님 믿으려면 최 장로님 집처럼 믿어야 해." 수없이 들었던 그 말, 최씨 집안의 안식일은 유별나기는 했다. 금요일 오후는 안식일이 시작되는 예비일이다. 깨끗이 몸을 씻는다. 헌금도 준비한다. 안식일에는 밭에도 가지 않고 논에도 가지 않는다. 철물점도 열지 않는다. 학교도 가지 않는다. 모든 것이 스톱이다.

안식일 해 질 때까지 거룩히 구별하여 하나님을 예배하고 성도들과 교제하는 날이다. 구별된 시간 속으로 구별된 마음과 몸이 온전히 들어가도록 준비했다. 안식일을 안식일답게 하는 것은 사람의 일이다. 안식일이 안식일다웠기 때문에 행복하고 즐거운 날이었다. 대성의 집안은 그렇게 안식일을 환영했고 교인들에게도 그렇게 가르쳤다. 준비된 마음으로 맞이하는 안식일이 어찌 복되지 않으리. "신앙(信仰)도 습관(習慣)이다." 최영열 장로의 말이다. 대성의 가족이 안식일에 교회를 빠진다? 있을 수도 생각할 수도 없는 일이었다. 그렇게 철저하게 지킨 안식일은 모든 가족의 신앙을 붙들어 왔고 지역 사회도 인정했다.

당시에 보성의 국민학교에서는 안식일에 교인 자녀들의 결석을 잡지 않았다. 교인 윤영자 선생(당시 보성국민학교 교사)의 노력이 있었을 뿐 아니라 그만큼 교인들의 자녀들이 공부도 잘하고 모범이 되었던 것이다. 성인이 된 자녀들을 갑자기 안식일 준수자로 만들려고 하는 것은 얼마나 힘든 일이 될 것인가? 지키지 않던 안식일을 어떻게 갑자기 지키겠는가? 안식일만 특별했을까? 그렇지 않다. 대성은 새벽 일찍 모든 가족을 깨웠다. 큰아들, 작은아들이 사업을 크게 벌일 때에는 20여 명의 일꾼까지 한 명도 빠질 수 없었다. 초롱불 밑에서 졸리는 눈을 비벼 가며 예배를 드렸다.

자녀들이 성장하여 외지로 나가고 대성 부부는 둘째 아들 가족과 함께 살게 되었다. 나는 조부님의 기도를 기억한다. "서울의 영찬이, 영열이, 정자, 광주의 영선이, 부산의 경자, 목회하는 영태, 서울의 수자." 자녀들이 전국에 흩어져 살고 있는지라 기도는 전국을 헤집고 돌아다녔다. 어느 날에는 "미국의 영찬이"라고 하셨다. 큰아들이 미국으로 옮겨 간 것이다. 나는 기도를 들으면 식구들이 어디에 있는지 알 수 있었다.

"위로는 하나님께 순종, 아래로는 부모님께 순종." 대성은 순종을 늘 강조했다. 그 자신이 철저한 순종의 사람이었다. 날이 가고 달이 가고 해가 가면서 몸에 밴 순종의 습관은 자녀들의 육신을 이기고 습관이 되었다. 세월이 짙어지고 인생의 지식과 성경 말씀이 어우러져 습관은 신앙이 되었다. 신앙은 인생을 이기었다. 대성은 어릴 때부터의 신앙 교육의 중요성을 잘 알고 있었다.

무엇을 보든, 무엇을 듣든, 어려서부터 교회에 가는 습관을 길들이는 것은 중요하다. 사람은 습관의 덩어리라고 해도 과언이 아니다. 대성의 가족들은 동경에 있는 '아즈마마찌'교회의 저녁 예배와 안식일 예배를 빠짐없이 참석하였다. 대성은 일본에서도 교회를 개척하고 지도하고 성도들을 돌보았다. 일본 사람들은 다다미 바닥에서 무릎을 꿇고 예배를 드렸다. 일본 교회에 다니던 대성의 자녀들이 무슨 믿음이 있어서 예배를 드렸겠는가? 최반석이란 유명한 장로님이 계셨는데 아이들은 장로님의 설교 시간을 무척이나 좋아했다. 그것은 장로님의 이마 때문이었다. 대머리의 장로님은 이마 근육에 이상이 있었는지 끊임없이 이마가 움직였다. 아이들은 그 움직이는 이마를 보는 재미에 교회에 출석해 맨 앞자리에 앉아서 열심히 이마를 쳐다봤단다. 기도할 때 눈을 뜨고 이마를 보는 스릴은 보통이 아니었다. 그렇게 교회에 다녀도 유익이 있을까? 어른들은 눈을 뜨고 있어도 듣지 않는 경향이 있으나 아이들은 산만해도 말씀이 마음에 새겨진다. 성경의 가르침과 유대인의 교육을 생각해 보라. 어렸을 때부터 신앙이 습관이 되도록 교육시킬 것을 권하고 있지 않은가?

"유년 시절에 형성된 습관은 사람이 장성함에 따라 같이 장성하고 사람이 강해짐에 따라 강화된다. 그리하여 습관을 이기려는 그들의 노력이 비록 단호하다 할지라도 부분적으로밖에 성공하지 못한다. 많은 사람이 원래의 활력 있는 정신을 회복하지 못한다. 실제적인 그리스도인이 되려는 모든 노력이 소망에 그치고 만다"(청년에게 보내는 기별, 280).

"엘리는 가족을 다스리는 하나님의 법도에 따라 그의 가족을 다스리지 않았다. 그는 자신의 판단을 따랐다. 그 다정한 아버지는 그의 아들들의 유년 시절에 그들의 과오와 죄를 묵과하고 장차 그들이 자라나면 그들의 악한 성벽을 버릴 것이라고 혼자 속으로 믿었다. 지금도 그와 같은 과오를 범하는 자들이 많다. 그들은 하나님께서 당신의 말씀 중에 주신 그것보다도 저희 자녀를 교육할 더 나은 길을 안다고 생각한다. 그들은 자녀들의 그릇된 성벽을 조장하면서 '저들은 벌 받기에는 너무 어리다. 저희가 커서 사리를 판단할 수 있을 때까지 기다리자.'고 핑계한다. 그리하여 그릇된 습관들은 제2의 천성이 될 때까지 굳어지도록 방임된다. 자녀들은 제지를 받지 않고, 그들에게 평생 저주가 되고 다른 사람에게 전염시키기 쉬운 품성의 특성을 가지고 자라난다"(부조와 선지자, 578).

천하의 상놈들이로다, 너는 여기 살아서는 안 되겠다

내가 미국 앤드루스대학에서 공부하고 있을 때였다. 조부님이 나이 80세가 되셨을 때, 미국에 가서 한국에 오지 못한 세월이 길어진 큰아들이 보고 싶어 미국에 오시게 되었다. 큰아들은 캘리포니아에서 만나고 비행기를 타고 시카고공항에 내려 나를 만나게 되어 있었다. 영어 한

마디 못하는 팔순의 조부님이 어떻게 비행기를 타고 세계에서 제일 크다는 시카고공항을 빠져나오실지 걱정이 한 짐이었다. 그러나 그것은 기우였다. 조부님은 시카고공항을 잘도 빠져나오셨다. 나는 안심을 하고 여쭤보았다. "할아버지, 영어 한마디 못하시면서 어떻게 오셨어요? 걱정이 안 되시던가요?" 조부님 대답은 의외로 간단했다. "조선 사람이 조선 말하면 되지, 뭐가 문제냐?" 전혀 기가 죽는 모습이 아니었다. 역시 최대성이다 싶었다. 왠지 기분이 좋았다. 여유가 넘치셨다.

조부님을 모시고 캐나다 쪽으로 넘어가 나이아가라폭포를 구경하게 되었다. 미시간에서 출발하여 북쪽으로 가는 길은 끝없는 평야였다. 넓고도 넓은 미국 대륙을 한참을 보시더니 "내가 그 옛날에 미국에 와서 살려고 했는데 그렇게 되지를 못했지. 너는 꼭 미국에서 살거라. 넓은 땅에서 살아야지." 말씀하셨다. 일본을 거쳐 미국으로 오려고 계획했던 적이 있으셔서 감회가 남다르셨던 모양이다.

나이아가라폭포에서 조부님을 놀라게 한 것은 폭포의 거대함이 아니었다. 푸른 잔디밭에 뒹굴고 있던 몇 쌍의 젊은이들이었다. 껴안고 입을 연거푸 맞추고 있는 젊은이들을 한참을 보시더니 혀를 끌끌 차셨다. 못 볼 것을 보신 것처럼 한 말씀하셨다. "천하의 상놈들이로다. 너는 여기서 살아서는 안 되겠다." 미국에서 살라고 하셨던 것이 불과 몇 시간 전인데 금세 여기서는 살지 말란다. 하늘과 멀어지는 것을 끔찍이 경계하는 것이 대성의 세포마다 새겨져 있었다. 그래도 순간 궁금해졌다. '옛날 사람들은 뽀뽀를 하지 않았을까?' 여쭤볼 수는 없었지만.

10시간을 운전해서 앤드루스로 돌아왔다. 나는 한국에 전화를 걸었다. 할머니와 통화를 하게 되었다. "할머니, 할아버지가 미국이 좋아서 한국에 안 돌아가시겠다고 하는데요. 할머니는 큰일 났네요." 수화기 너머에서 잠시 침묵이 흘렀다. 할머니가 어림도 없다는 투로 한마디 하셨다. "속옷 빨래 때문에 돌아오실 것이여." 나는 한참을 웃고 말았다.

조부님과 여행하면서 견디기 힘든 일이 있었다. 미국이라는 땅덩어리가 너무 큰 나머지 도로에서 보내는 시간이 많은 것이 문제였다. 한국은 얼마나 아기자기한가? 한국처럼 예쁘고 재미있는 나라가 드물다는 것은 알고 살자. 미국의 고속도로는 달리다 보면 그 그림이 그 그림이다. 조부님은 수 시간씩 이동하는

나이아가라폭포 앞에서

거리의 자동차 안의 답답함을 견디기 힘들어하셨다. 속에는 불이 있지, 지루함을 견디지 못하셨다. 짜증을 많이 부리셨다. 애인도 아니고 나 또한 힘이 들었다. 지금 생각해 보면 내가 잘못한 것이다. 좀 더 여유를 갖

고 마을에도 들어가 보고 호수도 보면서 천천히 여행했다면 훨씬 좋았을 것이다.

하나님의 은혜와 돌보심을 생각하면 서두를 이유가 전혀 없는 것을, 그땐 왜 몰랐을까? 우리는 그리스도의 정신으로 옆 사람들을 넉넉히 보아 주고 산도 보고 하늘도 올려다보고 등도 두드려 주며 좀 더 여유를 갖자.

대를 잇는 교회 사랑, 그 사랑 귀하고 귀하다

대성의 교회 사랑이야 말하여 무엇하리. 주봉리 오리실에서 읍내로 내려가는 길 좌편 언덕 위에 세워져 있는 교회를 대성은 그냥 지나치지 못했다. 올라가서 이곳저곳을 살피고 한 바퀴를 돌고 내려왔다. 노년에는 자전거를 타고 하루에 한 번씩은 오리실 길을 따라 천천히 내려왔다. 자연스럽게 교회 쪽을 바라볼 수밖에 없다. 대성은 80세가 넘어서도 보성 지구 교회들을 방문해 용기를 주고 가르쳤다. 교회 사랑과 선교 열정이 마지막까지 사그라들지 않았다. 서호리교회(현 대서중앙교회)는 마지막까지 방문했던 교회다. 서호리교회에서 마지막으로 안식일을 보낸 후, 두 달을 병원에 입원해 계시다가 평안히 숨을 거두셨다. 그곳에서 한 설교가 대성의 마지막 선교 설교였다.

묵동교회의 최영찬 장로, 보성본부교회의 최영열 장로, 청학리교회의 최영선 장로, 전 연합회 총무 최영태 목사, 장성교회의 최정자 집사, 별내행복교회의 최경자 집사, 볼티모어교회의 최수자 집사가 대성의 친자녀들이다. 그들의 교회 사랑은 대성의 피를 이어 붉고 진할까? 대성이 가장 보기 원하는 모습인 것만은 분명할 것이다. 나는 아버지의 모습 속에서 교회 사랑을 늘 확인할 수 있었다. 내 아버지 최영열 장로는 보성 오일장이 마치고 자전거에 잔뜩 짐을 싣고 '오리실'로 올라가던 길에 교회 옆을 그냥 지나가지 못했다. 교회로 올라가 이곳저곳을 살펴보고 교회를 한 바퀴 돌고 내려오셨다. 어릴 적 나는 어둠 속에서 자전거 옆에 한참을 서 있어야 했다. 최영열 장로만 그럴까? 아닐 것이다. 벽돌 하나하나에 자신들의 땀과 기도가 새겨져 있는 보성교회의 성도들도, 보성교회를 사랑하시고 담임하셨던 목회자들도 그러하셨다.

김기곤 목사(전 삼육대학교 총장)는 보성교회가 첫 번째 목회지였다. 당시는 전도사였다. 그는 새벽 일찍 교회의 불을 항상 켜 놓고 기도했다. 이른 새벽, 별을 보고 일을 나가는 성도들을 위해서였다. 교인들은 하나같이 고개를 돌려 불이 환히 켜져 있는 언덕 위의 교회를 바라보고 자신들을 위해 기도하는 전도사님을 생각하며 하루의 힘을 크게 얻었다고 한다. 지금도 김기곤 목사님을 그리워하는 것을 보면 그가 얼마나 애틋한 사랑을 주고받았는지 알게 된다. 새벽 일찍 일어나 성경을 보시고 교회를 한 번씩 돌아보았던 대성은 김기곤 전도사의 근면하심 속에서 목회자상을 보았을 것이다.

전정권 목사(전 한국연합회장)의 따뜻한 정과 눈물은 유명했다. 그의 효심 또한 특별했다. 다정다감하셔서 설교 중에도 눈물을 자주 흘리시던 목사님은 모든 교인의 마음을 하나님의 사랑으로 촉촉이 적셔 놓으셨다. 교인들을 깊이 사랑하셨다. 보성교인들은 목사님을 통하여 예수님의 세심함과 따뜻함을 느낄 수 있었다. 아들 전영보 목사를 보성에서 낳으셨는데 '전영보'의 '보' 자를 '보배로울 보(寶)', 보성(寶城)의 첫 글자를 따서 지으셨다. 그러니 그리운 목사님이 되실 수밖에 없다.

김정태 목사(전 호남합회장)의 헌신 또한 보성교인들에게 깊은 감동을 주었다. 목사님은 명랑하고 친절한 성격으로 아이들로부터 어른들에 이르기까지 모두를 행복하게 해 주셨다. 독거노인들과 몸이 불편한 성도들을 세심하게 살피시는 목사님과 사모님의 자상하심은 가히 추종을 불허하는 놀라운 것이었다. 어렵고 편찮은 노인 성도를 사택에 모셔서 돌볼 정도로 사람에 대한 사랑이 넘치는 분들이셨다. 보성교인들이 그들을 얼마나 사랑했을지는 말할 필요가 없을 것이다.

교회를 사랑하는 모든 사람은 예수님의 교회 사랑의 대를 잇는 하나님의 자녀들이다. 교회를 참으로 사랑하는 성도들은 하나님의 얼마나 귀한 자녀들인가!

"만군의 여호와여 주의 장막이 어찌 그리 사랑스러운지요 내 영혼이 여호와의 궁정을 사모하여 쇠약함이여 내 마음과 육체가 생존하시는 하나님께 부르짖나이다 …주께 힘을 얻고 그 마음에 시온의 대로가 있는 자는 복이 있나이다 …주의 궁정에서의 한 날이 다른 곳에서 천 날보다 나은즉 악인의 장막에 거함보다 내 하나님 문지기로 있는 것이 좋사오니 여호와 하나님은 해요 방패시라 여호와께서 은혜와 영화를 주시며 정직히 행하는 자에게 좋은 것을 아끼지 아니하실 것임이니이다 만군의 여호와여 주께 의지하는 자는 복이 있나이다"(시 84:1~2, 5, 9~12).

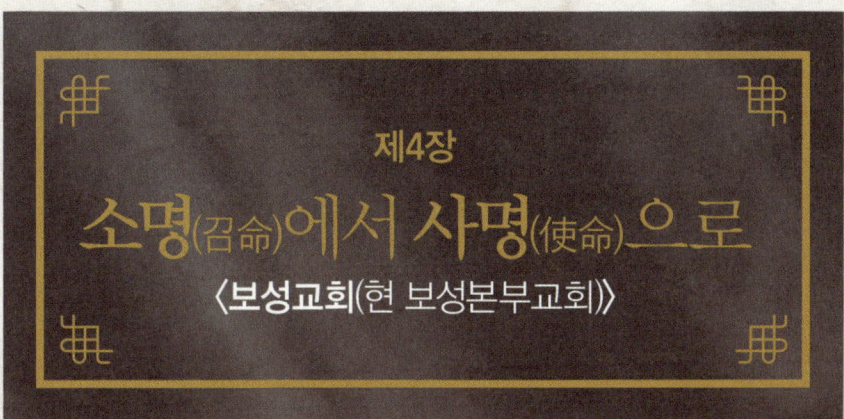

제4장
소명(召命)에서 사명(使命)으로
〈보성교회(현 보성본부교회)〉

"좋은 소식을 가져오며 평화를 공표하며 복된 좋은 소식을 가져오며 구원을 공표하며…
네 하나님이 통치하신다 하는 자의 산을 넘는 발이 어찌 그리 아름다운고"(사 52:7)

제4장

소명(召命)에서 사명(使命)으로
〈보성교회(현 보성본부교회)〉

군산에서 목회를 했던 대성은 전쟁으로 보성으로 귀향한 후 목회직을 포기하고 평신도로 살기로 결심한다. 보성군의 12개 면에 복음을 전파하는 것을 소명으로 생각했다. 평신도들을 철저히 훈련하여 보성 전(全) 지역을 복음화시켜 예수님의 재림을 준비하는 것이 그의 사명이 되었다. 대성은 개인 전도가 생활화되어 있었다. 훈련된 성도들과 함께 보성 '전(全)' 지역의 복음화'라는 분명한 목표를 가지고 많은 공중전도회를 개최했다. 강사는 대성이 맡았다. 당시는 목회자 수급이 오늘날처럼 원만치 않았다. 보성교회에도 목회자가 1, 2년 있다 바뀌는 일을 반복하였고 오랫동안 상주하지 못했다. 대성은 성도들과 함께 전도에 나섰으며 목회자가 오면 적극적으로 목회자와 협력하고, 목회자가 없어도 분명한 목표를 가지고 선교 중심의 교회로 성장시켰다. 목회자들도 대성과 보성교회의 선교 활동에 적극적인 지원과 협력을 아끼지 않았다.

대성은 장화 장로, 우산 장로로 널리 알려졌다. 많은 가정 집회소를 개척하였다. 보성 전(全)지역에 교회를 개척하였다. 그렇게 할 수 있었던 것은 보성교회가 선교 중심의 교회로 철저히 조직되어 있었기 때문이다. 목표가 분명했다. 평신도들의 훈련 프로그램이 있었다. 대성과 지도자들의 선교 열정이 탁월했다. 모든 교인이 선교에 하나가 되었다. 보성교회 안교반은 마을별로 조직되어 구역반이 되었다. 밤마다 구역반을 운영했다. 그렇게 하여 보성 지역을 복음화할 준비가 갖추어진 선교 중심의 교회, 따뜻한 교회, 성령 충만한 보성교회가 되었다. 보성교회는 보성 지구 교회들도 선교 제일주의 교회로 만들었다.

대성은 '보성삼육국민학교'를 시작했다. 또한 그는 '보성교회 재림공원묘지'를 조성하였다. 그렇게 대성은 '큰 소리'가 되어 갔다. 보성교회는 대성과 함께 '큰 외침'을 발하기 시작했다.

보성교회의 성도들은 대성의 선교 유전자를 물려받아 후에 '보성 지구 평신도협회'(또는 보성 지구 공중전도단)를 발족했다. 보성 지구 교회들이 연합하여 해마다 2회씩 전도회를 개최했다. 평신도들이 강사를 하고 모든 전도회를 주도했다.

장화 장로, 우산 장로

대성을 기억하는 많은 사람은 하나같이 그를 '장화 장로', '우산 장로'라고 불렀다. 왜 그렇게 불렀을까? 그가 늘 장화를 신고 우산을 들고 산을 넘고 물을 건너 복음을 전하러 다녔기 때문이다. 폭우 속에 우산을 받쳐 들고 흙탕길을 장화 신고 걸어가는 대성을 보는 것은 흔한 일이었다. 한여름의 뙤약볕을 우산으로 가리며 걸어가는 대성의 모습을 보는 것은 신비스럽기까지 했을 것이다. 햇볕이 뜨거우면 우산은 양산이 되었고, 비가 쏟아지면 우산이 되었다. 그는 우산 장로, 장화 장로의 명칭을 얻었다. 덥거나 비가 올 때는 전도하지 않으면 그만일 것 같은데 왜 그는 우산을 쓰면서까지 복음을 전하러 다녔을까? 처음부터 우산을 쓰고 다니지는 않았을 것이다. 여인들의 양산을 보고 생각하지 않았을까? 남자들이 햇볕을 가리기 위해 양산을 쓰는 경우가 없었으나 대성은 우산을 양산 삼는 데에 주저함이 없었다.

왜 장화를 신고 다녀야만 했을까? 복음을 전하러 다녔던 고을들을 돌아보면서 알게 되었다. 당시에는 길이 좋지 않았다. 높은 산과 깊은 골짜기가 많았다. 사람 손이 닿지 않은 풀이 우거진 산길, 돌이 울퉁불퉁 삐져나온 자갈길, 비가 내리면 순식간에 진흙탕으로 변하는 흙길, 독을 머금은 풀들이 자라는 논두렁길이다. 흰 고무신을 신고 갈 수는 없는 길, 구두를 신고 갈 수도 없는 길, 뱀이 나올 수도 있고 풀독에 쏘일 수도 있는 그런 길이었다. 그렇다. 장화가 안성맞춤이다. 처음부터 장화를 신고 다니지는 않았을 것이다. 복음을 전하려는 열정이 우산을 들게 하고 장화를 신게 했던 것이다.

누가 돈을 주는 것도 아니고 박수를 치는 것도 아닌데 왜 대성은 그토록 열심이었을까? 무엇이 그를 그렇게 만들었을까? 밥이 나오는 것도 아닌데 그 굶주리고 심란했던 시대에 왜 우산을 들고 장화를 신어야만 했을까? 가장 가까운 노동면 감정리교회를 돌볼 때에도 2시간 이상 산길을 넘어가야 한다. 다른 교회들은 오후 한나절, 때로는 하룻밤을 자고 와야 하는 거리이다. 당시에는 호랑이도 나오고 늑대도 나왔던 산길을 그는 걷고 걸어서 찾아갔다. 성경을 가르치고 이야기를 나누다 보면 밤 깊어 가는 줄 몰랐다. 그리고 그 밤에 되돌아와야 한다. 동이 트면 보성교회를 돌보거나 다른 교회를 돌봐야 하기 때문이다. 등을 들고 캄캄한 산속으로 들어가는 대성의 뒷모습을 보면서 교인들은 어떤 생각을 했을까? "우리는 최대성 장로님에게 신앙을 배웠지. 전도를 어떻게 해야 하는지도 그분에게서 배웠지. 열심이셨지. 장로님은 분명했지. 일체의 타협이 없었지." 한결같은 고백들이다.

대성은 외로웠을까? 인간이 어찌 외롭지 않을 수 있었으랴. 그러나 그에게는 사람보다 가까운 친구가 있었으므로 늘 위로를 받았을 것이다. 대성의 전도에 수없이 동행했던 여청년 김환수와 김순희가 있었다. "그분은 늘 성경 말씀만 하셨지. 오고 가는 길에 세상 이야기는 거의 없고 성경 말씀만 하셨어." 대성에게는 하늘 친구가 그토록 가까웠으니 사람 친구들을 그토록 사랑하게 되었을 것이다. 장화 신고 깊고 컴컴한 산길을 혼자 걸어도, 우산 들고 뜨거운 태양의 들판을 홀로 걸어도 그는 눈에 보이지 않으나 항상 동행하시는 하나님과 대화했을 것이다. 그 하루하루의 하나님과의 동행이 그의 선교 열정을 식지 않게 했을 것이다. 그가 그토록 좋아했던 찬미를 부르다 보면 어느새 산길이 끝나고 조그만 등불이 마을 입구에서 그를 맞이했다.

자비로운 주 하나님
날 구원했으니
나 잃었던 귀한 생명 이제야 찾았네

내 맘속에 잠긴 근심
이제 사라지고
주 예수를 믿음으로 큰 기쁨 얻었네

주 하나님 크신 권능
내 영혼 지키고
저 본향에 이르도록 날 인도하셨네
빛나고 높은 보좌 앞

주님만 모시고

영원무궁 찬양하며 주 영광 돌리리 (찬미가 116장)

그 도둑놈은 알고 있었을까?

대성은 사람을 어디에서 데려오는지 거의 날마다 성경을 가르쳤다. 개인 전도가 공기를 마시는 것처럼 자연스러웠다. 마치 맥박이 뛰듯이 영혼을 살게 하는 개인 전도가 대성의 삶에 규칙적으로 살아 있었다. 그러나 자식들은 대성의 개인 전도를 이해할 수 없었다. 집에서 일주일이고 2주일이고 먹이고 재우면서 성경을 가르치는 아버지를 어떻게 이해할 수 있겠는가? 성경만 가르치면 괜찮은데 먹고 살기 힘든 시절에 배불리 먹이고 잘 재웠던 것이다. 식구들은 굶어도 성경을 배우는 사람은 따뜻한 밥에 정성스레 반찬을 해 먹였다. 자식들의 입이 나올 수밖에 없었다. 한번은 말쑥한 신사 한 사람을 데려왔다. 아마도 대성은 '교회의 좋은 일꾼이 될 것이다.'라고 생각했을 것이다. 2주일 동안이나 잘 먹이고 따뜻한 방에 재워 주면서 밤낮으로 성경을 가르쳤다.

그러던 어느 날 잠깐 집을 비운 사이 이 말쑥한 신사는 크게 보답을 했다. 살림을 탈탈 털어 훔쳐 간 것이다. 그렇게 당했으면 좀 자제를 해야 하건만 대성의 개인 전도는 계속되었다. 그래도 아내 되는 정애순 집사는 대성을 끝까지 지원했다. 대성이 전도인의 삶에 헌신할 수 있었던 것은 아내의 내조가 있었기 때문이다. 말 없이 조용했던 여인의 마음까지 잔잔했을까? 자식들이 눈에 밟히지 않았을까? 하나님만이 아시고 알아주셨을 것이다.

그 신사 같았던 도둑은 어디서 무엇을 하고 살고 있을까? 혹시 죽지는 않았을까? 눈 감기 전에 자식들 굶기며 열심히 성경을 가르쳤던 대성이 생각나서 하나님 이름을 한번은 불렀을까? 아니면 회개하고 그리스도인으로 헌신하며 살았을까? 천국에 가면 혹시 눈물 닦으며 대성에게 손 흔들며 달려오는 깜짝 쇼를 연출할까? 그러면 오죽이나 좋으랴! 누가 알겠는가? 하나님, 혹시 우리를 놀래 주실 사연을 혼자만 알고 계신가요?

"개인 전도로써 사람들에게 접근하며 그들과 친목하라. 이 일은 결코 다른 사람에게 대신 시킬 수 없는 일이며 돈을 거저 주거나 꾸어 주므로 할 수 있는 일도 아니다. 또한 강단 위에서의 설교만으로도 할 수 없는 일이다. 각 가정에서 성경을 가르치는 일, 이것이 곧 전도자의 사명이며 이 일은 설교와 연합하여야 한다. 만일 이를 행하지 않는다면 설교한 것이 십중팔구 실패할 것이다"(전도, 440).

아! 선지자학교 – 평신도 제자 훈련

　대성은 청년과 성도들을 훈련시키는 일에 온 정성을 다하였다. 선지자학교를 철저히 운영했다고 할 수 있다. 대성의 교육은 전도인을 양성하는 데 집중되어 있었다. 안식일 오후가 되면 청년들은 대성의 집으로 몰려들었다. 20~30명의 남녀 청년들이 정기적으로 모여서 성경을 배웠다. 대성은 안교교과 공부를 중심으로 성경을 가르쳤다. 다른 자료도 없을뿐더러 안교교과책만큼 체계적인 성경 공부 자료는 없었기 때문이었을 것이다. 요즘은 안교교과책을 구입하지 않는 교인도 많고 교과 공부를 하지 않는 청년도 많다. 당시의 재림교인들이 오늘날 교인들의 영적인 수준보다 낮다고 말할 수 있을까? 보성교회의 청년과 평신도 지도자들은 가르치는 일에 탁월함을 보였다고 한다. 갈고닦는데 빛이 아니 날 수 있으랴. 때로는 창세기부터 요한계시록의 책을 한 권씩 정해서 가르쳤다. 성경의 모든 책을 섭렵해서 평신도 양성 훈련을 시킨 것이다.

　교육의 방식은 이야기식(story telling)이었다. 이야기를 싫어하는 사람 있을까? 세상 이야기를 말하는 것이 아니다. 처음부터 끝까지 성경 이야기이다. 어른들도 좋아하는 것이 이야기인지라 성경 공부를 청년들은 무척이나 좋아했다. 대성은 그런 교육 방법을 어디서 배웠을까? 보성교회의 초기 지도자였던 김봉옥 성도는 타고난 이야기꾼이었다고 한다. 말도 빠르지 않으면서 마치 현장에 있는 것처럼 묘사하는 재주를 가졌다. 최영열 장로는 어려서 김봉옥 성도의 성경 인물들에 관한 이야기를 듣고는 그의 집에서 성경 인물들이 함께 사는 줄 알았단다. 그렇게나 실감 나게 성경 이야기를 해 주었으니 김봉옥 성도의 집에는 청년들이 하루가 멀다고 모여들었다.

작은 흙방에서 날이 새는 줄도 모르고 성경 이야기를 듣다가 쓰러져 그 가족들과 함께 잠을 자기가 일쑤였다. 임효봉 집사(삼육대 박철주 교수의 모친)는 어찌나 이야기를 실감 나게 들었던지 천사가 나타나 모든 청년의 이마에 도장을 찍어 주는 꿈까지 꾸었단다. 아침에 일어난 임효봉은 청년들 이마에 천사가 도장을 찍어 주는 흉내를 내며 모두 구원을 받았다고 흥분하며 말했다고 한다. 김봉옥 성도에게 신앙을 배운 대성은 자연스럽게 교육 방식도 습득했던 것이다.

대성은 설교 훈련도 시켰다. 장로들, 집사들, 청년들, 아이들까지 어느 안식일 밤을 정해서 설교를 하게 했다. 모두가 설교를 준비해서 열심히 발표했다. 자료도 부족하고 공부도 많이 한 사람들이 아니었지만, 열심히 설교를 준비해서 발표했다. 요즘에는 평신도들이 설교하는 경우가 많지 않다. 평신도들이 약해지는 것은 교회가 약해지는 것과 같다. 대성과 사람들 앞에서 설교하는 것은 심장이 쪼그라들고 다리가 떨리는 일이었다.

대성은 이미 설교가로 이름을 날리고 있었다. 그의 설교는 세상의 예화가 전혀 없었다. 성경 안에서 모든 예화를 찾아 적용했다. 창세기부터 요한계시록까지 가르쳐야 하는데 세상 예화를 쓸 이유도 여유도 없었던 것이다. 자료집도 충분치 않았던 시절, 그래도 설교가 감동적이고 은혜가 넘쳤다. 대성의 설교는 재미있었고, 굉장한 설득력이 있었다고 한다. 누구와 대화를 해도 권위를 가지고 말문이 막히게 하는 카리스마와 언변이 있었다. 조광현 장로(대방교회)는 대성의 설교를 회고했다. "최대성 장로님의 설교는 감동이 있었지요. 지금도 기억에 생생합니다." 대성에게서 훈련받은 평신도들은 가르칠 수도 있고 설교도 할 수 있게 되었다.

당시의 성경 공부나 설교는 정해진 시간이 없었다. 시작하면 몇 시간이고 계속되었다. 그래도 교인들은 빠짐없이 출석하여 말씀을 배우고 훈련을 받았다. 삶이 신앙이고 신앙이 삶이었다. 대성은 열성이 특심한 사람이었으므로 열심 또한 전염되었다. 화요일, 금요일, 안식일 예배에도 숫자가 줄지 않았다. 으레 교회에 가는 줄 알았고, 빠짐이 없었다. 몸에 신앙이 체화되도록 철저히 훈련을 받았다. 화금병이란 병이 있었다. 내가 초등생일 때에 어느 집사님이 설교 중에 질문을 했다. "여러분, 화금병이 무엇인지 아십니까?" 맨 앞에 앉아 있던 나는 맨 뒷좌석에 계시는 조부님께 달려가서 여쭤보았다. "할아버지, 화금병이 뭐예요?" 조부께서 빙그레 웃으시며 말씀하셨다. "팔다리가 아픈 병이다." 나는 손을 번쩍 들고 대답했다. "팔다리가 아픈 병이요." 교회는 웃음바다가 되었다.

화금병은 화요일이나 금요일에 교회에 빠지는 병이다. 오늘날 우리의 신앙은 어떤가? 시대가 변하고 생활이 바뀌었다고 하나 신앙이 우선순위에서 밀리고 있는 것은 아닐까? 보성교회의 청년들과 성도들은 영적으로 무럭무럭 자라났다. 훈련이 만들어 낸 결과다.

보성교회는 구역반을 철저히 운영했다. 안식일 안교교과반이 마을 단위로 구성되어 있었다. 두무실반, 오리실반, 원봉리반, 보성읍내반, 구교동반 등등. 교사는 결석자를 체크하고 안식일 오후에 방문을 갔다. 거기에서 멈췄다면 크게 의미가 없었을 것이다. 보성교회의 장로들과 집사들은 오랜 세월 구역반을 주중 밤마다 운영하며 선교의 불꽃이 타오르게 했다. 최영열 장로는 80세가 되도록 거의 밤마다 교인들을 독려하며 구역반을 돌보았다. "교인들은 바빠야 한다. 죄지을 시간이 없어야 해." 최영열 장로의 경험에서 우러나온 주장이다. 오늘날의 성도들에게서 훈련을 통해 선교 열정이 회복될 때 재림교회는 그 마지막 사명을 감당할 수 있게 될 것이다.

대성은 그렇게 훈련된 교인들을 전도회에 투입했다. 10~15일간 진행되는 전도회에 보성교회의 성도들은 한마음이 되어 참여했다. 영혼 구원의 현장을 목격하면 선교 열정이 더욱 불타올랐다. 개척전도회가 마치면 훈련된 성도들은 만들어진 가정 집회소를 방문하여 돌보았다. 당시 김진규 집사는 개척된 가정 집회소를 돌보기 위하여 그 지역으로 이사하기도 했다. 그렇게 보성교회의 지도자들은 대성에게서 훈련을 받고 선교 현장에서 뛰며 만들어졌다.

　세월의 역경을 이기고 살아남은 가정 집회소는 교회로 성장하였다. 가정 집회소의 규모는 다양했다. 10여 명의 가족으로 구성된 곳이 있었는가 하면 100명이 넘는 곳도 여러 곳 있었다. 그러나 규모에 상관없이 헌신한 최초의 지도자 뒤를 받쳐 줄 훈련된 평신도가 없는 가정 집회소는 교회로 성장할 수 없었다. 만약 교단 차원의 행정적인 지원, 인력의 지원, 평신도 훈련을 위한 지원이 충분했다면 교회로 성장했을 문 닫은 많은 가정 집회소가 있었음을 알게 되는 것은 가슴 아픈 일이었다. 그러나 가정 집회소는 문을 닫았으나 복음을 받아들인 사람들은 곳곳에서 신앙을 지키며 지도자가 되고 많은 열매를 맺었음을 확인하는 것은 큰 감동이었다. 대성과 보성교회의 성도들의 성경 교수가 얼마나 철저했는지를 보여 주는 것이다.

　준비에 실패하면 실패를 준비하는 것이다. 잘 준비된 전도단은 보성읍과 12개 면에 교회를 개척하였다. 대성의 시대에 보성교회의 선교 정신과 열정은 보성을 뒤덮고 장흥군과 고흥군에까지 넘쳐흘렀다. 많은 영혼이 구원을 받고, 삶과 운명이 영원히 바뀌었다. 보성교회에서 시작된 복음의 강물은 지금도 세대를 거듭하며 믿음의 후손들의 삶 속에 멈추지 않고 흘러가고 있다.

　당시 대성과 함께 보성 지역 선교를 이끌었던 초기의 주역들은 다음과 같다: 김봉옥, 김갑용, 김부용, 김순전, 김순희, 김연옥, 김장식, 김진규, 김창권, 김호채, 김형수, 김환수, 변채순, 이국래, 이계수, 이금자, 이만석, 이정숙, 이충순, 이태봉, 이태옥, 원남순, 임종덕, 임종식, 임효봉, 윤형술, 정광율, 정쌍례, 정연순, 정해필, 조인섭, 조철구, 최복득, 최연애, 최영열, 최영찬, 최정자, 최학동, 최학봉 등(가나다 순).

"교인마다 영혼을 그리스도께 인도하는 데 시간을 바치도록 훈련받아야 한다. 교인들이 실지로 빛을 나누어 주지 않는다면 어떻게 교회에 대하여 '너희는 세상의 빛'이라고 말할 수가 있겠는가? 그리스도의 양떼를 돌볼 책임을 맡은 자들은 책임감을 느끼고 많은 사람에게 일을 시키라"(6T, 436).

주봉리, 문맹자가 없었던 유일한 마을

이응준 목사(호남대회장)
문화상을 받은 마을 보성군 보성읍 주봉리교회 선교 활동 보고

(1963년 7월 호 「교회지남」)

보성군은 전라남도에서 가장 고원 지대요 행정 구역 2읍 12면으로 된 고을이다. 인구는 약 17만 명이며 우리 교회는 현재 8개 면에 들어가 있

다. 일찍이 보성군 당국은 군내 전 지역에 걸쳐 문맹자 조사를 실시하였는데 문맹자가 없는 마을은 우리 신자가 살고 있는 주봉리로 알려졌다. 군 당국은 그 이유를 조사하여 본 바 약 30년 전에 우리 교회가 들어갔는데 현재 우리 신자가 주민의 70%가량 살고 있는 것으로 판명되었다. 그리하여 종교는 도덕상에 끼치는 면도 크지만, 문화면에 끼치는 힘이 또한 위대한 것을 알게 되었다. 이러한 사정을 자세히 살펴본 군 당국에서는 이 마을을 특별 표창하였다. 과연 이 주봉리는 불신자와 타 교회 신자가 없으므로 동명을 '안식일교촌'이라 불리고 있는 실정이다. 이처럼 인근에 아름다운 미덕을 끼치고 있는 주봉리교회에서는 1963년도 사업을 경영할 때에 교회 직원은 물론이요 일반 교인들이 다 같이 한마음으로 무교면 개척 운동을 하기로 결정하고 큰 천막과 스피커와 환등기 및 전도회에 필요한 것들을 준비하였다. 이는 순 평신자의 운동으로 장로들, 집사들, MV회 간부들을 연합하여 강한 전도 팀을 조직하고 최대성 장로께서 단장이 되셨다(지면상 부서를 약함).

　이리하여 만반의 준비를 갖춘 전도대는 제1차로 비봉리, 제2차로 웅치에서 전도회를 열기로 하였다. 이 전도 팀에서는 공중전도회를 열기 전에 그곳의 주인이 될 만한 사람을 찾은 후에 전도회를 열기로 방침을 세웠다. 비봉리에서는 10일간 전도회를 하였는데 그곳 초등학교 선생님이 열심히 도와주었으며 교장 선생님께서 특별한 호의를 베풀어서 교실을 전도회장으로 사용하였으며 교장 사택을 합숙소로 빌려주시는 등 크게 편리를 보아주었다. 부락민들은 부식물은 물론 주식까지도 대접해 주었다. 집회마다 백여 명이 참석하는 등 대성황을 이루었으며 결국 결심자가 백 명에 가까운데 현재까지 70명이 매 안식일 모이고 있다. 그러나 가장 딱한 사정은 모일 만한 장소가 없다는 것이다. 마침 결심자 중에는 사업 관계로 집에 머물러 있던 한 자매의 가정이 있다. 이 자매는 본래 일요일 교인이었는데 그 지방에 이주한 후 교회가 없어 근심하며 기도하던 중 다행하게도 진리 교회에 들어가게 된 것을 기뻐하며 매일 밤 전도회에 참석하여 세 천사의 기별을 깨닫게 되었다. 그리하여 초등학교 선생과 유망한 청년들과 힘을 합하여 교회를 지도하여 나가는 중이다. 이 자매의 시동생 되는 한 형제는 서울에서 장사를 했는데 마침 전도회 중 고향에 돌아왔다가 자기 형수가 교회를 위하여 애타는 것을 보고 도울 마음이 생겨서(타 교회 신앙 경험이 있음) 장사를 전폐하고 귀향하여 교회를 돌보는 중이다. 또 이 자매의 주인 되는 분은 백 평 정도 기증하여 주면서 예배당을 건축하라 하지만 대회 재정이 곤란하여 이를 뒷받침하지 못하고 있음을 답답하게 생각하는 바이다. 그러나 오래지 아니하여 주님의 축복이 임할 줄 믿고 그곳 형제들과 같이 기도하는 바이다.

그리운 옛날 보성교회, 아! 본향 그리워라

1960년, 대성은 네 번째의 보성교회를 건축하기로 하였다. 교회와 학교로 쓰던 건물 맞은편에 새 교회를 짓는 것이다. 보성읍내에서 주봉리로 들어가는 길 오른편에 적당히 높은 언덕이 있었고 넓은 부지가 있었다. 교회가 앉아 읍내를 바라보기에 최적의 장소였다. 교회 내리막길 앞 신작로 건너 맞은편에는 한쪽이 멋지게 무너져 내린 산이 고개를 높이 쳐들고 있었다. 그 멋진 산은 지금은 사라지고 없다. 불도저들이 갈아엎어 보성 버스터미널을 만들어 버렸다. 잘생긴 산이었는데….

대목수가 교회 건축을 주도했지만, 교인들도 밤낮으로 도왔다. 마침내 1961년 7월 15일 교회를 헌당하였다. 새 교회가 생기니 얼마나 기분이 좋았으랴. 언덕길을 걸어 올라오면 교회 마당 입구에 단풍나무 한 그루가 서 있었다. 별로 크지 않은 아담한 나무였다. 가스통을 잘라서 만든 교회 종이 거기 매달려 있었다. 20리 길을 은은하게 퍼져 가는 새벽의 종소리는 사람들의 마음을 어머니의 손처럼 따뜻하게 쓰다듬어 주었다. 여러 교회의 종들이 앞서거니 뒤서거니 새벽을 깨우는데 안식일 교회 종 울림이 최고라고 했다. 교회 마당을 빙 둘러 아름드리나무들이 서 있고 각종 꽃으로 단장한 교회 마당에 나무 의자 몇 개가 놓여 있는 모습은 너무나 그리워서 가슴마저 아려 온다.

아이들은 교회 옆 자그마한 산 위를 다람쥐마냥 오르내렸고 넓은 마당에서 지치지도 않고 뛰놀았다. 어른들은 느티나무 그늘에서 이야기를 나누다 안식일 저녁노을이 내리면 누구네 집으로 몰려가 환송 예배를 드렸다. 그리고 함께 저녁을 먹었다. 한번은 "오늘은 '이녁' 집에 가서 먹지."라며 장로님들이 일어서셨다. 도시에서 오신 전도사님은 '이녁' 집을 알 수가 없었다. '내가 모르는 교인이 있나?' 모른다고 할 수도 없고 어디로 가야 할지 난감했단다. 사택에서 아무리 기다려도 '이녁' 집에 함께 가자는 사람이 없어 교회 아래에 사는 집사님께 찾아가 물어보았다. 집사님은 깔깔대고 웃었다. "아이고 전도사님, '이녁' 집은 자기 집이에요." 김기곤 전도사님이 사전에도 없는 그 시골 사투리를 짐작이나 했겠는가!

화요일, 금요일, 안식일 예배에 교인들은 빠짐없이 참석했다. 밤 예배라고 숫자가 줄지 않았다. 대성은 워낙에 열성이 빨개서 성도들도 붉게 타오르게 만들어 놓았다. 교회를 빠질 생각을 할 수가 없었고 하지도 않았다. 교회는 지도자 이상 성장할 수 없다. 장작도 모아 놓으면 타오르듯이 보성교회는 불처럼 일어나기 시작했다. 부잣집에나 시계가 있던 시절, 달이 뜨면 잠자리에 들고 해가 뜨면 하루가 시작되어도 불편함이 없었다. 어둠이 내려앉으면 교회에 모이고 서쪽 하늘이 붉어지면 안식일이 끝났다. 설교도 시계에 맞춰서 하는 것이 아니었다. 설교자가 마치면 끝나는 긴 설교 시간은 요즘의 성도들은 견디지 못할지도 모른다. 교회는 성장을 거듭했다. 교인이 200명 가까이 불어났다. 나중에는 안교생만 250명이 넘었다.

　대성은 저녁 식사를 하고 20분쯤 되는 마을 길을 걸어 교회에 도착했다. 그의 자리는 늘 맨 뒤의 등받이가 없는 긴 걸상이었다. 항상 그 자리였다. 그때는 몰랐는데 왜 대성은 등받이가 없는 불편한 걸상에 앉았을까? 그런데도 자세가 꼿꼿했다. 등받이 없는 걸상 때문에 오히려 반듯하신 것이 아니었을까? 돌아가실 때까지 허리가 꼿꼿하고 자세가 반듯하셨다. 장로님들이나 집사님들이 설교하는 모습을 찬찬히 뒤에서 바라보셨다.

　대성의 목소리는 가늘고 높았다. 이계수 장로는 굵고 낮았다. 한번은 친구 사이인 장로님 두 분이 특창을 하셨는데 기묘한 조화였다. 같은 곡을 멜로디로 부르는 것이 분명한데 한 분은 테너, 한 분은 베이스를 하는 것 같았다. 그럼에도 세월의 음색이 화음을 만들어 감동으로 '아멘' 하게 했다.

이계수 장로님과 최대성 장로님(右)

　대성과 활동했던 그리운 장로님들과 집사님들은 다 어디로 가셨을까? 추억 속에 남아 있는 그리운 분들. 그분들의 정겹고 아름다운 웃음

소리가 들리는 듯하다. 보성교회의 믿음의 조상들에게 감사한 것은 따뜻하고 좋은 교회를 만들어 주셨기 때문이다. 힘들고 어려운 인생길에 마음의 짐을 내려놓을 수 있는 곳, 서로 웃고 울며 형제자매의 정을 나눌 수 있는 곳, 교회는 그런 곳이다. 대성과 교인들은 그런 보성교회를 만들어 놓았다. 현재의 보성교회는 2005년 봉헌 예배를 드린 멋진 현대식 건물이다. 1960년 대성과 보성교인들이 건축한 교회의 믿음의 전통을 이어 가야 할 교회이다. 보성교회의 믿음의 후손들은 그것을 기억해야 할 것이다.

보성읍 주봉리교회에서만 지금까지 800여 명의 교인이 전국으로, 외국으로 흩어졌다. 많은 목회자, 평신도 지도자들이 보성교회를 통해서 배출되었다. 전국 곳곳의 교회에서 보성 출신의 교인들이 열심히 신앙하고 있다. 보성의 신앙의 후손들은 보성교회의 그 옛날의 뜨겁고 따뜻했던 그 시절 그 교회가 신앙의 고향이다. 대성과 함께 교회를 지키고 원칙적인 신앙을 고수했던 믿음의 조상들, 그들의 신앙이 후손들의 핏속에 유유히 흐르고 있는 것이다.

"보성교회는 참 따뜻하고 좋은 교회였지. 정말 열심히들 했지. 참 좋은 교회였어." 보성교회 출신의 최학봉 장로는 땅에서 하늘 본향을 소망하는 사람들이 함께 기뻐하고 서로 용기 주며 천국을 맛보았던 그 옛날의 보성교회를 몹시 그리워했다. 보성교회 교인들은 보성교회를 통해서 하늘 본향을 많이도 사모했다. 우리 모두 그런 교회를 만들어 가자.

내 본향 하늘 본향 자유의 나라는
캄캄한 밤이 없고 언제나 낮이니
그 본향 그리워라. 내 맘에 그리워
아픔 없는 나의 본향 눈앞에 어리네
아픔 없는 나의 본향 눈앞에 어리네

내 본향 하늘 본향 주 예수 계시니
사망과 슬픈 일이 다시는 없는 곳
정다운 나의 본향 평화의 내 나라
이 나라의 백성 됨은 주님의 은혤세
이 나라의 백성 됨은 주님의 은혤세 (찬미가 581장)

대성과 보성교회 교인들이 헌당한 네 번째 교회(1961. 7. 15.).

잊지 못할 김봉옥 성도의 설교 한 편

　성경주석도 없고 예언의 신의 번역본도 별로 없던 시절, 보성교회의 초기 지도자들은 어떻게 성경을 공부하고 설교했을까? 그들은 성경 외에는 다른 자료들이 없었기 때문에 항상 성경을 읽고 묵상하며 성령의 지도하심을 간구했다. 성령이 유일한 하늘의 교사이므로 진짜 성경 공부를 했다고 할 수 있다. 아마도 그 당시의 설교가 진짜 설교였는지도 모른다. 하루는 김봉옥 성도(보성읍교회 김장식 장로의 부친)가 산에서 나무를 하고 있었다. 그는 김봉옥 원로로 불리며 성도들의 존경을 받았다. 성경 말씀을 생각하고 묵상하노라니 마음이 깊은 감동으로 촉촉해졌다. 그는 찬미하기 시작했다.

　　내 너를 위하여 몸 버려 피 흘려 네 죄를 속하고 살길을 주었다
　　너 위해 몸을 줬건만 너 무엇하느냐 너 위해 몸을 줬건만 너 무엇 주느냐

　　내 하늘 보좌와 큰 영광 떠나서 밤 같은 세상에 만백성 구하려
　　내 몸을 희생했건만 너 무엇하느냐 내 몸을 희생했건만 너 무엇하느냐

　　죄 중에 빠져서 영 죽을 인생을 구하여 주는 일 큰 고생 아닌가
　　네 죄를 대속했건만 너 무엇하느냐 네 죄를 대속했건만 너 무엇하느냐

영복을 가지고 네 집에 준 것은 값없는 구원과 큰 사랑 아닌가
이것이 귀중하건만 너 무엇 주느냐 이것이 귀중하건만 너 무엇 주느냐

(찬미 402장)

깊은 산속 나무꾼의 입에서 나온 찬송에 나뭇잎도 감동으로 떨었을 것이다. 김봉옥 성도는 온종일 나무를 하며 찬미를 불렀다. 말할 수 없는 감동이 끝없이 파도처럼 밀려왔다. 감동이 잔잔해진 자리에는 평안의 갈릴리 바다가 고요했다. 그날은 화요일이었다. 김봉옥 성도가 말씀을 전했는데 그 화

김봉옥 성도

요일 밤의 설교는 오랫동안 회자되었다고 한다. 옛적 믿음의 선조들은 그렇게 말씀을 연구하고 묵상하며 찬미하면서 성령의 지도를 받았다.

"그리스도의 의를 추구하는 이들은 위대한 구원의 주제들을 끊임없이 생각할 것이다. 성경은 그들의 영혼에 영양 많은 음식을 공급하는 창고이다. 그들은 그리스도의 성육신을 명상하며, 그들을 멸망으로부터 구원하고 용서와 평강과 영원한 의를 갖다 주기 위해 치러진 위대한 희생을 명상한다. 영혼은 이 웅장하고 고상하게 하는 주제들로 불타오른

다. 거룩함과 진리, 은혜와 의가 생각을 차지한다. 자아는 죽고 그리스도께서 그분의 종 안에 사신다. 말씀을 묵상할 때에 그들은 엠마오로 가던 두 제자의 마음처럼 속에서 뜨거움을 경험하게 된다. 예수님은 그들과 함께 동행하시면서 그분에 관한 성경 말씀을 그들에게 열어 보여 주셨던 것이다"(목사에게 보내는 기별, 87).

결혼? 오늘 서로 얼굴 봤으니 날짜 잡읍시다

　대성은 결혼 중매를 많이 했다. 주중에는 모두가 바쁜 일로 서로 만날 수 없었던 시절, 안식일에 남녀 청년을 부모와 함께 교회에 오도록 했다. 교회에서 서로 볼 수는 있으나 해가 지도록 인사를 시키지도 않고 결혼 이야기도 없었다. 남녀 청년들은 교회 마당에서 수줍은 척 손을 모으고 죄 없는 나무 꼭대기를 쳐다보고, 평소에는 별 관심 없던 교회 마당의 꽃잎을 만지면서 하염없이 서로 훔쳐보기를 하다가 서쪽 하늘이 붉어지면 대성의 집으로 갔다. 신랑댁은 저만치 앞에, 신부댁은 저만치 뒤에. 옛날에는 왜 그렇게 거리를 두고 걸었을까? 저녁 식사를 한 다음 대성은 짧게 말했다. "오늘 서로 얼굴 봤으니 날짜 잡읍시다." 그리고 끝이었다. 그렇게 결혼해도 신앙 안에서 다들 잘 살았다. 장로님 말만 믿고 결혼을 했다. 대성이 중매를 설 때는 양가를 미리 살피고 신앙 중심으로 서로를 소개했다. 따지고 잰다 한들 '산다, 못 산다' 하는 요즘과 달랐지만, 신앙 안에서 결혼하면 십자가 중심으로 어떤 풍파도 잘 이겨 나갔다. 세월이 달라졌다고 하지만 사실은 가치 기준이 달라진 것이 아닐까? 당시에는 신앙이 가장 중요했다. 다른 조건들은 그다음이었다.

결혼이 결정되면 가능한 한 빨리 결혼 날짜를 잡게 했다. 결혼하게 되면 떨어져 생활하는 것은 어떤 경우든 경계했다. 최영태 목사가 결혼할 때에도 배우자를 만나고 한 달 만에 결혼식을 올렸다. 대성은 며느리가 될 고인숙 선생을 아들이 처음 만나는 자리에 직접 나갔다. 그리고 바로 그날 결혼 날짜를 잡았다. 남녀가 결혼하기로 결정했으면 빨리 결혼해야 한다는 것이 그의 생각이었다. 고인숙 선생은 대전삼육초등학교 교사였다. 결혼한 부부는 떨어져 있으면 안 된다는 것이 대성의 결혼관이었다. 대성의 주장에 학교에서는 학기 중에 새로운 교사를 급하게 구하느라 진땀을 흘려야 했다. 합회까지 나서서 대성을 설득했지만 고집을 꺾을 수 없었다. 다행히 교사를 빨리 구할 수 있었다. 좀 지나치다 싶을 수 있지만 대성의 남녀관은 분명했다.

둘째 딸 최경자 집사의 남편은 강두섭 장로이다. 총각, 처녀로 만나서 데이트를 하던 시절, 대성은 데이트 시간을 저녁 6시부터 9시까지로 정해 주었다. 반드시 9시까지는 귀가해야 했다. 한번은 데이트를 하다가 9시 5분에 도착했다. 대성은 대문 앞에서 기다리고 있었다. 얼굴 표정이 좋지 않았다. 대성은 강두섭 청년에게 근엄하게 말했다. "그렇게 어른 말을 듣지 않아서 어떻게 하려고 그러는가?" 5분 늦어 꾸지람을 들었다. 강두섭 청년은 그렇게 엄하고 분명한 장인 되실 분이 좋았다고 한다.

신앙이 없는 사위를 데려온 막내딸 최수자 집사의 가정 신앙을 위해서는 최선을 다해서 지원을 아끼지 않았다. 막내딸 사위는 지금 볼티모어 교회의 장로가 되어 교회를 섬기고 있다. 제7장의 최수자의 '친아버지의 숙제'에서 생생하고 감동 깊은 이야기를 읽을 수 있다. 대성은 최상섭 장로(대성의 장손)의 아내 될 손주 며느리를 먼저 친히 찾아가 보고 결혼을 허락했다(?). 대성은 또한 손녀 최명화의 신랑 박상철 목사의 고향을 결혼 전에 혼자 찾아가기도 했다. 그 집안을 살펴보고 부모도 만나서 이야기를 나누었다. 결혼하기 전에 손녀의 결혼을 지원한 것이다.

"가족의 유대는 이 세상의 어떤 것보다 가장 긴밀하고 부드럽고 신성하다. 그것은 인류에게 축복이 되도록 계획된 것이었다. 그리고 그것은 결혼 서약이 하나님을 두려워하는 가운데서 지혜롭게 이루어지고, 결혼에 따르는 책임이 충분하게 고려되어 성립되는 곳에서는 어디에서나 축복이 된다. 결혼에 대하여 깊이 생각하고 있는 사람들은 그들이 세울 가정의 성격과 감화가 어떠한 것이 될 것인지 숙고해 보아야 한다. 그들이 부모가 되면 신성한 위탁이 그들에게 주어진다. 이 세상에서와 장차 올 세상에서의 자녀들의 복리와 행복의 대부분이 그들의 부모들에 의하여 좌우된다. 그들은 넓은 범위에 걸쳐서 어린 자녀들이 받는 육체적 특성과 도덕적 특성을 다 같이 결정해 준다. 그리고 가정의 성격에 사회의 상태가 좌우된다. 각 가정의 감화의 무게는 사회라는 저울추가 올라가고 있는지 내려가고 있는지 말해 줄 것이다"(가정과 건강, 21).

"신앙인으로 가장 존경하는 분은 최대성 장로님이야"

최학봉 장로는 8살 때 부친을 여의었다. 대성의 아들 최영열 장로가 그의 절친한 친구이다. 청년 최학봉은 최대성 장로를 아버지처럼 따랐다. 대성도 그를 교회의 중책을 맡기며 신뢰했다. 그는 9살 때쯤 형님을 따라 김봉옥 성도의 초가집에서 드리던 예배에 참석하기 시작했다. 마치 예수님이 곧 재림하실 것처럼 생생하게 묘사하는 김봉옥 성도의 성경 이야기를 누구나 좋아했다. 설교는 대성이 주로 했다. 당시 대성은 자급 사역을 하고 있었다. 특별히 최학봉에게 인상 깊었던 것은 이시화, 태부시, 부두열 등 쟁쟁한 선교사들이 여러 번 보성의 시골 교회를 방문한 것이다. 여관도 없고 차편도 불편하기 그지없던 시대에 머나먼 보성을 자주 방문할 정도로 선교사들은 선교 정신이 투철하고 성도를 사랑했던 것이다. 또한 보성교회가 선교사들의 주목을 끌 만큼 선교 열기가 뜨거웠음도 보여 주는 것이리라.

선교사들이나 목사님들이 오시게 되면 대성은 교인 총동원령을 내렸다. 소년들은 오리실 방죽에서 목욕을 하는 김에 개구리헤엄도 치며 시간을 보내고 금요일 해 지기 전에 교회로 몰려들었다. 목사님 얼굴 보기 어려운 시대였다. 목사님 맞기를 예수님 맞는 것처럼 귀하게 여겼다. 귀한 손님이 오시니 목욕도 깨끗이 하고 마음도 가지런히 했던 것이다. 파란 눈과 오똑한 코의 선교사들을 보며 "으째 저라고 생겼으까?"라는 생각이 떠나지 않았다. 너나 할 것 없이 눈방울을 굴려 가며 귀를 쫑긋 세워서 선교사들의 서투른 조선말 설교를 잘도 받아들였다. 설교를 마치면 선교사들과 목사님들은 대성의 초가집으로 몰려갔다. 그냥 잠을 자는 법은 없었다. 따라온 교인들은 이런저런 질문을 주고받다가 하나둘씩 누워서 같이 잠을 자는 것이다. 아침에 일어나면 고구마 농사를 많이 지었던 보성인지라 고구마를 엄청 먹었다고 한다. 참 정겨운 광경이 아닌가!

최학봉은 호남삼육중·고등학교에서 공부했고 조선대학교에 다니다 군대에 가게 되었다. 제대 후 귀향해서 보성교회의 전도 활동에 몇 년간 적극적으로 참여하게 되었다. 전도회 준비는 복잡하지 않았다. 대성이 이미 전도회 장소에 사전 작업을 해 놓았고 청년들은 짐을 한 보따리씩 짊어지고 복음을 전하러 산을 넘고 물을 건너갔다. 대형 군용 천막을 치고 솥을 걸어 놓고 10여 일간 집중적으로 전도회를 개최했다. 대형 군용 천막은 본래 호남대회 소유였으나 보성교회의 전도회가 끊임없이 진행되자 보성교회의 소유인 것처럼 되어 버렸다. 결국 그 천막은 호남대회로 돌아가지 못했다. 교인들은 짝을 지어 집집을 방문했다. 고생을 많이 했다. 때로는 눈물이 쏙 빠지게 대성에게 혼이 나기도 했다. 그러나 모두 대성의 말에 순종했고 하나가 되어 전도했다. 조성, 회천, 벌교, 금호리, 서호리, 노동, 웅치 그리고 복내 등 모든 면에서 전도회를 개최했다. 10~15일이나 계속되는 그 모든 설교를 대성 홀로 소화해 냈다. 최학봉 장로는 그 시절을 회고했다. "정말 대단한 시절이었지. 어떤 사람도 최대성 장로님처럼 하시는 분은 거의 없지. 평생 가장 존경하는 분이 신앙인으로는 최대성 장로님이지. 그런 분을 보고 신앙생활을 했으니 눈에 안 차는 일이 참 많지."

보성교회의 담임목사였던 박찬문 목사는 대성의 설교를 분석하고 이렇게 말씀했다고 한다. "최 장로님처럼 설교를 잘하려면 예언의 신을 많이 보라." 세 천사의 기별을 소리 높여 외쳤으니 예언의 신을 부지런히 공부했으리라 생각한다. 그러나 당시에는 예언의 신 번역이 많이 이루어지지 않았던 때이므로 성경을 더 많이 연구했을 것이다. 최영태 목사가 소장하고 있는 대성의 성경책을 살펴보면 그가 얼마나 성경을 열심히 연구했는지 알 수 있다. "최대성 장로님은 상대방이 들으면 바로 이해할 수 있도록 설교를 하셨지. 나는 최대성 장로님의 영향을 많이 받았지." 80세를 훨씬 넘긴 최학봉 장로는 머리에 희끗희끗 서리를 이고서 대성을 회상했다.

대성은 장로와 집사의 직분을 쉽게 주지 않았다. 선교 활동을 열심히 하는 사람이어야 했다. 술을 마시는 사람이나 욕을 하는 사람도 집사 자격에는 미달이었다. 신앙인의 자세로 올바로 살아야 교회의 주인이 된다고 생각했던 것이다. 그런 높은 수준에 통과한 집사들이 장로가 되고 지도자가 되었으니 그들의 신앙과 선교 정신이 투철할 수밖에 없었던 것이다.

대성의 시대는 이미 지났다. 최학봉 장로와 같은 2세대도 황혼의 노을처럼 저물어 가고 있다. 3, 4세대의 후손들은 믿음의 선조들처럼 열정적인가? 그들처럼 선교 정신으로 신앙의 횃불을 높이 들고 있는가? 성도들이여 일어나라. 불처럼 일어나 이 시대를 복음의 불로 태우라.

팥죽회가 신우회(信友會) 되다

최영열 장로는 제대 후, 1960년대에 신우회(信友會)를 조직했다. 처음에는 젊은 친구 집사들이 모여 우의를 다지는 팥죽회였다. 팥죽을 끓여 먹으며 성도의 교제를 나누는 모임이었다. 팥죽회는 신우회로 발전하였다. 믿음의 친구들이라는 뜻이다. 신우회는 보성 지구 교회에서 발생하는 장례식을 도맡아 하게 되었다. 장례식에 발 벗고 나서는 신우회는 지역 선교에 크게 기여했다. 교인이 아니더라도 장례를 치르기 어려운 이

옷의 장례를 치러 준 경우가 적지 않았다. 교인들은 염(고인의 몸을 깨끗이 닦고 수의를 입히는 일)을 정성스럽게 해 주었고 이러한 헌신은 이웃들에게 큰 감동을 주었다.

대성은 장례식이 선교에 미치는 영향을 잘 알고 있었다. 교인들에게 염하는 교육을 시켰다. 최영열 장로, 이태옥 장로, 지생구 장로 등에게 계속 물림을 이어 가며 많은 고인의 염을 해 주었다. 시체를 만지는 일은 결코 유쾌한 일이 아니다. 그러나 순종하는 마음으로, 그리스도의 사랑의 정신으로 그 일을 해 나갔다. 수십 명에 이르는 신우회원은 초상이 나면 장례 마칠 때까지 도맡아서 장례를 정성스레 치러 주었다.

나는 미국에 출장을 자주 갔었다. 어느 금요일 저녁 한인 교회에서 설교하게 되었다. 그 교회의 목사님께 한 통의 전화를 받은 것은 안식일 오후였다. 교인 중의 한 분이 최상재 목사를 꼭 만나야 한다는 것이었다. 반드시 자기 집에 와서 식사하고 귀국해야 한다는 것이었다. 초청하신 분의 성함은 생소했다. 일정이 있어 시간을 내기 어려웠으나 아침 식사를 그 집에서 하기로 약속했다. 숲속에 그림같이 아름다운 집을 짓고 살고 있는 그 장로님은 시골 아저씨처럼 푸근하신 분이었다. 왜 그분이 나를 그토록 보고 싶어 하는지 몹시 궁금했다. 그분은 수십 년 된 사정을 풀어놓았다.

한 재림교인 여청년이 조성으로 시집을 갔다. 남편은 신앙인이 아니었다. 신앙을 하지 않는 집안에 시집을 갔으니 그 옛날에 이런저런 어려운 일이 많았을 것이다. 그러던 어느 날 시아버지께서 돌아가셨다. 소식을 들은 최영열 장로는 보성교회의 신우회를 이끌고 가서 직접 고인의 염을 하고 장례식을 치러 주었다. 남편은 그때 큰 감동을 받았다. 누가 일면식도 없는 사람의 시신을 정성을 다해 닦고 옷을 입히겠는가? 때로는 자식들도 꺼리는 일이 아닌가? 남편은 보성교회의 최영열 장로님의 이름을 기억하였다. 그리고 보성교회에 깊이 감사한 마음을 갖게 되었다.

세월은 험악한 물결을 타고 흘렀고 그 부부는 미국으로 가게 되었다. 남편은 목수로, 건축가로 성장하여 성공하게 되었다. 자리를 잡으니 교회를 나가야겠다고 생각했다. 당연히 제칠일안식일예수재림교회를 찾게 되었다. 한편 한국에서는 나의 고모 중 한 분이 가족과 함께 미국으로 이민을 가게 되었다. 영어도 서툴고 연고도 없었던 고모와 고숙은 초창기에 많은 고생을 하다가 한 지역에 정착했다. 한인 교회를 찾아 나가게 되었다. 어느 안식일학교 시간에 고모는 간증을 하게 되었다. 아버지 신앙과 보성교회에 대하여 이야기를 했다. 그 회중 속에 누가 있었겠는가? 그 부부가 오랜 세월 감사로 묻어 두었던 보성교회의 이야기를 고모의 간증을 통해 감동 속에 듣고 있었던 것이다. 그 부부가 전종열 장로와 윤영숙 집사다. 참, 놀라운 일이다. 아버지의 장례를 치러 주었던 최영열 장로의 동생이 눈앞에서 간증을 하고 있다니! 하나님의 섭리는 오묘하고 감사하다.

전종열 장로와 윤영숙 집사는 고모를 만나 이제야 은혜를 갚게 되었다고 크게 기뻐하였다. 그분들은 고모와 고숙이 미국에서 자리를 잡을 수 있도록 큰 도움을 주었다. 고모는 보성에 전화를 했다. "오빠, 이러이러한 분 아세요? 아버지 장례를 치러 준 은혜를 기억하고 있던데요. 오빠 덕분에 제가 큰 도움을 받게 되었어요." 정작 최영열 장로는 빨리 기억해 내지 못했다. "당시에 장례 치러 준 사람들이 한둘이냐. 기억이 잘 안나는구나. 하하하."

하나님은 예비하시는 하나님이시다. 그분들은 최영열 장로 아들을 만나게 되었다며 그렇게 기뻐할 수가 없었다. 상다리가 부러지도록 음식을 차려 놓고 그 옛날의 보성교회가 베풀어 준 은혜를 감사하셨다. 하나님 안에서 선을 베푸는 것은 사실은 자신에게 선을 베푸는 것이다. 먼 미래를 예비하신 하나님은 오늘 이웃을 돌보라고 말씀하신다. 그 순종을 하나님이 가져다가 미래에 쓰실 것이기 때문이다. 참, 한 가지가 더 있다. 인사를 하고 헤어지는 내 주머니에 기어코 용돈을 넣어 주셨다. 이 은혜는 또 어떻게 갚아야 할까? 하나님, 이 은혜도 하나님의 세심하고도 큰 계획 속에서 감사함으로 갚게 하실 것을 믿습니다.

"우리가 선을 행하되 낙심하지 말지니 피곤하지 아니하면 때가 이르매 거두리라"(갈 6:9).

대성의 교육관, 보성삼육국민학교

조선 재림교회 초대 선교사 스미스 목사는 1907년 12월 9일에 이미 순안에 '사역자 양성학교'(후에 의명학교로 개명)를 시작하고 지도자들을 배출하기 시작했다. 여성 선교사 사엄태는 1907년 1월에 조선에 도착한 후 여성 지도자를 양성하는 데 큰 관심을 가지고 노력하였다.

선교사들과는 달리 대성은 긴 시간을 요구하는 학교 교육에 부정적인 시각을 갖고 있었던 것이 분명하다. 그것은 곧 오실 예수님의 재림을 믿는 신앙과 논리적으로 상충했기 때문이리라. 신앙에 어긋나는 것은 어떤 것도 타협하지 않았던 대성에게는 세상 교육과 세상살이에 투자하는 것이 앞뒤가 맞지 않는 일이었다. 인간적인 논리로 보면 대성의 행동이 일관성이 있다고 할 수도 있을 것이다. 대성이 가진 종말론적 재림 신앙은 자녀 교육에 심대한 영향을 끼쳤다.

둘째 아들 최영열 장로는 공부를 좋아했다. 낮에는 지게 지고 나무를 하며 밤에는 야간 중학교에 다녔다. 아버지가 돈을 대 주는 것도 아니고 지원을 해 주는 것도 아니었다. 어느 날 밤, 대성은 아들이 공부하고 있는 방에 들어와 책상을 부서뜨렸다. "예수님 곧 재림하실 텐데 세상 공부가 무슨 필요가 있느냐." 이런 행동을 어떻게 해석해야 할까? 먼 훗날 대성은 "영열이 공부를 못 시킨 것이 가장 후회되는 일이다."라고 했다. 노년의 대성은 이런 일들로 인하여 마음의 깊은 회한을 토로했다고 한다.

최영열 장로는 말한다. "아버지의 그런 교육관은 이해하기 힘든 것이었지만 한편으로는 유교와 불교가 만연하는 그 시대에 그러한 신앙관이 아니었다면 교회를 제대로 세울 수 없었을 것이야." 아들 최영열 장로의 냉철하고도 따스한 분석은 시대의 요구에는 고개를 끄덕이게 하는 면이 있으나, 마음 한편이 아려오는 아픔은 어쩔 수 없다. 종말론적 신앙관의 인간적 한계에서 갈등하고 고뇌하는 신앙인들의 모습을 대성의 삶에서 보게 된다. 어쩌면 우리의 모습을 보게 되는 것이다. 빛이 있으면 그림자가 있는 법이다. 그러나 그런 강직한 신앙만이 그 시대를 뚫고 나올 수 있었는지도 모른다.

대성의 교육관은 세월과 함께 변화되기 시작했다. 최영선 장로(전 삼육보건대학 기획실장)는 국민학교만 졸업하고 산양을 기르며 젖을 짜고 배달하는 일을 하고 있었다. 정영근 목사는 대성 집안과 가까운 친척이었다. 대성이 그의 고숙이었다. 그는 대성에게 성경을 배워 진리를 깨달았지만, 그의 생각은 교육을 통하여 인재를 키워야 한다는 것이었다. 그는 대성을 끈질기게 설득했다. 마침내 소년 최영선은 중학교 과정에 입학할 수 있었다. 형이 앞길을 열자 동생들도 공부를 할 수 있게 되었다.

재림 신앙은 항상 종말론적이다. 하지만 오늘 사과나무를 성실히 심는 재림 신앙이 성경이 가르치는 종말론적 재림 신앙이다. 사람은 그 시대를 살며 후손들은 조상의 시대를 극복해 가야 한다. 대성의 후손들은 대성의 교육에 대한 한계를 극복하며 성장하고 있다. 그러나 한 가지는 깊이 살펴야 한다. 오늘날의 시대는 세상 교육에 너무 집착한 나머지 대성과 같은 선교 열정은 오히려 식어 가다 못해 잃어버리고 있는 것은 아닐까? 하나님의 영광을 위하여 배우는 교육, 그것을 잊지 않아야 종말론적 재림 신앙이다.

대성은 보성삼육국민학교를 시작했다. 남선대회장의 권고가 있었기 때문이다. 대성이 생각하는 학교의 이상은 재림 준비를 위한 '선지자 양성 학교'였을 것이다. 학교는 해마다 발전하여 50~60명까지 학생이 증가했다. 학교와 관련한 한 가지 일화가 전해 내려온다. 학교에 탁구대가

제 1 회 보성삼육국민학교 졸업기념 사진(1957. 3. 20), 대성(앞줄 중앙)

하나 있었다. 교사들은 안식일 오후에 종종 탁구를 쳤다. 여기저기에서 모인 교사들이라 안식일을 지키는 방법들에 차이가 있었을 것이다.

대성은 여러 번 경고를 했다. "선생님들, 학생들에게 안식일을 교육시키 는 교사들이 안식일을 그렇게 보낸다면 어떻게 제자들에게 안식일 성수를 가르치겠습니까?" 하나를 타협하고 양보하면 더 큰 것을 내어놓 게 된다는 것이 대성의 구약 성경에 대한 이해였다. 당시의 교사들은 고 등학교를 졸업하거나, 대학을 중태했거나, 대학을 갓 졸업했거나, 졸업 해서 몇 해 안 된 대체로 젊고 혈기 왕성한 교사들이었다.

어느 안식일 오후, 대성은 지구 교회를 방문하고 돌아오는 길에 교회를 둘러보러 언덕길을 올라왔다. 교회의 한 청년과 교사 한 명이 대성이 출타 중이었으므로 탁구를 신나게 치고 있었다. 대성은 창문으로 그 모습을 바라보았다. 잠시 후, 대성은 들어와 탁구대를 부서버렸다. 그 사건은 교회와 학교에 논쟁을 불러일으켰다. "우리가 잘못했다." "장로님이 너무했다." 독자들은 어떻게 생각하는가?

이 이야기를 전해 주었던 장로님은 그 사건이 안식일에 대하여 깊이 생각하는 계기가 되었다고 했다. 안식일을 어떻게 지킬 것인가 하는 문제를 생각하면 그 사건이 떠오르는 것이다. 잘못된 자유가 방종으로 흐르게 되는 것을 차단하기 위해서는 때로는 과감한 행동이 필요하다고 대성은 생각했다. 원칙을 생각할 때 그 사건은 많은 교인에게 오랫동안 깊은 교훈으로 남아 있게 되었다. 이런 일들을 보면 대성이 학교를 통하여 어떤 지도자를 배출하고 싶어 했는지 알게 되는 것이다.

당시 보성삼육국민학교에서 학생들을 가르쳤던 교사들은 다음과 같다: 구성규, 기영송, 김영란, 김장출, 김창권, 김해수, 신상섭, 윤영자, 이영자, 정영근, 정창생, 정춘홍, 정향자, 조문자, 조철구, 죠영섭, 최영선, 최창열, 하평용, 홍인자(호남선교 100년사, 534). 당시 봉급은 쌀 1가마였다고 한다. 1970년경에 보성삼육국민학교는 문을 닫았다. 국가의 공립 학교 강화 정책으로 국민 학교 무료 교육이 시행되었기 때문이다.

보성교회 재림공원묘지, 하나님의 음성을 기다리다

보성교회는 '재림공원묘지'를 가지고 있다. 대성은 1950년대 초기에 시작한 보성삼육국민학교를 1970년에 닫을 수밖에 없었다. 정부의 무상 교육 정책으로 형편이 어려운 서민들이 학자금을 내면서 사립학교에 자녀들을 보낼 수 없었던 것이다. 대성은 남은 학교 운영비 15만 원으로 당시 최영열 집사에게 교회 산을 마련하도록 했다. 그래서 15,000평의 넓은 산지를 135,000원에 구입하게 되었다. '보성교회 재림공원묘지'에는 보성교회의 많은 성도가 잠들어 있다. 위쪽에 김봉옥 성도 부부, 최대성 장로 부부와 이계수 장로 부부의 묘지가 자리를 잡고 있다. 묘지 뒤에는 승천 바위라고 부르는 바위가 지키고 서 있다. 동산 앞으로는 기쁨과 슬픔을 함께하며 한평생 예수님의 재림을 소망하며 인생의 거친 바다를 믿음으로 건넌 성도들이 하나님의 부르심을 기다리며 잠들어 있다.

그곳에 교인들만 묻히는 것은 아니다. 교인들의 불신자 가족도 묻히는 구역이 있다. 또 묘지가 꼭 필요한 사람들에게도 개방되어 있다. 선교 목적으로 그렇게 하는 것이다. '보성교회 재림공원묘지'에서 비석에 새겨져 있는 이름들을 만져 보면 이름 하나하나에서 풍겨 나오는 그리움과 정겨움이 마음을 아프게 한다. 그러나 풍파 많은 한평생이 이렇게 끝날 줄 알고 미리 예수님을 믿는 은혜를 주셨으니 얼마나 감사한 일인가. 보성을 뒤흔들었던 대성의 목소리도, 그렇게나 실감 나게 성경 이야기를 풀어내던 김봉옥 성도의 부드러운 음성도 침묵시키는 죽음, 목소리 저음의 온화한 성품의 이계수 장로와 어쩌면 그렇게도 순수한 신앙을 하셨던 최연애 집사의 모습도 흙으로 비정하게 돌려보낸 죽음, 그 죽음은 영원하지 않다. 그 죽음이 그리스도의 재림으로 사망할 것이다.

"보라 내가 너희에게 비밀을 말하노니 우리가 다 잠잘 것이 아니요 마지막 나팔에 순식간에 홀연히 변화하리니 나팔 소리가 나매 죽은 자들이 썩지 아니할 것으로 다시 살고 우리도 변화하리라 이 썩을 것이 불가불 썩지 아니할 것을 입겠고 이 죽을 것이 죽지 아니함을 입으리로다 이 썩을 것이 썩지 아니함을 입고 이 죽을 것이 죽지 아니함을 입을 때에는 사망이 이김의 삼킨 바 되리라고 기록된 말씀이 응하리라"(고전 15:51~54).

"내가 들으니 보좌에서 큰 음성이 나서 가로되 보라 하나님의 장막이 사람들과 함께 있으매 하나님이 저희와 함께 거하시리니 저희는 하나님의 백성이 되고 하나님은 친히 저희와 함께 계셔서 모든 눈물을 그 눈에서 씻기시매 다시 사망이 없고 애통하는 것이나 곡하는 것이나 아픈 것이 다시 있지 아니하리니 처음 것들이 다 지나갔음이더라"(계 21:3-4).

보성교회 재림공원묘지 들어가는 길(左), 보성교회 재림공원묘지 전경(右)

교회 신축, 사방에서 몰려와 팔복을 받으라

"이거, 재림교회가 맞아?" 현재 보성읍 주봉리교회의 아름다운 모습을 보고 많은 사람이 하는 말이다. 지금의 교회는 다섯 번째 건축된 성전으로 일반적인 재림교회의 건물 모습과는 다르다. 사각형 본당은 위로 올라가며 팔각형으로 바뀌고 지붕의 꼭대기는 유리로 되어 있다. 교회에 연결된 높다란 탑도 사각형으로 시작하여 팔각형으로 바뀐 다음 꼭대기는 유리로 되어 있다. 이 독특한 건축물은 사방의 사람들이 모여 팔복의 말씀을 듣고 구원을 받아 재림 때 하늘로 승천한다는 의미가 있다.

옛 교회를 그대로 두고 새로운 교회를 건축할 것인지에 대한 심각한 논의가 있었다. 너무나 사랑했던 교회요 대성과 믿음의 조상들의 숨결이 살아 숨쉬고 있었던 역사적 건물이었기 때문이다. 2004년, 대성이 세상을 떠난 지도 7년의 세월이 흘렀다. 한 세대가 가고 새로운 세대가 시대를 대체해야 하는 것은 당연한 것이고 또 그렇게 해야 한다. 보성교회는 옛 교회를 헐고 성전을 건축하기로 결론을 내렸다. 대성과 보성교인들이 1960년도에 건축하고 1961년도에 헌당했던 보금자리 교회를 믿음의 후손들은 2004년 10월 18일 멸실하고 2004년 10월 19일 새로운 성전 건축을 위한 기공식을 가졌다.

최영열 장로가 건축위원장을 맡았다. 보성교회 교인들이 한마음으로 헌신하고 보성 지구 교인들과 전국의 보성교회 출신들도 성전 건축 헌금에 동참하였다. 보성교회 교인들은 일터에 나가기 전 새벽과 일과 후 저녁에 벽돌을 머리에 이고 나르며 새로운 교회 건축에 물심양면으로 애를 썼다. 대성의 자녀들은 새로운 성전 건축을 위해 발 벗고 나섰다. 대성의 손자, 손녀까지도 헌금에 동참했다. 대성의 큰아들 최영찬 장로는 교회 건축이 자금 문제에 부딪혔을 때 그 문제를 해결하는 데 도움을 주었다. 마침내 2005년 12월 17일 감격의 헌당식(담임목사 김재신)을 하게 되었다. 연합회 임원인 연합회장 홍명관 목사, 총무 최영태 목사, 재무 손기원 목사가 참석하여 축하해 주었다. 연합회장 홍명관 목사는 보성교회가 대성의 시대를 기초 삼아 다시 도약할 것을 기원하는 감동적이고 열정적인 말씀을 해 주셨다. 참석한 호남의 많은 성도의 축하와 함께 보성교회 출신과 보성 지구의 교인들이 참석하여 모태 교회의 새

다섯 번째 보성교회 건축 현장

로운 출발을 축하해 주었다.

　보성교회 80주년 기념행사 때에는 대성의 집안과 절친했던 이제명(James M. Lee) 선교사와 사모가 직접 찾아와서 대성을 그리워하며 옛날을 회고했다. 그리고 대성의 모든 후손과 함께 기념사진을 찍었다. 특별히 대성의 일곱 자녀와 사진을 찍고 대성의 신앙을 잘 유지하도록 격려했다. 이제 보성교회는 선교 100주년을 맞이했다. 2020년 올해 기념행사를 하기로 했으나 코로나19로 선교 100주년 행사를 연기할 수밖에 없었다. 그러나 수많은 역경을 헤쳐 나온 보성교회의 전진을 가로막을 세상의 방해물은 없을 것이다. 과거도 그러했고 앞으로도 그러할 것이다. 하나님의 교회이기 때문이다. 대성과 믿음의 선조들의 선교 정신으로 무장한 신실한 성도들이 있기 때문이다.

2005년 12월 17일 헌당한 보성교회.
교회 이름을 '보성본부교회'로 바꿨다.

보성읍교회, 일곱 번 넘어져도 다시 일어난다

　보성(寶城)은 '보배로운 성'이라는 뜻이다. 주봉리에 위치해 있는 보성교회는 성장을 거듭했다. 그런데 한 가지 문제가 있었다. 그것은 보성교회가 위치한 주봉리가 보성읍에서 외곽에 자리를 잡고 있다는 것이었다. 보성이 보성 군민에게 '보배로운 성'이 되기 위해서는 보성읍 중앙에 교회가 필요했다. 대성과 보성교회의 신앙의 선조들은 진취적인 선교 유전자를 물려주었으므로 주봉리는 교인들의 선교 활동을 극대화시키기에는 한계점에 다다르고 있었다. 분가할 시점이 다가오고 있었다. 변화는 개인에게나 조직에게나 쉬운 일이 아니다. 그러나 보성교회는 보성읍 중앙에 교회를 개척하기로 결정하였다. 김원삼 목사가 보성교회의 목회자로 있을 때 이태옥 장로와 김장식 장로 외 집사 16명은 보성리 효성빌딩 2층 53평을 임대하여 1984년 10월 15일에 첫 예배를 드렸다. 75세의 대성은 고문 장로로 추대되어 첫걸음을 뗀 보성읍교회로 출석했다. 보성읍교회는 그에게 신앙을 배운 믿음의 후예들이 보성읍에 개척하여 시작하는 교회였으므로 성공하기를 간절히 바랐을 것이다.

　보성읍교회는 성장을 거듭했다. 장로들과 집사들 그리고 교인들은 한마음이 되어 교회를 이끌어 나갔다. 10년이 지난 후 보성읍교회 성도들은 교회 건축을 하기로 결정한다. 1993년 당시 교인은 70여 명으로 불어나 있었다. 그들은 1994년 11월 17일, 총공사비 4억 5백만 원이 들어간, 건평 235평에 지하 식당과 지상 2층 교회를 헌당하게 된다(담임목사 노호성). 당시의 교인들의 헌신은 눈물겨운 것이었다. 논을 판 교인이 있었는가 하면 전세방을 월세로 낮추어 건축 헌금을 한 교인도 있었다. 상상하기 힘든 큰 헌신으로부터 어린이들의 작은 헌금까지 모두가 마음으로 하나 되어 교회를 건축하는 데 힘을 합하였다. 4차까지 건축 헌금을 작정하여 1년 반 만에 교회를 헌당한 것은 놀라운 일이었다. 전국의 교회들을 돌아다니며 참기름을 팔아 건축 헌금을 마련했던 보성읍 교인들의 투지는 감탄을 자아내기에 충분했다. 보성교회와 보성 지구 교회들, 전국에 있는 보성교회 출신들도 힘을 합했다.

그러나 하나님의 교회가 일어나면 시험이 따르기 마련이다. 보성읍교회는 큰 도전에 직면하게 된다. 교회 헌당이 있고 2년 후인 1996년 12월 7일 안식일 오후, 전기 누전으로 예배당에 화재가 발생한 것이다. 6,500만 원의 손실에 상당하는 화재로 예배당이 소실되자 성도들은 큰 충격에 휩싸였다. 그러나 그들은 보성읍 교인들이다. 시련에 결코 쓰러지지 않는 신앙의 후예들이다. 그들은 낙담을 딛고 다시 일어섰다. 기도회로 마음을 합하고 재헌신하여 예배당을 복원하였다. 글로 한 줄 쓰기는 쉬우나 얼마나 손과 발이 오그라드는 험난한 과정이었겠는가? 거기서 멈추지 않았다. 높이 세워진 종탑이 무너져 종탑도 다시 복원해야 했다. "의인은 일곱 번 넘어져도 다시 일어난다"(잠 24:16)라고 했던가! 보성읍교회는 신앙인이 어떠해야 함을 분명히 보여 주었다.

보성읍교회는 100여 명의 탄탄한 교회로 성장했다(호남선교 100년사, 537). 보성읍교회 성도들은 선교 정신이 투철했던 대성과 믿음의 선조들의 자랑스런 신앙의 후예들이다. 보성읍교회여, 불굴의 투지와 전천후 신앙으로 진리의 횃불을 높이 들라. 보성을 복음으로 '보배로운 성'으로 만들라.

보성읍교회

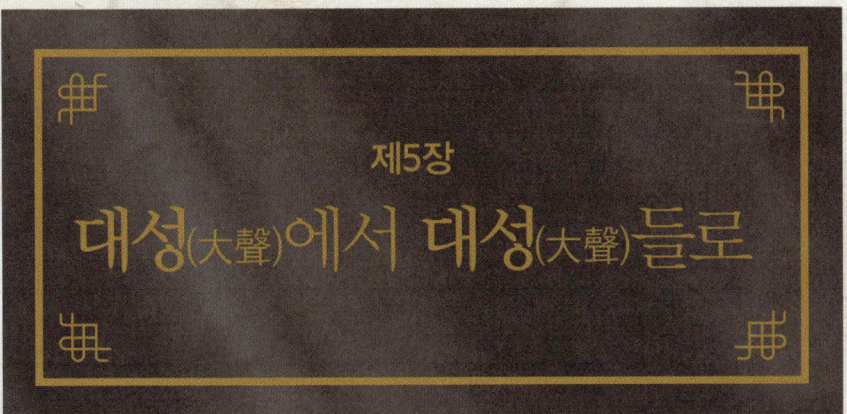

제5장
대성(大聲)에서 대성(大聲)들로

"한 알의 밀알이 땅에 떨어져 죽지 아니하면 한 알 그대로 있고 죽으면 많은 열매를 맺느니라"(요 12:24).

제5장

대성(大聲)에서 대성(大聲)들로

　대성과 보성교회가 주야를 가리지 않고 '큰 소리'로 복음을 전했던 시절, 개척했던 수많은 집회소와 예배소에서 구원받은 성도들이 탄생했다. 어떤 곳들은 튼튼한 교회로 성장했다. 어떤 곳들은 자금과 인력의 지원을 받지 못해 싸우다 싸우다 숨을 거두었다. 숨을 거두면서도 신앙의 아들과 딸들을 출산하고 산화한 장렬한 죽음이었다. 그러나 산 높고, 물 깊어 지원을 받지 못한 많은 교회가 건물의 문은 닫았으나 그것으로 끝이 아니었다. 눈에 보이는 교회는 문을 닫았으나 복음을 받은 많은 성도가 곳곳에서 뿌리를 내렸고 신앙을 전수해 오고 있음을 알게 되었다. 마음 밭에 뿌려진 복음의 씨앗은 세월의 물에 싹을 트고 거친 시련으로 단단해져 푸르고 큰 믿음의 나무가 되어 수많은 열매를 맺었던 것이다. 대성과 보성교회가 가정 집회소를 열어 전도회를 개최하며 복음을 활발하게 전했던 곳은 다음과 같다. 약 28곳이다.

보성군

1) 보성읍: 구교동, 주봉리, 쾌상리, 옥암리, 용문리, 보성읍교회(주봉리 보성교회에서 개척)

2) 노동면: 광곡리, 대련리, 금호리(감정리), 신천리, 명봉리

3) 복내면: 유정리

4) 문덕면

5) 웅치면: 유산리 오류동

6) 회천면: 천포리

7) 득량면: 비봉리, 예당리(지복수 장로의 가정 집회소)

8) 조성면: 대전(한밭) 마을, 역전, 남당리

9) 미력면: 반룡리, 초당리(전 호남대회 출판부장 최학동의 가정 집회소)

10) 율어면

11) 겸백면

12) 벌교읍

장흥군

장동면, 장평면 봉림마을

고흥군

대서면 서호리

현재는 6개의 교회가 살아남아 뿌리를 깊게 내리고 하나님의 나라를 확장해 가고 있다. 그 여섯 개의 교회는 다음과 같다. 보성교회(보성본부교회), 보성읍교회, 서호리(대서중앙교회), 조성교회, 감정리교회, 벌교교회.

이 장은 대성과 보성교회 그리고 개척지의 성도들의 헌신의 이야기를 다루고 있다. 대성(大聲), '큰 소리'는 '큰 소리'들을 낳았음을 보게 된다. 대성의 '큰 외침'을 이어받아 수많은 '큰 외침'이 세상을 진동시켰고 사람의 운명을 영원히 바꾸어 놓았다. 일어섬과 쓰러짐이 교차하는 처절한 선과 악의 대쟁투의 현장, 영혼 구원의 이야기, 그 현장에서 눈물겹게 투쟁했던 대성과 성도들의 좌절과 승리, 기쁨과 아픔을 함께하시며 종국에는 그분의 뜻을 이루어 그의 백성들을 축복하시고야 마는 하나님 이야기를 시작해 보자.

1. 금호리교회(현 감정리교회)

죽음의 칼춤에도 쓰러지지 않는다

1959년 12월의 찬바람이 불기 시작한 때, 보성군 노동면 금호리에는 따뜻한 바람이 불어오고 있었다. 300여 호가 들어앉은 금호리는 대대로 손씨 가문이 자리를 잡은 지역이었다. 그곳은 넓은 들판과 봉우리 예쁜 산들이 어우러진 천혜의 장소였다. 큰 마을은 '다여'라고 불렀고 작은 마을은 '돈담'이라 하였다. 대성은 어디에서인가 손경진(광주춘광교회 손순 장로 부친)을 만나게 되었고 그를 통하여 전도회를 개최하게 되었다. 손경진은 당시 새마을 지도자로 인정받는 청년 지도자였다. '다여' 마을 앞에 자리한 손씨 강당은 조상들을 모시고 일 년에 한 번씩 제사를 지내는 가문의 사당이었다. 사당을 왜 강당이라고 불렀는지는 모른다. 보성교회 전도단이 손씨 강당에서 전도회를 개최한 것 자체가 파격이었다. 사당에서 전파되는 예수 그리스도, 얼마나 놀라운 일인가! 일요일부터 시작해서 그다음 일요일에 마치는 전도회에는 발 디딜 틈이 없었다. 청년들은 목소리 높여 찬양했다. 이태봉 집사가 성경을 낭독했다. 대성은 밤마다 복음을 전파했다.

전도회를 마치고 손경진의 가정은 집회소가 되었다. 화요일, 금요일, 안식일마다 사람으로 가득했다. 보성교회에서는 장로와 젊은 집사들이 번갈아 가며 집회소를 방문해서 성경을 가르쳤다. 훈련된 평신도들이 없었다면 있을 수 없는 일이었다. 갓 태어난 가정 집회소를 성도들이 돌보는 일은 그들을 영적으로 살리고 교회도 살리는 일이다. 보성교회의 평신도들이 현장에서 지도자가 되어 갔다. 가정 집회소는 계속 성장했다. 2~3년 후, 집회소는 사람들을 감당할 수 없어 집안의 손철 씨의 큰 집으로 옮겨 예배를 드리게 되었다. 그렇게 계속 성장했으면 얼마나 좋았으랴! 하나님 나라의 확장은 시련 없이 이루어질 수 없다. 선과 악의 대쟁투는 치열하기 그지없음을 알아야 한다.

그 집에 보성읍 주봉리에서 시집온 며느리가 있었다. 신앙을 받아들여 행복한 집이었다. 딸을 출산했다. 그런데 잘 자라던 딸이 갑작스러운 죽음을 맞이하게 되었다. '어떻게 예수 믿는데 이런 일이 있을 수 있는가?' 신앙이 여물지 못한 초신자들은 어린 여아의 죽음의 칼바람에 가을 낙엽 떨어지듯 낙심해 버렸다. 마을에서는 그것이 큰 사건이 되었다. 제사와 미신이 강했던 시절, 마을 사람들은 조상들이 노했다고 생각했는지도 모른다. 더 이상 그곳에서 예배를 드릴 수 없게 되었다. 그 많던 신자가 시험에 들고 집안 어른들의 핍박에 떨어져 나갔으나 손경진, 손우근, 손동환은 끝까지 예수를 믿기로 결심하였다. 시련은 그렇게 남은 자를 남겼다. 우리는 속단하지 말아야 한다. 마음에 떨어진 하나님의 말씀은 바위를 뚫고 나오는 새싹처럼 강퍅한 세월을 이기고 어떤 이들의 삶에서 열매를 맺었을 것이다.

1963년 7월 20일, 세 사람은 임형창 목사에게 침례를 받았다. 광곡리의 깨끗한 강물 소리를 들으며 몸을 담그고 물에서 올라왔을 때의 그 감동. 파란 하늘을 바라보고 느꼈던 하늘의 평화. 손우근 장로는 "수십 년의 세월이 지나도 그때의 감동에 가슴이 뭉클하다."고 한다. 대성은 침례를 빨리 주지 않았다. 화요일, 금요일 예배는 기본이고, 안식일을 철저히 지켜야 했다. 생활 태도를 보고 세월을 기다려 침례를 주었다. 수준을 낮추지 않았다. 집사, 장로의 직분을 줄 때도 기준을 높이 잡았다. 교회는 지도자 이상 성장할 수 없다. 대성은 원칙적인 신앙을 강조하고 그대로 살기를 노력했기 때문에 그에게 신앙을 배웠던 신자들도 그를 따라갔다.

　세파의 산을 넘고 인생의 고해를 믿음으로 건너며 감정리교회를 이끌던 손경진 장로는 재림의 소망 속에 고인이 되셨다. 그의 부인은 여전히 열심히 신앙하며 교회를 지키고 계셨다. 목소리가 카랑카랑했다. 일곱 자녀를 두었는데 여섯 자녀가 교회 안에서 신실하게 생활하고 있다. 나머지 한 명의 자녀도 하나님께로 돌아올 것이라고 확신하고 있었다. 30여 명에 가까운 자손이 세상을 믿음으로 이겨 나가고 있는 모습은 복음의 강력함을 보여 준다. 손씨 집안에 뿌려진 복음의 씨앗은 아름드리나무가 되어 가는 중이다. 1964년 4월 30일 침례 날짜를 정확히 기억하고 있는 손길태 집사는 "최대성 장로님과 같이 신앙을 해야 하는데 그렇지를 못한다."라고 대성을 회고했다.

화요일에 방문한 감정리교회는 오후에 모여 저녁 식사를 하고 성경을 읽으며 예배를 드리고 있었다. 여전히 수십 명의 교인이 세파를 거스르며 하늘을 향해 나아가고 있었다. 교회는 약해질 수는 있어도 쓰러뜨릴 수는 없다. 순수한 신앙의 모습으로 여전히 따뜻한 감정리교회여, 주의 재림 때까지 건실하라.

내 사랑 금호리교회, 어두운 산길 두렵지 않네

대성은 금요일 오후에 집을 나섰다. 해가 지기 전에 금호리 예배소에 도착해야 하기 때문이다. 오리실 집에서 나와 윗마을 가파른 뒷산 길을 힘들게 올라가면 꼭대기에 명당 바위가 앉아 있다. 보성을 동서남북으로 내려다볼 수 있는 탁 트인 명당에 자리를 잡은 큰 바위를 명당 바위라 했다. 바위에 올라 땀을 씻고 고향 산천을 잠시 바라본 후 대성은 푸른 풀밭 오른쪽으로 몇 걸음을 옮겨 기도했다. 그의 기도의 장소다. 뒤돌아 고개를 깔딱 넘어 논길을 따라 내려가면 대련리 입구에 들어서게 된다. 벌레 소리 들으며 풀 내음 맡으며 큰 저수지를 돌아가면 병풍처럼 둘러싼 높은 산들이 좌우로 호위하며 따라온다. 그 사이에 사람 세월이 걸어 길을 낸 꼬부랑길이 한참을 이어졌다. 걸어 걸어 금호리에 도착하면 이마에는 송골송골 땀이 맺히고 와이셔츠 등에는 물붓으로 산수

화가 그려졌다.

예배소장 손경진 성도 집에 도착하면 된장, 고추장에 상추쌈을 해서 저녁을 먹었다. "최 장로님이 맛나게 잘 드셨어." 손경진 장로의 부인이 옛날을 회상하며 손짓도 크게, 말도 크게 한다. 세월의 이마에 주름이 자리를 잡았고 귀는 잘 들리지 않는다고 하신다. 그 옛날 성도들의 사랑과 교제는 얼마나 따뜻하고 정겨운가! 반가운 신자들을 그렇게 만나고 저녁 예배를 드린다. 밤이 늦도록 성경을 가르치다 보면 하늘의 별들도 졸음에 머리가 꾸벅꾸벅, 대성은 다시 집을 향해 등불 들고 어두컴컴한 산길로 들어서는 것이다. 가는 길은 온통 칠흑 같은 어둠의 길이다. 산속 깊은 곳에서는 밤새들이 퍼덕이고 짐승의 울음소리도 멀리서 들려온다. 밤하늘의 별들이 잠을 깨어 정신이 총명하다. 하늘의 천사들이 꼬불꼬불 움직이는 산속의 등불 하나를 애틋한 눈으로 지켜봐 주었을 것이다. 영혼에 대한 사랑이 아니라면 그 산길을 어떻게 쉴 새 없이 걸을 수 있었겠는가!

셀 수 없이 걸었던 밤 산길에서 한 번도 사고를 당하지 않았으니 하나님의 은혜 아닌가! 낮에는 2시간 이상의 길이니 저녁 걸음은 3시간 이상이 걸렸을 것이다. 새벽에서야 오리실 집에 도착해서 안식일에는 보성교회를 돌보았다. 금호리 예배소의 교인들은 화요일, 금요일 저녁 예배를 예배소에서 드리고 안식일에는 보성교회에 참석하였다. 물론 안식일 예배를 예배소에서 드리기도 하였다. 금호리 예배소는 1966년 금호리교회로 이름을 달았다. 예배소가 교회로 승격한 것이다. 1987년에는 남선교회 김능주 장로가 감정리에 있는 200평의 부지를 헌납하여 감정리교회로 새 이름을 얻게 되었다.

감정리교회! 교회 마당에 서 보았다. 하늘은 청명하여 눈이 시리도록 높고 코끝에 스치는 바람 내음이 그렇게 깨끗할 수가 없었다. 마당 앞 들판에는 황금 보리들이 넘실거리고 있었다. 멀리 보이는 아름다운 산들은 보고만 있어도 천국에 온 듯 포근하였다. 감정리교회는 여전히 수십여 명의 재림 성도들이 아름다운 신앙 공동체로 살아가고 있다. 복음의 씨앗은 기어코 싹을 트고 과실을 맺는다. 절대 죽지 않는다. 눈을 감으니 대성이 해가 뉘엿뉘엿 넘어가는 산속 길에서 지팡이 하나에 성경을 들고 감정리교회를 향해서 오늘도 열심히 걸어오고 있었다.

"좋은 소식을 가져오며 평화를 공표하며 복된 좋은 소식을 가져오며 구원을 공표하며 시온을 향하여 이르기를 네 하나님이 통치하신다 하는 자의 산을 넘는 발이 어찌 그리 아름다운고"(사 52:7).

한 알의 씨앗은 삼십 배, 육십 배, 백 배가 되었네

어느 날 산에 앉아 있던 청년 손우근은 마을에서 들려오는 확성기

소리에 귀를 기울였다. 60년대의 확성기는 귀를 쫑긋 세워도 알아듣기 힘들었다. 알고 보니 보성교회 전도단이 외치는 소리였다. 아내가 딸아이를 출산한 지 얼마 되지 않았던 때였다. "여보, 전도회가 열린다고 하는데 한 번 가 보려고 하오." 아내는 혼자 다녀오시라고 했다. 그의 인생을 영원히 바꾸어 놓을 전도회가 그를 기다리고 있는 줄은 꿈에도 몰랐다. 마을 사람들이 다 모인 것 같았다. 앞에서 찬양하는데 어쩌면 가사가 그의 인생길의 이야기를 그리도 잘 묘사하고 있는지! 대성의 설교는 그 많은 마을 사람 속에서 자신 한 사람에게만 호소하는 것 같았다. 기도자의 기도는 자신을 위해서만 기도를 드리는 것처럼 깊은 감동이었다. 첫날 밤에 손우근의 마음에 하나님의 사랑이 이슬처럼 내렸다. "지금 생각해 보면 성령님의 감동하심이었다고 생각이 드네요." 그의 고백이다. 사람의 마음을 감동시켜 변화시키는 것은 사람의 일이 아니다.

금요일 저녁, 어떤 집사님이 방송통신학교 강좌를 소개하였다. 손우근은 30과로 되어 있는 교재를 시조사에 신청하였다. 다니엘과 요한계시록을 열심히 공부했다. 그는 기도하고 싶어졌다. 시조사에 연락하여 어떻게 기도를 하는지 물어보았다. 마태복음 6장의 '주기도문'을 외우며 기도하라고 답이 왔다. 그는 날마다 '주기도문'을 암송했다. 어느 날 집안의 형님인 손경진을 만나게 되었다. 본인이 성경통신과목을 공부하고 있다고 했더니 기뻐하며 가정 집회소에 초청했다. 밤 예배에 참석해 보니 많은 사람이 방에 꽉 들어차 있었다. 그날은 광주에서 권서(문서 전도)를 하고 있던 손상칠 씨가 성경을 가르치고 있었다. 그런데 처음 참석한 손우근에게 기도하라고 했다. 그는 엉겁결에 기도하게 되었는데 '주기도문'을 유창하게 외워서 기도했다.

"하늘에 계신 우리 아버지여, 이름이 거룩히 여김을 받으시오며 나라이 임하옵시고 뜻이 하늘에서 이루어진 것 같이 땅에서도 이루어지이다. 오늘날 우리에게 일용할 양식을 주옵시고 우리가 우리에게 죄지은 자를 사하여 준 것 같이 우리 죄를 사하여 주옵시고 우리를 시험에 들게 하지 마옵시고 다만 악에서 구하옵소서. 나라와 권세와 영광이 아버지께 영원히 있사옵나이다. 아멘"(마 6:9-13). 모든 사람이 깜짝 놀라고 칭찬이 이어졌다. 24세 청년의 신앙은 그렇게 여물어 가고 있었다. 그러나 곡식이 여물 때는 비바람을 맞아야 하듯 그에게 시련이 닥쳐왔다.

예수 믿는 것을 싫어한 형님의 핍박이 심했다. 모내기하거나 집안의 중요한 일을 안식일 날 잡아서 신앙을 방해했다. 손우근은 고향에서는 신앙을 제대로 할 수 없다고 판단했다. 차라리 군대에 가서 새로운 경험과 기회를 찾게 되기를 간절히 기도했다. 그는 군 면제 대상이었으나 지원하였다. 예상보다 빨리 군에 가게 되었다. 아들이 태어나고 그다음 날 입대를 하게 되었으니 아내와의 이별이 눈물 바람이었다. 사람의 눈으로는 신앙의 길이 무모하고 길이 없는 곳으로 달려가는 것처럼 어리석게 보일 수 있다. 그러나 하나님은 사람이 생각지 못하는 수천의 길을 예비하고 계시는 분이 아니시던가!

군에 입대하는 병사들에게 소원서를 작성하게 한다. 신병의 배경을 기술하고 원하는 것을 적을 수 있다. 손우근은 다음과 같이 적었다. "저는 제칠일안식일예수재림교인으로서 금요일 해 질 때부터 토요일 해 질 때까지 안식일을 거룩히 지키는 것은 물론이고 화요일 밤과 금요일 저녁에도 기도 시간을 가질 것입니다. 이것을 하지 못하게 하면 저는 탈영할 것입니다." 이 소원서는 곧 간부들에게 알려졌다. 숙소에 있는데 유중사가 찾아왔다. 손우근을 불렀다. "이병, 손우근." 그는 크게 대답하고 일어섰다. 유중사는 병사들 앞에서 물었다. "너 진짜 교인이야?" "네. 그렇습니다." "그럼, 주기도문 외워 봐." 수없이 외웠던 '주기도문'이 아니던가! 그는 유창하게 '주기도문'을 외웠다. 유중사가 다시 물었다. "요한복음 3장 16절 외워 봐." 요한복음 3장 16절도 유창하게 외웠다. "하나님이 세상을 이처럼 사랑하사 독생자를 주셨으니 이는 저를 믿는 자마다 멸망치 않고 영생을 얻게 하려 하심이니라." 유중사가 조용하게 물었다. 잘 들리지 않았다. 다시 물었다. "너 순교할 수 있나?" 손우근은 크게 대답했다. "네. 순교할 수 있습니다." 잠시 침묵이 흘렀다. 유중사가 호탕하게 웃었다. "나는 용문교회에서 집사를 받은 사람이다. 너 같은 부하를 둔 것을 자랑스럽게 생각한다. 이제부터는 내가 모든 것을 책임질 테니까 마음 놓고 신앙생활을 하도록 하라."

어떻게 이런 일이 있을 수 있는가? 세상의 벽에는 눈에 보이지 않는 문이 있었던 것이다. 하나님이 준비하신 그 문은 믿음의 손으로만 열고 들어갈 수 있다. 손우근은 하나님의 인도하심을 깊이 체험하였다. 유중사의 배려로 화요일, 금요일, 안식일까지 군에서 신앙생활하는 데 어려움이 없었다. 김신조가 내려와 군에 비상이 걸렸어도 그는 밤 예배와 안식일 예배를 거르는 법이 없었다. 어려움이 없지는 않았다. 안식일에 9시 이전에 부대를 나와 홍천교회에 출석하여 열심히 섬겼다. 그 섬김이 이십 년이 될 줄은 또 어떻게 알았으랴? 하나님은 홍천교회에 손우근 청년이 꼭 필요하셨을 것이다.

교회에서도 열심, 군에서도 성실로 하루하루를 살았다. 매주 토요일 오후에 귀대하는 손우근을 곱게 보지 않은 하사가 있었다. 군에서는 토요일에는 12시까지 근무하고 오후에는 대개 휴식을 갖는다. 어느 금요일, 한 명의 하사가 그를 호출했다. "내일은 교회에 갔다가 빨리 들어오도록 하라. 제대하고 신앙을 하면 되지 왜 군에서 신앙하는가?" 그는 대답했다. "안 됩니다. 교회를 마치고 귀대하는 데 아무리 빨라도 2시는 되어야 합니다." 하사는 분명하게 말했다. "1시까지 들어오지 않으면 죽을 줄 알라."

손우근은 홍천교회를 돌보고 있었다. 교회 활동을 마치고 평소대로 2시에 귀대했다. 하사는 그를 불러 맨주먹으로 시멘트 바닥에 엎드리도록 했다. 예수님을 생각하며 40분 정도 엎드려 있는데 일어서라고 했다. 그 하사가 말했다. "군 제대하고 사회에 나가서 예수 믿으면 되지 왜 군대에서 예수를 믿으려 하느냐? 그래도 교회에 가야겠느냐?" 손우근은 대답했다. "하사님, 권총으로 저를 쏘신다고 할지라도 저는 교회에 가야겠습니다." 하사는 그의 영적 기세 앞에 두 손을 들고 말았다. "알았다. 너 하던 대로 해라." 어떻게 그렇게 결단적인 신앙의 소유자가 되었을까? "저는 목숨 걸고 신앙했습니다. 다니엘처럼, 에녹처럼 살려고 했습니다. 지금 83세인데 하나님의 은혜로 건강할 뿐 아니라 하나님의 축복도 많이 받았습니다."

그는 군에서부터 섬긴 홍천교회를 여전히 섬기고 있었다. 30년 동안 문서전도인으로 활동했다. 동남아에서 10명을 뽑는 문서전도인이 되기도 하고 아브람 라 루 운동으로 여러 나라를 방문하기도 했다. 하나님의 은혜를 365일 다 말해도 부족함이 없다고 했다. 그의 목소리에서 탄탄한 영적 내공을 느낄 수 있었다. 목소리가 활력이 있었고 또렷했다.

감정리교회

딸 둘, 아들 둘을 선물로 받았는데 모두가 훌륭하게 신앙생활 하고 있었다. 모든 자녀가 교회에서 기둥의 역할을 하고 있을 뿐 아니라 사회적으로도 건실하게 생활하고 있다. 손주들도 훌륭하게 성장하고 있음을 들려주셨다.

"최대성 장로님이 신앙에 영향을 미쳤습니까?" "아, 영향을 미쳤다마다요. 아니 영향을 미친 것이 아니라 제가 최대성 장로님처럼 살고자 했습니다. 최대성 장로님은 신앙에 철두철미했잖아요." 손우근 장로님은 마치 최대성 장로님을 만난 것처럼 반갑다며 홍천에 꼭 한번 오라고 초청까지 해 주셨다.

하나님은 세상이 두려워 떠는 성도들을 보기 원하실 것이다. 곳곳에 세상에 무릎 꿇지 않은 하나님의 신실한 백성이 보석처럼 빛을 발하고 있음을 알 수 있었다. 하나님은 가장 큰 영적인 축복에 더하여 가장 작은 축복들까지도 그의 백성에게 베푸신다는 것을 다시 한번 확인할 수 있었다. 성경의 약속은 하나님의 품성처럼 불변의 것이다.

"너희는 먼저 그의 나라와 그의 의를 구하라 그리하면 이 모든 것을 너희에게 더하시리라"(마 6:33).

2. 봉림교회

아! 봉림교회와 25살 새댁

보성군 미력면 초당리, 가정 집회소가 있었던 그곳에서 처녀 박해심은 복음을 받아들였다. 총명하고 사리가 분명했던 그녀는 복음의 열정이 불타오른 재림 청년이었다. 당시 최학동 장로와 보성교회의 평신도 지도자들이 돌보았던 초당리의 가정 집회소가 얼마나 뜨거웠는지를 잘 보여 준다. 박해심 집사는 "보성의 장로님들이 열심히 돌보셨지요. 당시에는 집사님들이셨어요."라고 회상했다. 그렇게 보성의 훈련된 성도들은 열심히 집회소들을 운영했다. 3년 늦게 오른 호적상 1936년생인 박해심은 25세에 불신자인 장흥군 장평면 봉림마을의 고재윤에게 시집을 갔다. 그러나 복음의 뜨거움이 그녀를 가만두지 않았다. 복음을 전하고 싶어서 견딜 수 없었던 그녀는 큰 집의 사랑채에 집회소를 열었다. 봉림의 최초의 재림교회 가정 집회소를 여인이 열었던 것이다. 갓 시집온 새댁이, 남존여비가 엄존했던 시대에 집회소를 운영한 것은 성령의 감화 감동이 아니고서는 할 수 있는 일이 아닐 것이다.

현재 87세의 박해심 집사는 초롱초롱한 눈을 빛내며 깨끗하고 분명한 목소리로 말했다. "마을 사람들이 거의 다 왔어요. 노인, 청년, 처녀, 아이까지 가득했어요. 아랫마을에 학교가 있었는데 학교 선생님들도 예배를 드리러 왔었지요. 선생님들도 앉혀 놓고 하나님 말씀으로 설교했어요. 지금 생각해 보면 아무것도 모르는데 어떻게 말씀을 전했는지 모르겠어요." 참 신기하게 느껴졌다. 갓 시집온 25살 새댁이 동네 어른들부터 아이들까지 휘어잡아 무슨 용기로 복음을 전했을까? "무슨 말씀을 했어요?" 최영태 목사가 물었다. "침례에 대해서도 설교하고, 예수님이 이 땅에 오신 목적은 인간을 대신해서 십자가에서 고난을 당하시고 구원을 주셔서 그를 믿으면 죄를 용서받고 천국에 간다는 이야기, 부활하시고 승천하신 이야기, 하나님이 말씀으로 세상을 창조하신 이야기, 능치 못하심이 없는 하나님 설교했지요." 그 영적 기개에 탄복할 수밖에 없었다.

큰 집 사랑방에서 시작된 집회소는 모여드는 사람을 감당할 수 없었다. 이 소식을 접한 토마스(Thomas) 선교사는 교회를 짓도록 벽돌을 사 주었다. 교통편도 지극히 불편했던 시절, 아마도 그것이 최선의 지원이었을 것이다. 벽돌을 퍼 주고 떠나는 선교사의 마음은 또 얼마나 아팠을까? 손수레도 변변찮던 시절, 교회 부지가 될 곳에 수북이 쌓인 벽돌을 이십여 명의 여청년이 머리에 이고 나르며 교회 건축을 시작했다. 그리고 마침내 봉림교회가 세워졌다. 교회에 사람이 꽉 들어찼다. 박해심은 열심히 설교하고 힘들게 삶을 꾸려 나갔다. 아마도 당시의 성도들은 자신들이 교회를 책임지는 것을 당연하게 생각했던 것 같다. 대회(지금의 합회)는 힘이 달렸고, 1950년대와 60년대의 한국의 사정은 어렵기 그지없었다. 곳곳에서 고군분투했을 성도들을 생각하면 마음이 아려온다.

박해심은 많은 교인을 홀로 감당하기 어렵게 되어 갔다. 아들만 일곱을 낳았던 그녀는 농사일에, 자식 키우는 일에, 교회를 이끌어 가는 일에 진이 빠져 지치게 되었다. 다섯을 대학에 보냈으니 얼마나 힘이 들었던지 말로 할 수 없는 역경의 세월이었다고 한다. 교회는 잘되고 손님은 또 얼마나 많이 찾아오는지, 여자 혼자의 힘으로 도저히 해낼 수가 없었다. 하다 하다 그녀는 교회를 쉬고 말았다. 그녀가 지치자 교회도 힘을 잃기 시작했다. 청년들은 도외지로 직장을 찾아 떠나고 처녀들은 시집을 갔다. 훈련된 평신도 지도자들이 없었던 봉림교회는 결국 문을 닫게 되었다. 시집와서 온 마음과 정성을 다하여 섬겼던 교회가 문을 닫는 모습은 박해심에게 얼마나 가슴 아픈 일이었을까.

대성의 행적을 따라가면서 인력과 자금의 지원을 받을 수 없어 문을 닫은 많은 집회소와 교회가 있었음을 알게 되었다. 지금처럼 자가용이 있어 방문이 용이한 것도 아니고 농사일에, 자녀들을 키워야 하고 생활고와 싸우면서 힘겹게 집회소를 운영하고 교회를 세우면서 지쳐 갔던 성도들, 그런 평신도들을 발견하는 것은 가슴 아픈 일이었다. 대성은 그 먼 길을 걸어서 장흥군 장평면 봉림까지 몇 년을 찾아왔다. 일주일씩 교회에서 전도회를 개최하고 사경회를 열어서 성경을 가르쳤다. 당시 선교에 열심이었던 여청년 김환수와 김순희도 그 거친 길을 걸어서 교회를 돕기 위하여 여러 번 왔다고 한다. 열심히 헌신했다고 한다. 그러나 그 먼 거리 때문에 평신도를 정기적으로 보성교회처럼 훈련시킬 수는 없었다. 봉림교회는 문을 닫았으나 복음이 쓰러진 것은 아니었다.

박해심 집사는 남편과 아들들이 침례 받도록 했다. 남편에게는 이 세상이 끝이 아니고 하늘의 소원이 있음을 늘 상기시켰다. 남편인 고재윤은 집사가 되었다. 남편이 돌아가시기 전까지 두 분이 아침 예배를 거르지 않았다고 하니 얼마나 아름답고 고결한 신앙인가! 신갈교회에서 열심히 신앙생활을 하는 아들들 가정이 있고, 신앙을 하지 못하고 있는 아들들도 있지만 결국 어머니 신앙으로 돌아올 것을 확신하고 있었다. 명절에나 아버지의 추도 예배가 있으면 큰아들이 모든 동생을 모아 놓고 예배를 드리고 기도도 한다.

사랑채를 빌려주었던 시숙님 부부도 침례를 받고 가족들도 신앙하게 했단다. "이방인에게 시집와서 예수 믿게 하려고 열심히 했지요." 박해심 집사의 고백이다. 개인 전도도 게을리하지 않았다. 봉림에서 함께 장흥교회에 출석하고 있는 여집사가 있다. 그녀는 장평 사람으로 봉림에 시집을 왔다. 10여 년 전에 남편이 폐암으로 고생하고 있었을 때 박해심 집사는 예수님을 소개했다. 처음에는 거절했으나 결국 그들은 예수님을 받아들였다. 임마누엘 동산에서 요양하면서 어머니와 부부 그리고 두 아들이 침례를 받게 되었다.

나는 박해심 집사의 신앙 이야기를 들으면서 목사로서 부끄러움을 느꼈다. 곳곳에 이렇게 별처럼 빛나는 성도들이 그들의 신앙을 지키며 투쟁했다는 사실에 가슴이 뭉클했다. "집사님, 참으로 훌륭하십니다." 인터뷰 후에 최영태 목사가 한 말이다. 정말 훌륭한 신앙이다. 봉림교회는 쓰러지지 않았다. 여전히 많은 사람의 마음속에 봉림교회에서 받았던 복음이 역동하고 있을 것이다.

대성도 안타까움을 느꼈을 것이다. 그 마음을 우리가 어찌 헤아릴 수 있으랴. 대성은 방문을 오면 박해심 집사 집에서 잠을 자고 같이 아침예배를 드렸다. 고재윤 집사와 친밀하게 지내셨다. "고재윤 집사가 최대성 장로님을 많이 존경하고 사랑했어요. 말씀이 참 좋으시다고 늘 말씀하셨어요. 최대성 장로님은 확실하신 분이세요. 딱딱 알아듣게 가르치고 잘 전하셨던 기억이 있지요." 여인의 몸으로 모진 세파에 맞서며 교회를 운영했던 87세의 집사님은 최대성 장로의 아들과 손자를 만났다며 너무나 반가워하셨다.

박해심 집사의 집을 떠나기 전 나는 무릎 꿇고 함께 기도했다. "하나님, 그 모진 세월 밭에 뿌렸던 복음의 씨앗이 풍성히 열매 맺어 박해심 집사님의 수고가 헛되지 않았음을 주의 나라에서 보게 하소서. 봉림교회 출신들과 큰 기쁨으로 찬양하게 하옵소서."

봉림교회는 영원히 닫혔을까? 절대, 그렇지 않다

대성과 보성교회는 경계를 넘어 장흥군까지 복음을 확산시켰다. 장흥군 장평면 봉림마을, 대성과 보성교인들이 산 넘어 거친 길을 마다 않고 방문했던 곳, 새댁인 박해심 집사가 선교를 시작하여 오랜 세월 교회를 운영했던 곳, 그런 모든 열성과 헌신에도 불구하고 봉림교회는 지원을 받지 못해 문을 닫아야 했다. 용감했던 여전사가 칼을 거두었으나 마음 밭에 뿌려진 씨앗들도 보호를 받지 못해 숨을 거두었을까? 나는 궁금했다. "봉림 출신의 신앙인의 소식이 없나요?" 그녀는 한 명의 소년의 이름을 기억하고 있었다. 이름이 김기선이라고 했다. 서울로 이사하여 후에 재림교회 장로님이 되셨다는 소식을 들었다는 것이다. 그 소식 하나가 그녀의 마음을 크게 위로했을 것이다. 눈물로 닫은 교회를 볼 때마다 그녀의 마음속에는 오랜 세월 답답함이 남아 있었을 것이다.

김기선 장로를 찾아야 했다. 박해심 집사는 김기선 장로는 돌아가셨는데 그의 아들이 재림교회의 목사가 되었다는 소문을 들었다고 전해 주었다. 그녀는 목사님의 이름은 알지 못했다. 가슴이 두근거렸다. 복음이 소년의 마음에 떨어져 열매 맺은 이야기를 꼭 확인하고 싶었다. 어떻게 김기선 장로의 아들 목사님을 찾아야 하나? 동·서중한합회의 모든 김씨 성을 가진 목사들에게 전화를 드릴 수도 없고….

최영태 목사는 재림마을 게시판에 글을 올려 보라고 했다. 재림마을에 자주 들어가지 않는 편이라 얼마나 효과가 있을까 싶었다. 효과가 있었다. 게시판에 글을 올리고 2시간이나 지났을까. 어떤 목사님으로부터 전화가 왔다. "아마 본부교회(회기동교회)의 김광렬 부목사님이 김기선 장로님의 아드님인 것 같습니다. 확실히는 알 수 없습니다." 교회 주소록에서 확인하여 전화를 걸었다. 받지 않았다. 얼마 후 전화가 걸려 왔다. "목사님이 장평의 봉림마을 출신의 김기선 장로님 아드님입니까?" "아니, 어떻게 그렇게 정확히 아십니까?" 그렇다. 김기선 장로의 아들은 목사가 되어 있었다. 대화가 이어졌다. 김기선은 소년 때에 서울로 올라온 것이 아니고 청년 때 결혼하고 올라왔단다. "어머니는 살아 계신가요?" "네, 목사님." 마침내 김기선 장로의 아내 되는 김금림 집사와 통화를 하게 되었다. 그리고 그간의 이야기를 들을 수 있었다.

소년 김기선은 마을의 많은 형님, 누님들과 봉림교회를 열심히 다녔다. 수년을 다녔던 교회는 어느 날 문을 닫았다. 다닐 교회가 없으니 교회를 쉬게 되었다. 소년은 청년이 되었고 결혼하여 서울로 올라왔다. 서울에서도 교회를 다니지 않았다고 한다. 그러나 그는 하나님을 잊지 않았다. 월남전(戰)에 참전하게 되었다. 죄의 처절한 끝을 보여 주는 전쟁터에서 기도 없이 어떻게 한순간인들 살 수 있었겠는가? 인정사정없는 전쟁터에서 소년 때 배웠던 하나님의 이름을 마음속으로 얼마나 불렀을지 상상할 수 있지 않은가? 부를 이름이 있는 자는 복 있는 자이다.

그는 하나님의 돌보심을 월남에서 많이 경험했다. "수색을 나가는 날에 어쩐지 나가고 싶지 않으면 부대장에게 말하여 나가지 않았는데 그러면 병사들에게 사고가 생겼답니다. 어떤 날은 수색을 나갔는데 이번에는 부대에 사고가 생겼답니다. 하나님의 보호하심을 여러 번 느꼈다고 하더군요." 김금림 집사의 회고이다.

세월이 어려워 신앙을 갖고 싶었던 아내 김금림 집사는 혼자 여의도 순복음교회를 다니기 시작했다. 나중에는 아들 둘을 데리고 다녔다. 교회 버스를 타고 가면 아들들이 찬송가를 더 잘 따라 불렀다. 남편을 인도하고 싶어 순복음교회에 데리고 갔다. 남편은 첫 번째 참석했던 집회에서 아내에게 말했다. "내가 재림교회의 희망의 소리 성경통신학교 과정을 공부했는데 여기는 아니야. 교회를 다니려면 내가 어려서 다녔던 안식일교회를 가야 해." 그리고 스스로 교회를 찾아 네 식구가 한꺼번에 재림교회에 참석하기 시작했다. 놀랍지 않은가! 하나님의 말씀은 깊이 뿌리를 내린다. 자신은 모를 수 있다. 어느 날, 세파에서 보호해 준 것이 뿌리를 내린 복음이었음을 깨닫고 하나님께 돌아오게 되는 경우가 얼마나 많은가.

김금림 집사는 기억을 더듬었다. 남편이 교회에 다니지 않던 어느 날, 성경 편명을 펼쳐 놓고 맞는지 보라고 했단다. "창세기 출애굽기 레위기 민수기…요한계시록." 물 흐르듯 성경 66권 이름을 외우는 것을 보고 아내는 감탄했단다. "어려서 성경을 공부하는 것이 정말 깊이 새겨졌구나." 어린이 교사들은 야무지게 성경을 가르치라. 지금 그대들은 장래의 장로님을 키우는 보장된 일을 하고 있으니. 가슴을 펴라. 빡세게 가르쳐라. 박해심 집사의 "열심히 했어요."라는 말은 큰 보상을 받았다. 그녀는 소년, 소녀들을 정말 열심히 가르쳤던 것이다. 그리고 때가 되어 열매를 맺은 것이다.

김기선 장로의 큰아들 김경렬 집사는 일본어교회를 섬기고 있다. 며느리가 보성읍교회의 정해필 장로의 딸인 정현정(현 연합회 재무 서기)이라니…. 대성의 지도를 받고 열심히 신앙생활 하시던 정해필 장로의 딸이 며느리란다. 어쩌면 세상이 이토록 좁을까. 둘째 아들 김광렬 목사는 신학을 전공한 아내와 함께 목회에 헌신하고 있다.

복음의 씨앗은 결코 썩어 없어지지 않는다. 봉림교회는 문을 닫았지만, 하나님은 김기선 장로의 가정을 통하여 복음의 문을 활짝 열어젖히셨다. 보이는 것이 다가 아니다. 결코, 아니다. 많은 봉림교회 출신이 인생 밭에서 복음이 싹을 틔우고 바람을 견디며 믿음의 큰 나무가 되어가고 있을 것이다.

3. 조성교회

옛 신앙이 그리워라

　보성에서 '그럭재'(또는 바람재) 고개를 넘어 꼬부랑길을 한참 내려오면 오른편에 탁 트인 예당평야가 펼쳐져 있다. 왜 '그럭재'라고 했는지는 알 수 없다. 차에서 내려 시원스런 평야를 바라보았다. 눈의 끝에는 가물거리는 산들이 멀리 보이고 눈과 산들 사이에는 거칠 것 없는 평야에서 벼들이 가을을 그리며 넘실거리고 있었다. 넘어왔던 산 고개는 멀리 높이 솟아 있었다. 지금에야 시원한 바람 맞으며 낭만적으로 먼 산 고개를 바라볼 수 있지만, 대성이 오고 가던 그 시절에는 거칠고 높은 산 고개에 길 한 줄 나 있었을 것이다. 무슨 열정이 대성으로 하여금 그 불편한 길을 마다 않고 넘어 다니게 했을까? 그의 열심은 조성 땅에 무엇을 남겨 놓았을까? 호랑이는 죽어 가죽을 남기고 사람은 죽어 이름을 남긴다고 했는데 대성은 죽어서 무엇을 남겼을까? 사람들을 남겼다. 신실한 하나님의 사람들을.

　조성교회의 지생구 장로는 고(故) 지복수 장로의 장남이다. 그는 아버지가 시작했던 득량면 예당리 가정 집회소와 대성의 이야기를 풀어놓았다. 청년 지복수는 몸이 편치 않은 형님과 함께 득량제일장로교회에 출석하고 있었다. 그러다 집과 가까운 곳에 형님을 위해서 예당장로교회를 손수 세우게 되었다. 그는 형님과 함께 예당장로교회의 신실한 신자였다. 보성의 정봉수(대성의 처남) 대목수가 예당국민학교를 건축하게 되었을 때 고용된 사람 중에 지복수가 있었다. 정봉수 목수는 토요일에 일하지 않았다. 지복수는 장로교인이니 일요일에 일하지 않았다. 일주일에 5일만 일을 할 수밖에 없었다. 지복수는 이상하게 생각했다.

왜 정봉수는 토요일에 교회에 가는 것일까? 그는 평소에 성경을 읽으면서 안식일이 늘 궁금했었다. 예당장로교회의 목사에게 물어보았지만 대답이 시원치 않았다. 건축이라는 것이 하루 이틀에 끝나는 것이 아니니 정봉수와 지내는 시간이 많았다. "왜 일요일이 아니고 토요일에 교회를 가시오?" 질문은 대답을 얻었다. 정봉수는 성경상 예배일은 오늘날 토요일이며 안식일을 거룩히 지키는 것이 하나님의 계명임을 전해주었다.

안식일을 깨달은 지복수는 곧바로 안식일을 지키기 시작했다. 자신이 세운 교회를 등지고 안식일교회로 개혁하는 것은 결코 쉬운 일이 아니었다. 창립자가 교인들과 인연을 끊고 새 출발을 하는 것이 어디 쉬운 일인가? 그가 얼마나 진리대로 살려고 했는지 알 수 있는 대목이다. 지복수의 아내는 처녀 때부터 다녔던 장로교회를 떠날 수 없어 삼 년을 더 다녔다. 그러나 교회에서 제명하자 안식일교회로 개혁하게 되었다. 그때까지 지복수는 보성교회를 출석하기도 하고 혼자서 안식일을 지키며 신앙을 유지했다. 대목수 정봉수는 지복수와 서필렬에게 복음을 전해 주었다. 그 세 사람은 가덕도교회, 마산 중앙교회, 광주장동교회, 목조로 지은 광주궁동교회(현 궁동중앙교회) 등을 지었다. 1년에 한두 번 집에 올 정도로 열심히 살았던 세 사람은 함께하는 시간이 많았으므로 정봉수는 철저한 신앙을 전수해 주었다.

지복수는 예당국민학교 직원으로 들어가게 되었고 가정 집회소를 세워 본격적으로 가족들과 함께 재림 신앙을 하기 시작했다. 대성은 교회들을 순회하고 예당의 가정 집회소를 들렀다. 그는 월급을 받는 목회자가 아니었다. 그럼에도 교회들을 개척하고 순회하면서 교회들을 돌보았던 것이다. 생활과 선교 둘 중에 하나를 선택하라는 시대의 위협과 물음 앞에 대성은 선교를 택했다. 그 선택은 가족의 고통을 의미했고 그것을 모를 리 없는 대성의 마음이 어떠했을지 누군들 짐작이나 할 수 있으랴. 대성은 낮에 방문을 오면 석양이 물들 무렵에 고개를 넘어갔다. 저녁을 먹고 가기도 했다.

당시에 대성은 곳곳에 가정 집회소를 세우고 돌보았다. 노동면 신천리에 교회가 있어서 지복수 성도가 수리를 해 준 적도 있었다. 집회소 성도들은 안식일에 보성교회에 참석하여 예배를 드렸고 보성에 갈 수 없을 때는 다른 집회소와 함께 예배를 드리기도 했다. 또는 자체적으로 예배를 드리기도 했다. 예당의 지복수 성도의 가정 집회소는 1980년대에 조성과 예당의 여러 가정 집회소와 합쳐 조성교회를 시작하게 되었다. 예당에는 보성교회 김창권 목사 친척의 가정 집회소가 하나 더 있었다. 조성과 예당에 적어도 다섯 개의 가정 집회소가 있었다.

지생구 장로는 조성에서 최종호 씨 부친이 시작했던 가정 집회소에 대해서도 소식을 전해 주었다. 그분은 장사를 했는데 순천에서 재림 신앙을 받았다. 그분의 아내는 재림교회 초기 선교사 왕대아 여사에게 복음을 받았다고 한다. 최종호 씨 부친은 집 2층에 교회를 마련하고 집회소를 시작했다. 그때가 1953년경이었다. 1962~63년도쯤 보성교회의 지원을 받지 않고 집회소 자체로 전도회를 개최했다. 강사는 대성이었다. 그 전도회를 통해서 오정호 씨가 복음을 받아들이게 되었고 지금도 조성교회에서 신실하게 신앙을 하고 있다. 1960년대가 보성교회의 평신도 전도단이 선교를 가장 활발히 했을 때이다. 대성과 보성교회가 보성과 보성의 12개 면과 벌교읍에 교회를 세우기 위하여 불철주야 노력했던 때이다. 대성은 부지런히 가정 집회소들과 예배소들을 방문하여 설교하고 지도했다.

"최대성 장로, 그 양반처럼 살아야 한다"

지복수 장로의 아들 지생구 장로는 대성을 회고했다. "최대성 장로님의 설교는 재림 설교가 주를 이루었지요. 먹고사는 데에만 너무 집착하지 말고 재림 준비를 하라고 설교했지요." 아버지 지복수 장로는 일 년에 성경을 두세 번 통독할 정도로 성경 공부에 열심이었다. 의문은 반드시 풀고 넘어가야 하는 성격이었다. 평소에 질문이 있으면 기록해 두었다가 대성이 방문하는 날이면 2~4시간 동안 일대일로 성경을 공부했다. 그는 후에 목사님들이 방문할 때에도 똑같은 질문을 했다고 한다. 어떤 목사님이 원칙에서 물러나 타협하는 가르침을 주면 목사님이 틀렸다고 아들 지생구 장로에게 나중에 이야기했다고 한다.

"서호리교회(현 대서중앙교회) 전도회에 참석했는데 그 많은 사람이 조는 사람이 없었습니다. 평신도협의회를 조직하고 전도회를 개최해서 최대성 장로님이 강사를 했을 때도 조는 사람들이 없었어요. 설교는 명확했고 세상 예화는 전혀 없었죠. 예화를 사용해도 성경에서만 사용했지요. 성경을 성경으로만 풀어 나가는 데도 재미있었어요. 설교할 때 졸게 설교하지를 않습니다. 성경 내용만을 가지고 하는데도 기억에 남게, 졸리지 않게 설교하시지요. 혹시 꾸벅하는 사람이 있으면 일대일로 그 사람 앞에서 설교하십니다. 설명한 다음 그 사람에게 질문합니다. 대답을 잘 못하면 다시 설명하고 다시 질문했어요. 그러니 아무도 졸 수가 없지요. 안식일 설교 때에는 개인 질문을 하지 않지만, 전도회 때에는 청중 사이로 걸어 다니며 설교했어요. 당시에는 성경절을 빨리 찾아서 읽으려고 경쟁했지요. 전도회 때에 낭독자가 있어서 시간을 아끼기도 했고요. 자녀들이 장성한 후에는 자녀들 신앙 교육시킨 이야기를 예증으로 들기도 하셨지요."

지복수 장로는 대성에 대하여 "그 양반처럼 살아야 한다."라고 했다고 한다. 그는 자녀들을 새벽 4시면 깨워서 아침 예배를 드리고 저녁에는 저녁 예배를 드린 후에야 잠자리에 들게 교육했다. 그것이 모든 자녀가 교회 안에서 지도자로서 성장하게 한 원동력이 되었을 것이다. 금요일 해 질 때부터 안식일 해 질 때까지 철저히 안식일을 성수하였다. 목수 일을 할 때도 금요일 해 지기 전에 돌아올 수 없는 거리면 아예 출발하지 않았다. 자녀들이 장성한 후에 살길을 찾아 흩어졌어도 지복수 장로의 조석 예배는 멈추지 않았다. "교회는 지도자의 영향을 강하게 받을 수밖에 없습니다. 원칙적인 지도자, 그들이 교회를 지킨다고 생각합니다." 지생구 장로는 유난히 그 말을 진지하게 했다.

지복수 장로의 후손들은 어떻게 되었을까? 4남 1녀의 자녀 중 4명의 아들 내외는 장로와 집사로 교회를 섬기는 신실한 재림 성도이다. 딸 지명자는 강성수 목사의 아내로 사모가 되었고 손자 중 지승천은 목회자가 되었다. 지복수 장로의 후손들은 손자, 손녀까지 총 22명인데 모두가 재림교인이다. 하나님의 섭리는 항상 놀랍다.

대성과 친분을 쌓았던 조성교회의 신앙의 초창기 사람들은 세월을 이기지 못해 세상을 뒤로했지만 그들의 확고한 신앙은 여전히 후손들의 신앙을 지켜 주며 살아 있었다. 대성을 추억하는 사람들은 하나같이 그의 신앙을 그리워했다. 이 시대를 안타까워했다. 대성과 함께 신앙했던 믿음의 선조들의 신앙이 옳은 것이었다고, 그렇게 살아야 한다고 말하고 있었다.

큰 밭에 썩어진 밀알들이여, 그 헌신 놀랍다

보성군 조성면 용전리에는 다섯 개의 마을이 있다. 가장 큰 고을이 대전(大田, 한밭) 마을이다. 대전은 '큰 밭'이라는 뜻으로 '한밭'이라고도 불렀다. 간척지에 마을이 형성되었는데 1960년대에는 약 100가구가 살고 있었다. 인구는 600여 명이었다. 간척지의 쌀이 좋아 부유한 마을이었다. 그 마을에 1960년대 후반에 중년의 김태완 성도가 보성 초당리에서 이사를 왔다. 셋방을 살았던 그는 어린이들을 모아서 가정 집회소를 시작했다. 어린이가 20~30명씩 모여들었다. 주인과 동네 사람들이 시끄럽다고 핍박하면 다른 곳으로 이사를 하여 가정 집회소를 유지했다. 사명감이 투철했다. 먹고살기 힘든 사정인데도 굴하지 않고 성경을 가르치고 복음의 씨앗을 뿌렸다. 소식을 들은 대성은 약하디약한 그 가정 집회소를 돕기 위하여 먼 길을 마다 않고 찾아왔다. 훈련된 보성교회의 집사들을 파견하여 집회소의 불이 꺼지지 않도록 성심껏 도왔다. 여름에는 성경학교를 개최했는데 200~300명 이상이 모여들었다. 김태완 성도는 어떻게 로비를 했는지 얻기 힘든 마을 회관을 빌려 설춘섭 목사를 모셔와 전도회를 개최하기도 했다.

　김태완 성도는 이 마을에서 저 마을로 옮겨 가도 가정 집회소를 열어 새로운 마을에서도 복음의 씨를 뿌리는 데 게으르지 않았다. 정말 전천후 신앙이다. 5~6년 그렇게 가정 집회소를 돌보던 그는 어디론가 이사를 갔다. 교회 건물도 없었던 대전 마을의 집회소는 그렇게 사라지는 듯했다. 약 2년의 세월 동안 대전 마을은 방치될 수밖에 없었다. 현지에 지도자가 없으니 보성교회에서도 효과적으로 도울 수가 없었다. 교통의 불편함을 감수하고 높은 산을 넘어와도 누군가는 현지에서 집회소를 운영하고 있어야 도울 수가 있었다. 그런데 하나님은 한 여인을 준비하셔서 꺼져 가던 복음의 호롱불이 숨을 거두지 않게 보호하시는 섭리를 보이셨다.

　열여섯의 정금자는 오리 밖에 있는 장로교회를 다니고 있었다. 어느 날 마을의 친한 언니 김차순이 김태완 성도에게 성경을 배워서 안식일을 소개했다. 정금자는 안식일을 깨닫고 가정 집회소에 참석하기 시작했다. 열심히 재림 신앙을 하던 정금자는 간호사가 되어 서울로 떠나게 되었다. 고향에 내려올 때마다 대전 마을의 가정 집회소에서 예배를 드렸다. 그러던 어느 날 고향의 집회소가 없어지고 말았다. 그녀는 서울에서 내려오면 서호리 예배소에 참석하게 되었는데 오고 가는 마음의 발걸음이 천근만근이었다. 즐겁지가 않았다. 대전 마을을 그대로 둘 수는 없었다. 그녀는 교회 문을 다시 열기로 결심을 하게 되었다. 23살의 여

청년 정금자는 간호사를 접고 고향에 내려와 가정 집회소를 운영하기 시작했다. 참으로 감동스러운 이야기가 아닌가! 교회를 먼저 생각하는 마음은 사람이 가질 수 있지만 그것을 행동으로 옮기는 것은 다른 차원의 결단이다. 그것이 생계하고 연관되어 있다면 결코 쉬운 결정이 아니다. 내가 무엇을 할 수 있을지를 생각하고 행동하는 자에게 하나님의 역사가 일어난다.

여청년 정금자는 어린이들을 모아 이 집 저 집에서 모임을 갖다가 결국 자신의 골방에서 정기적으로 예배를 드리게 되었다. 보성교회에서는 다시 대전 마을의 가정 집회소를 적극적으로 지원하기 시작했다. 사람이 움직이자 하나님이 움직이셨다. 조성면의 남당리에는 조귀남 집사(광능내 조정용 장로 부친)가 이사를 와 가정 집회소를 운영하기 시작했다. 대전 마을의 교인들은 남당리까지 가서 함께 예배를 드리며 힘을 키웠다. 교회 건물이 있어야 했다. 교인들은 보성교회의 지원을 받고 힘을 합하여 남당리에 있는 벽돌집 한 채를 교회당으로 구입하게 되었다. 정금자는 간호사로 복직하여 교회를 구입하는 데 헌금하였다. 잊지 말자. 우리가 편안히 예배드리는 교회가 성도들의 눈물과 헌신의 벽돌로 세워졌다는 것을. 집 없는 설움이 얼마나 큰 설움인가! 대전 마을과 남당리의 교인들은 자기 교회에서 예배드리는 행복을 만끽할 수 있었다.

대성은 남당리 예배소에서 전도회와 사경회를 개최하며 교회를 성심껏 돌보았다. 정금자 집사는 그때를 회상했다. "최대성 장로님이 예언서를 잘 가르치셨어요. 제 남편 김병용 장로도 청년 때 최대성 장로님 전도회를 깽판(방해) 치러 갔다가 다니엘과 요한계시록 강의를 듣고 교인이 되었어요. 세계 역사책과 성경을 비교하며 정확히 가르쳐 주시니까 부인할 수 없었다고 해요. 최대성 장로님이 보성 지구 교회들을 관리하셨죠. 교회를 엄청 사랑하셨던 것 같아요. 그것을 느낄 수 있었어요. 특별히 최영열 장로님이 열렬히 활동하셨어요. 장로님과 김환수 집사님에 대한 추억이 엄청 많죠. 행사가 있으면 꼭 초청해서 융숭하게 대접해 주셔서 마음에 깊이 남아 있어요. 저도 그때 배워서 대접하기를 잘해요."

정금자는 청년 김병용과 결혼하여 군산으로 이사를 하게 되었다. 3남매의 막내인 그녀는 8남매의 장손인 김병용과의 결혼이 도저히 자신이 없었다. 그래서 결혼을 하지 않기로 했다. 어느 안식일 오후 대성은 그녀를 찾아와서 말했다. "결혼을 안 하겠다니 무슨 말이냐. 그 집 식구만 구원해도 네 할 일은 다 한 것이다. 결혼하도록 해라. 나, 날짜 잡으러 간다." 대성은 청년 김병용의 집에 가서 허락을 받고 곧바로 결혼 날짜를 잡았다. 그리고 12월 25일 그들은 결혼식을 올렸다. 대성이 믿을 만한 어른이 아니었다면 있을 수 없는 일이었다. 대성은 그 부부를 교회의 지도자로 세우기를 원했을 것이다. 그 당시 청년들은 대성의 말에 순종했다. 그들은 교회의 지도자들이 되었다. 대성의 말대로 정금자는 시집을 가서 선교사의 역할을 감당했을까? 양가의 가족은 구원을 받았을까? 양가에서 27명이 재림 성도가 되었고 시동생 김병호는 서울삼육초등학교장이며, 아들 김성균은 호남합회의 목회자가 되었다. 하나님은 멋진 분이시다. 먼 나라에 가서 선교하는 것도 좋은 일이지만 가족을 구원하면 우리의 할 일은 어쩌면 다 한 것인지도 모른다.

남당리 예배소는 조귀남 집사와 같은 헌신적인 지도자가 있어서 미래가 밝았다. 수십 명의 청년이 있는 든든한 교회로 성장하고 있었다. 그러나 교회는 영혼 구원이 일어나는 곳이므로 시험이 없을 수 없다. 예배소는 큰 위기를 만나게 되었다. 외지에서 이사를 와 교회를 섬기던 박광규(박명호) 집사가 교회를 분리시켜 나갔기 때문이다. 남은 교인들은 좌절하지 않았다. 역전 앞의 은혜 의상실의 송윤남 집사(김형구 장로의 처)의 가정 집회소와 함께 예배를 드리며 신앙을 이어 갔다. 그러다가 예당의 지복수 장로의 집회소와 합하여 조성교회를 세우고 오늘날의 튼튼한 교회로 성장하게 되었다. 교회는 우여곡절이 있어도 헌신하는 성도가 있으면 절대 무너지지 않는다. 교회는 영원한 생명을 품고 있으므로 넘어질 수는 있으나 죽을 수는 없다.

대전 마을의 어린이들은 어떻게 되었을까? 많은 어린이가 성장하여 재림교인이 되었다. 윤화현 장로(퇴계원교회)와 그의 부인 이삼숙 집사(현 여성협회장)도 그 어린이들 중에 있었다. 윤화현 장로는 대성에 대한 기억을 더듬었다. "최대성 장로님은 금요일에 오셔서 지금 저의 처갓집에서 식사도 하시고 주무시고 안식일 날 설교를 하셨지요. 열성적으로 돌보셨어요." 그는 최영선 장로의 추천으로 호남삼육고등학교로 전학하여 인생의 새로운 계기를 마련하게 되었다고 한다. "최영선 선생님 덕분에 신앙을 제대로 하게 되었지요. 감사하게 생각합니다." 그는 퇴계원교회의 수석 장로를 역임했고 아내 이삼숙 집사와 헌신적으로 교회를 섬기고 있다. 그리고 양가의 가족은 거의 다 재림교인이 되었다.

대전 마을 출신의 재림 신도들은 10여 년 전 '한밭회'를 조직했다. 회장은 정금자 집사이고 지금 한밭회원들은 20여 명이다. 그들을 통해서 복음을 전수받은 후손들까지 합하면 100여 명이 되며 5명의 목회자가 배출되었다고 한다. 하나님의 섭리는 참으로 신기하다. 하나가 더 있다. '큰 밭' 대전 마을에 이름 없이 빛도 없이 복음의 씨앗을 뿌리고 떠나갔던 김태완 성도는 어떻게 되었을까?

한밭회원들은 김태완 성도가 남양주 진접 오남리에 살고 있다는 놀라운 소식을 듣게 되었다. 그들은 그를 초청하여 큰절을 올리고 양복을 선물했다. 40여 년의 세월이 성도로 만들어 만나게 했으니 그 기쁨이 어떠했겠는가? "생명의 은인 아닙니까?" 윤화현 장로의 고백이다. 김태완 성도는 그 옛날의 철부지 어린이들이 교회의 지도자들로 성장한 모습을 보며 "고맙고 고맙다."고 했다. 이리저리 옮겨 다니며 어린이들을 가르칠 때 세상이 참 무심하고 비정하다고 생각했을지도 모른다. 하나님은 그가 세상을 떠나기 전에 그의 삶이 결코 헛되지 않았음을 확인시켜 그의 어깨를 두드려 주신 것이다. 참으로 고맙고 고마운 일이다.

대전 마을에서만 성도들이 나온 것이 아니다. 다른 마을에서도 재림 성도들로 성장한 어린이들이 있다고 하니 "너는 말씀을 전파하라 때를 얻든지 못 얻든지 항상 힘쓰라"(딤후 4:2)는 명령은 약속이다. 그러니 기쁨으로 이 말씀에 순종하자.

대전 마을의 선교 역사는 김태완 성도, 정금자 집사 그리고 대성과 보성교회 성도들의 헌신을 통한 하나님의 선교 이야기이다. 현재에 굴하지 않고 미래를 하나님께 맡기며 복음의 씨를 뿌린 이야기이다. 한 알, 한 알의 밀알이 썩어 풍성한 열매를 맺은 불멸의 복음 이야기이다.

조성교회: 새 교회(左)와 구 교회(右)가 현재 장소에 나란히 서 있다.
*새 교회는 노인들의 출입에 불편이 없도록 새로 건축함.

4. 웅치교회

무한한 가능성, 커다란 아쉬움

보성군 웅치면 오류동! 웅치는 기름진 평야가 넓게 펼쳐져 있었다. 키 크고 잘생긴 제암산 자락이 길게 누워 있었다. 보성의 처녀들은 바구니를 안고 고사리며 나물들을 캐러 제암산까지 재잘거리고 까르르 웃으며 걸어왔더란다. 지금은 깊은 산속 길까지 포장이 되어 있는 웅치 오류동으로 가는 길은 푸른 나뭇잎들의 손짓과 새 지저귀는 소리로 요란했다. 높은 산길을 요리조리 타고 내려와 도로를 달렸다. 산속으로 들어갈 것 같은 작은 길로 들어서자 뜻밖에도 확 트인 논들을 둘러싸고 사랑스런 집들이 오손도손 모여 있는 예쁜 마을이 나타났다. 와! 감탄사가 절로 나왔다. 오류동, 마을 입구에 세워져 있는 1m 60cm 정도 되는 돌에 새겨져 있는 세 글자. 산속 깊은 작은 마을일 것으로 생각했는데 그 옛날에는 더 큰 마을이었을 것이 틀림없다. 산들이 동서남북으로 마을을 둘러싸고 있었다. 암탉이 새끼를 품은 듯 마을은 따뜻했다. 맘에 들었다. 이곳이 대성과 보성교회가 1950년대와 60년대에 큰 기대를 안고 선교의 열정을 쏟아부었던 곳이다. 60년대에만 큰 전도회를 세 번이나 개최했다. 웅치 오류동에서는 어떤 일이 있었을까?

청년 김금중은 1953년 광주사범학교를 졸업했다. 그는 3년의 기한을 잡고 오지나 낙도에서 교사를 하다가 의과 대학에 진학하고자 했다. 그러나 그는 예상치 못하게 고향인 웅치국민학교로 발령이 났다. 웅치국민학교에는 사범 학교 출신이 두 명 있었고 나머지는 임시 교사였다. 출산율이 높았던 시절이라 수백 명의 학생이 국민학교에 다니고 있었다. 그는 6학년을 담임하게 되었다. 22살의 젊은 교사는 성격도 적극적이고 모든 면에 깔끔하여 교장의 인정과 마을 사람들의 신임을 받았다. 보성 주봉리 오리실의 김삼차 집사(전 연합회 교육부장 김진홍 목사의 모친)는 비단 장사를 했는데 웅치 오류동의 교사 김금중 씨 집에서 자주 기거했다. 외가로 친척이 되었기 때문이다. 넓은 집의 마루에서 비단을 펼쳐 보여주며 장사하기에 안성맞춤이었을 것이다. 그곳은 부촌이었고 김금중 선생의 부모는 지역의 유지였다. 김삼차 집사의 딸 김순희 집사는 보성교회의 성도였다. 가끔씩 김금중 선생의 집에 오게 되었다. 그녀는 선교 열성이 탁월해서 그에게 열심히 전도했다.

그것이 인연이 되어 1955년 경 김금중 선생은 대성과 연결되었다. 대성은 성경을 가르치기 시작했다. 복음을 깨닫고 임형창 목사에게 침례를 받은 김금중 선생은 마당에 서 있던 감나무에 종을 메달아 놓고 가정 집회소를 시작했다. 종을 치며 날마다 새벽 기도회를 했다. 시조사에서 나온 책이라면 권서인에게 모두 구입하여 서재에 진열해 놓았다. 많은 성경책과 찬미가, 서적들을 비치하여 누구나 빌려 가서 읽고 참고하도록 했다. 그는 거기서 멈추지 않았다. 학교에서 인정을 받았던 그는 안식일도 철저히 지켰다. 당시에 교사가 안식일을 지키는 것은 쉬운 일이 아니었다. 요즘에야 5일 근무가 일상화되어 있지만 당시에는 6일 동안 근무를 했다. 많은 재림교인이 안식일 성수 문제로 직장에서 어려움을 당하던 때였다. 신앙을 위하여 미국으로 떠난 재림교인도 많았다. 교장 선생님은 안식일을 지키도록 배려해 주셨다. 그가 얼마나 인정받는 교사였는지를 알게 된다. 그의 안식일 성수는 많은 사람의 입에 회자될 정도로 인상 깊은 사건이었다. 그는 학생들을 위해서 일요일 날 특별 수업을 하기도 하고 더 정성을 쏟아서 학교에 헌신했다.

마을 사람들이 예수를 믿는 것에 대한 반대가 심했지만 교사인 김금중이 앞장서자 잠잠해졌다. 오히려 사람들은 가정 집회소를 찾아와 예배를 함께 드리고 격려해 주었다. 가정 집회소는 20~30명이 모이다가 50~60명까지 불어났다. 열심히 활동하던 김금중 선생은 1957년 갑작스럽게 여수로 발령을 받게 되었다. 1961년 다시 웅치국민학교로 돌아오기까지 4년 동안 대성과 동생들이 가정 집회소를 유지했다.

1961년부터 교사 김금중은 적극적으로 선교 활동을 벌이기 시작했다. 집 안의 벽을 헐고 방 두 칸을 합하여 교회를 만들었다. 30살의 헌신한 교사의 선교 활동은 한마디로 눈부셨다. 교인이 100여 명까지 불어났다. 정기적으로 예배에 참석하는 인원이 청장년 20여 명, 학생 100여 명이었다. 마당에 덕석을 깔고 집회를 하다가 집 앞 논에서 집회를 할 정도로 규모가 커지기 시작했다.

김금중 선생은 학교에서도 예배를 드리기 시작했다. 자신의 제자들과 함께 안식일을 지키기 시작한 것이다. 나중에는 거의 모든 학생이 안식일에 예배를 드리게 되었다. 교실 4개를 연결하여 졸업식이나 각종 행사를 했던 강당이 있었다. 그곳이 예배당이 되었다. 때로는 학교 운동장에서 예배를 드리기도 했다. 수백 명이 안식일 예배를 드렸던 것이다. 헌신한 한 명의 성도를 통하여 하나님이 얼마나 큰일을 하실 수 있는지를 가늠할 수 있는 대목이다. 비가 오면 어쩔 수 없이 강당으로 들어갔다. 여동생 김금자 집사(대방동교회)는 학생들의 율동을 열심히 지도했다. 학부형들도 가정 집회소를 찾아왔다. 웅치는 가능성이 무한한 곳이었다.

대성은 비가 오나 눈이 오나 바람이 불어도 20리나 되는 길을 걸어서 일주일마다 웅치 오류동을 찾아갔다. 대성은 얼마나 큰 기대를 가졌을까? 보성교회 전도단은 10~15일짜리 전도회를 여러 번 개최했다. 여자 전도대원들은 미리 마을에 방을 얻어 숙박을 해결했고 남자 대원들은 군대용 천막에서 숙식을 해결하며 열정을 쏟아부었다. 그 기간에는 마을과 전도단이 하나가 되는 것이다. 많은 사람이 침례를 받았다. 목사님들도 웅치를 사랑하여 자주 방문하셨다. 전도회가 끝난 다음에는 보성교회 성도들이 뒷수습에 착수했다. 보성교회의 훈련된 성도들은 어떻게 웅치 오류동 가정 집회소를 관리했을까?

전도회가 성공적으로 끝나고 최학봉 집사는 웅치 오류동 집회소를 지도하도록 대성에게서 명령을 받았다. 최학봉 집사 외에도 최영열 집사 등 여러 성도가 수고를 아끼지 않았다. 올해 84세인 최학봉 장로는 그때를 회상했다. "최대성 장로님이 가라고 하시면 우리는 무조건 순종했지. 장로님의 말씀으로 들은 것이 아니고 하나님의 명령으로 생각했지. 눈이 오든, 비가 오든, 여름이든, 겨울이든, 자전거에 펑크가 나도 무조건 가야 했고 당연히 그래야 하는 줄 알았지. 최대성 장로님이 또 그렇게 사셨지. 순종이 철칙이었지."

최학봉 집사는 자전거를 타고 그 먼 길을 달려갔다. 비포장도로에 자갈길이 끝나면 산길이 시작되었다. 높은 산을 넘어서 산길을 타고 내려가면 오류동이 나타났다. 너무 힘들어 '다음 주에는 누가 가려나?' 그런 생각이 들다가도 명령을 받으면 또 순종했다. "그때는 참 힘들었는데 그렇게 했던 것을 지금은 감사하게 생각하고 있지. 그때 하지 않았으면 할 수 없었을 것이야. 그때 설교를 위해서 준비한 예언의 신의 말씀이 지금도 생생하고, 그때 박힌 전도의 정신 때문에 지금도 전도에서 손을 못 떼고 있는 것일 거야." 최학봉 장로는 여전히 전도인이다. 그렇다. 보성교회의 성도들은 그렇게 교회를 살리기 위해 애를 썼던 것이다.

1967년까지 활발하던 웅치 선교는 김금중 선생이 서울로 발령을 받게 되자 힘을 잃기 시작했다. 동생들도 상급 학교에 진학하여 도시로 떠났다. 보성읍에서 웅치까지 버스가 없었던 시절이라 20리 길을 걸어가서 교회를 돌보아야 하는데 현지에 훈련받은 지도자, 헌신하는 책임자가 없으면 교회가 생존하기가 쉽지 않았다. 무한한 가능성을 보였던 웅치 오류동 집회소는 헌신한 지도자를 이을 후계자가 없음으로 인하여 결국 교회로 성장하지 못했다. 그러나 교사 김금중의 선교의 역사는 분명히 기억되어야 할 것이다. 재정도, 지원도 제대로 받을 수 없었던 그 시대에 모든 것을 쏟아부어 교회를 세우고자 했던 그 헌신을 본받아야 할 것이다.

　웅치를 벗어나며 가장 좋은 자리에 높다란 종탑과 함께 세워져 있는 커다란 장로교회를 보았다. 내 눈에는 그 교회가 자꾸만 '제칠일안식일예수재림교 웅치교회'로 보이는 것은 어쩔 수 없었다. 커다란 기대를 안고 시작했던 웅치 오류동 선교는 한없는 아쉬움을 남기며 역사의 한 페이지를 넘겼다. 성령이 충만히 임했던 웅치 오류동! 그때 떨어진 복음의 씨앗은 어디서든 싹을 틔우고 성장해서 열매를 맺었을 것이다. 교회 건물은 문을 닫았으나 하나님의 사업은 그 차원에서 생각할 것이 아니므로 많은 사람이 인생의 풍파와 세파 속에서 하나님을 기억했을 것이다. 그러나 그것이 진실이어도 나는 뒤를 여러 번 돌아보며 웅치를 떠날 수밖에 없었다.

89세의 웅치 선교의 역사를 만나다

　김금중. 이름만 듣고 얼굴은 알 수 없었던 역사의 인물을 만나게 된 것은 우연이라고 보기에는 너무나 극적이었다. 이 책을 거의 마무리하면서 웅치 선교 이야기는 자료도 없고, 사람도 만날 수 없어 간단하게 적고 있었다. 만약 그렇게 책을 끝마쳤다면 엄청난 웅치 선교 이야기는 빛을 볼 수 없었을 것이다. 서울 대방동교회에 보성 웅치 출신 교인이 있다는 말을 귓가로 흘려들은 것은 꽤 오래전의 일이었다. 혹시나 싶은 마음에 대방동교회에 보성교회 출신 집사가 한 분 계셨으므로 그분에게 전화를 드렸다. "집사님, 웅치 출신 교인이 대방동교회에 계시나요?" 그분도 확신하지는 못했지만 장로 한 분이 웅치 출신이라는 말을 들었단다. 그 장로님께 전화를 드렸다. 그분이 조광현 장로님이셨다. "장로님, 혹시 장로님께서 보성 웅치 출신이신가요?" 장로님이 대답하셨다. "아닙니다. 내 처가 웅치 출신입니다." 그다음 대답은 나를 흥분시키기에 충분했다. "목사님, 제 처가 김금중 선생님 여동생입니다." 나도 모르게 눈물이 핑 돌았다. 김금중 선생님의 여동생 중의 한 분인 김금자 집사가 재림교회를 다니고 계셨고 그분의 남편이 장로가 되어 있었으니 얼마나 놀라운 일인가! 복음은 결코 세월에 죽는 법이 없다.

　교사 조광현은 사범 학교를 졸업하고 여인 김금자를 소개받아 웅치 오류동에 가게 되었다. 곱디고운 김금자가 마음에 들었는데 조건이 하나 있었다. 그때가 한참 교사 김금중이 선교에 불타올랐던 때였다. 침례를 받지 않으면 결혼할 수 없다는 것이었다. 청년 조광현은 침례 공부를 하고 보성 주봉리 오리실 저수지의 얼음을 깨고 침례를 받았단다. 내가 개구리 수영하고 놀았던 저수지에서 장로님이 침례를 받으셨다니! 세월을 뛰어넘어 저수지 언덕에 불을 피워 놓고 그리운 보성교인이 여기저기 서 있는 모습이 눈에 아른거렸다. 키가 작고 한없이 인자한 모습의 임형창 목사가 높이 손을 들어 조광현 청년에게 침례를 베풀었다.

나는 전화번호를 얻어 김금중 선생님께 전화를 드렸다. 2020년 8월 1일 안식일 오후, 나는 그를 만났다. 89세의 김금중 선생은 첫눈에도 깔끔하신 분이셨다. 그 나이에도 어쩌면 그렇게도 맑은 피부에 정신이 초롱초롱하신지, 목소리도 깨끗한, 영락없는 선생님이셨다. 그분은 최대성 장로님 손자를 만나게 되어 마치 그분을 만난 것 같다며 기뻐하셨다. 그리고 세월을 뒤로 돌려 웅치 선교 이야기를 풀어내셨다. 그것이 앞에 적은 '무한한 가능성, 커다란 아쉬움' 편의 이야기다.

그는 조부님을 회상했다. "최대성 장로님은 믿음이 좋아서 시간만 나면 전도를 하셨지요. 총력을 다하셨지요. 이런 표현이 어떨지 모르지만 '전도광'이라고 할 수 있습니다. 전도에 온 정성을 다하셨습니다. 믿음 하나로 평생을 사신 분이십니다. 웅치교회에 비가 오나 눈이 오나 바람이 부나 상관없이 거의 일주일마다 걸어오셨지요. 절대 잊을 수 없는 분이십니다." 그가 생각하는 조부님의 설교는 어떠했을까? "최 장로님의 설교는 하나님의 말씀을 있는 그대로 전하시는 것이었습니다. 하나님의 말씀을 있는 그대로 전하시기 때문에 저희들이 설교를 들을 때 하나님 말씀으로 들었지요. 대단하셨지요. 그때 일이 엊그제 같은데요. 참 굉장한 시절이었지요."

그는 잠시 후 다음과 같이 그 시대를 요약했다. "성령께서 하시는 일이지요. 그 어려운 시대에 그런 일을 사람이 할 수 있었다고 생각하지 않습니다. 성령께서 하신 일이었어요. 마을 사람들이 거의 다 안식일교인이었고, 학생도 거의 다 안식일교인이었지요. 성령께서 하신 일이었다고 저는 생각합니다. 모르긴 해도 그때 복음을 들었던 사람들이 곳곳에서 하나님을 믿고 있을 것이라고 생각합니다."

그의 부인 정애숙 씨는 시어머니와 함께 당시에 밥을 많이도 했다고 한다. 손님이 많았기 때문이다. 그런 열심으로 교회를 섬겼던 김금중 성도와 정애숙 성도는 현재는 성결교회의 권사로 헌신하고 있다. 두 아들이 성결교회의 장로라고 했다. 그는 왜 그토록 사랑했던 재림교회를 떠났을까? 그에게 처음에 복음을 전했던 김순희 집사는 다음과 같이 말했다. "조카가 있었는데 개척 교회를 할 때에 너무 힘이 들었답니다. 그 어려운 개척교회를 돕고 깊이 관여하면서 그 교회에 나가게 되었다고 합니다. 김금중 선생님은 가난한 친구들 먹이느라 자신은 굶어 위장병이 걸릴 정도로 마음이 착한 사람이었지요." 그 외에도 여러 가지 사정이 있었을 것이다. 그는 사업을 하다 어려운 일도 겪었다고 한다.

그러나 세파와 인파가 그를 할퀴었어도 마음 깊숙이에 하나님을 향한 진실한 신앙과 사람을 사랑하는 따뜻한 마음을 가지고 있음을 나는 느낄 수 있었다. 나에게는 두 분의

김금중, 정애숙 성도 부부

깔끔한 모습, 단정한 말, 따뜻한 대접이 세월과 함께 영글어진 재림교인의 모습으로만 보였다. 나는 헤어지기 전에 함께 기도했다. "하나님, 이 세상에서는 두 분을 다시 볼 수 없을지 모르나 주의 놀라우신 은혜로 주의 나라에 모든 가족과 함께 다 이르도록 인도하여 주옵소서. 그 옛날 성령 충만함으로 주의 일을 이루신 역사를 감사하오니 두 분을 지켜 보호하여 주옵소서."

엘리베이터를 타는 곳까지 배웅을 나오셔서 나에게 말씀하셨다. "최대성 장로님을 뵙는 것처럼 반갑고 기쁩니다." 닫히는 엘리베이터 문 사이로 사라지는 두 분의 모습을 보면서 웅치를 떠나며 느꼈던 같은 종류의 아쉬움이 나에게 몰려오는 것은 어쩔 수 없었다. 그러나 그분들의 모든 것을 하나님께서 아시니 하나님이 선히 이끄실 것을 믿는다. 나는 역사의 인물을 통하여 하나님의 놀라운 섭리를 확인할 수 있어서 참으로 감사했다.

시냇물은 강물 되어 흐르고 강물은 바다로 흘러가네

예배소장 김금중의 열성적인 헌신과 손 큰 활동은 부모님의 영향을 받았을 것이다. 부모님은 김용성 씨와 박금순 씨였는데 큰 농사를 짓는 지역의 유지였다. 두 분은 거지들을 데려다 목욕을 시켜서 먹이고 재우는 등 많은 사람에게 베푸는 데 인색함이 없었다. 김금중 소장이 교회 활동을 열심히 할 때에 교회에는 사람으로 넘쳤고 부모님은 아들의 활동을 적극 지원해 주셨다. 어머니 박금순 씨와 김금중 소장의 아내 정애숙 씨는 무던히도 밥을 해 먹이며 손님들을 치렀다고 한다. 2남 5녀가 그런 성품을 물려받았다고 한다. 김금중 소장은 여동생들의 삶에 영향을 주었다. 현재 세 명의 동생이 재림교인이다. 김금자 집사(대방동교회), 김온례 집사(광주 서중앙교회), 김순자 집사(광주 서광교회)가 그들이다. 3명의 자매도 오빠를 도와 열성적으로 교회에 헌신했다. 김온례 집사와 김순자 집사는 다음의 이야기를 들려 주었다.

1961년, 집 앞의 논에 텐트를 치고 웅치 대전도회가 개최되었다. 강사는 대성이었다. 수십 명의 보성교인이 먹고 자며 웅치 오류동에 복음을 전파했다. 학생들, 학부모들, 마을 사람들로 전도회는 발 디딜 틈이 없었다. 안식일 오후에는 웅치국민학교생들을 대상으로 분교를 열었는데 세 자매는 기억절을 외우게 하고 율동을 가르치며 성경 이야기를 해주며 지도했다. 김금중 소장은 여동생 김온례와 김순자를 호남삼육고등학교에 입학시켰다. 김온례 집사는 호남삼육고등학생들과 함께 여러 교회에서 열리는 여름 성경학교를 해마다 참석하여 적극적으로 도왔다. 김금중 소장은 호남삼육학교와 협력하기도 하고 자체적으로 여름 성경학교를 개최했다. 여름 성경학교는 몇 백 명씩 성황을 이루었다. 김금자 집사는 어린이 강습회에 참석하여 율동을 배워 와 수백 명의 학생을 지도했다. 김금중 소장은 설교를 하고 성경을 가르치며 선교를 "정말 열심히 하셨다."고 김온례 집사는 회고했다.

당시 사범 학교를 졸업하고 신부감을 찾던 교사 조광현은 소개받은 김금자 여청년에게 첫눈에 반해 침례를 받고 집 마당에서 임형창 목사의 주례로 결혼식을 올렸다. 교장으로 은퇴한 후 지금은 대방동교회의 장로로 섬기고 있다. 김온례 집사는 광주여고에 가기 위해서 열심히 공부했으나 오빠의 권고로 호남삼육고등학교에 진학하게 되었다. 남편 오창모 성도는 살레시오 여고의 수학 교사였으며 은퇴 후 현재 광주 서중앙교회에 참석하고 있다. 김온례 집사의 딸 오지은은 삼육대학 영문과를 졸업하고 현재 호남삼육고등학교의 영어 교사이다. 막내 동생 김순자는 신실한 신앙인으로서 현재 광주 서광교회에서 집사로 봉사하고 있다. 김온례 집사가 호남삼육고등학교 3학년 때 광주 YMCA에서 전도회가 열렸다. 강사는 외국인이었다. 그녀는 친구들과 전도지를 나눠주며 전도회를 도왔다. 지나가던 조선대학교 체육과 4학년생 손하성에게 전도지를 전해 주며 참석을 권유하였다. 손하성은 전도회에 참석하였다. 그는 통신 과목을 졸업하고 오봉렬 목사에게 침례를 받았다. 훗날 손하성은 삼육중·고등학교 체육교사로 근무하였으며 가족들이 재림교인이 되었다고 한다.

시냇물이 강물되어 흐르고, 강줄기들은 서로 만나 바다로 흘러가듯이 복음의 물결은 지류들을 펼치며 은혜의 바다로 넓게 넓게 흘러간다. 물은 웅덩이를 만나도 그곳을 채우면 흘러가듯이 끊임없이 흐르는 물을 멈추게 할 수 있는 것은 아무것도 없다. 복음의 물결이 그와 같다. 멈춤이 없다. 대단했던 웅치 선교의 역사는 현재의 교회로 이어지지 못했으나 그때 뿌려진 복음의 씨앗들이 많은 사람의 마음속에서 자라나 풍성한 열매를 맺고 있었다.

웅치 전도회를 마치고, 대성(왼쪽 모자 쓰신 분)

한 가지가 더 있다. 김금중 소장의 아버지의 형제는 4명인데 넷째 작은아버지 김용식 씨와 작은 어머니 문복순 씨도 재림교인이 되었다. 보성교회의 김순희 집사가 그들에게 복음을 전하여 재림교인이 되었다. 문복순 씨는 보성읍 주봉리교회에 출석했고 대성의 설교를 들으며 신앙생활을 했다. 남편은 광주로 이사하면서 김순자 집사가 출석하고 있는 광주 서광교회에 출석하기 시작했다. 아들은 김학중 씨로 24살에 행정고시에 합격하고 전북지사와 제주지사를 지냈다.

하나님이 김금중 성도와 그의 가족을 통하여 이루신 위대한 역사를 찬양하지 않을 수 없다. 사도 바울의 말씀은 참으로 옳다.

"너는 복음을 전파하라 때를 얻든지 못 얻든지 항상 힘쓰라"(딤후 4:2).

5. 서호리교회(현 대서중앙교회)

하나님이 들어 쓰신 한 여인

1967년. 이즈음에 대성과 보성교회는 보성읍 12개 면(面)에 교회를 개척하는 일을 마쳤다. 이제는 보성 옆의 고흥군과 장흥군까지 영향력을 넓히고 있었다. 7월 15일 저녁나절, 논과 밭에서 돌아오던 고흥군 대서면 서호리 마을의 청년들과 어른들은 군용 천막이 세워지는 것을 보았다. 군인들도 아닌 민간인들이 거대한 군용 천막 2개를 땀을 뻘뻘 흘리며 세우고 있었다. 예수 믿는 사람이 한 사람도 없는 마을에 보성교회가 전도회를 개최했던 것이다. 어떻게 그런 일이 일어났을까?

보성군 노동면 신천리 분교에 손영환 성도가 있었다. 그는 고흥군 대서면 서호리에 사는 조카사위 송찬욱을 대성에게 소개해 주었다. 송찬욱의 처가가 보성이었다. 대성은 그를 통해 마을의 유지인 신안우 씨를 만나게 되었다. 신안우 씨는 깬 사람이었다. 그는 기독교를 통해 서호리를 개화시키고 싶어 했다. 대성을 만나 본 신안우 씨는 적극적인 협조를 약속했다. 그렇게 보성교회는 서호리에서 역사적인 전도회를 개최하게 된 것이다. 대성은 한 사람만 알게 되어도 그를 통하여 복음을 전파할 방법을 찾아냈다. 그 한 사람 끈을 타고 들어가 지역의 영향력 있는 사람을 만나 설득했다. 그리고 전도회를 마을 단위로 개최하였던 것이다.

　서호리는 대서면에서 가장 부유한 동네였다. 120여 호에 700여 명이 살고 있었다. 전도회는 200여 명의 마을 사람들로 성황을 이루었다. 당시에는 텔레비전이 있던 시대도 아니어서 마을 사람들은 전도회를 마을 축제처럼 여기고 몰려들었다. 찬양을 열심히 하는 보성교회 남 청년들이 멋있게 보였던 서호리의 처녀들이 몽땅 참석했단다. 풍금에 맞춰 처음 따라하는 찬미도 재미있었다. 15일간의 전도회는 동네 스피커를 통하여 한여름 밤의 마을 사람들의 귀와 마음을 사로잡았다. 요즘은 온 마을에 울려 퍼지게 했다가는 고발이 난무하겠지만 당시에는 그렇지 않았다. 강사는 대성이었다. 대성은 왓츠(Ralph S. Watts) 목사가 연합회 선교부장 시절 연합회가 주최한 모임에서 전국 전도 챔피언으로 인정받아 환등기와 성경 연구 필름을 상으로 받았다. 그 시대에는 귀한 것으로 사진이 한 장씩 넘어가며 스크린에 나타나는, 그때에는 최첨단 선교 도구였다. 당시 그 모임에 참석했던 김군준 목사(전 서중한합회장)는 대성을 대단한 전도인으로 생각했고 환등기 상품을 부러워했다고 한다. 당시에는 그런 신식 선교 도구를 쓰고 있는 한국인 목회자는 없었고 그 후에 쓰기 시작했다고 한다. 환등기는 사람들의 이목을 끌기에 충분했다.

　신안우 씨는 전도회를 개최해 놓고 한 번도 참석하지 않았다. 마을의 공자 왈, 맹자 왈 하시는 훈장님이 계셨는데 그를 불러 이렇게 말했던 것이다. "자네 그러다가 웃음거리가 되네. 지금까지 쌓은 것이 다 무너지네." 그는 결국 예수님을 믿지 않고 죽음을 맞이했다. 참 아이러니한 일이다. 잔치는 벌여 놓고 자신은 정작 참석해야 할 잔치에는 오지 않았으니 말이다. 그러나 하나님은 연약한 자를 들어서 쓰시는 분이시다. 겸손한 자를 들어서 쓰시는 분이시다. 하나님을 믿고 순종하는 사람을 쓰시는 분이시다. 하나님은 한 연약한 여인을 준비하셔서 서호리에 교회가 뿌리를 내리게 하는 역사를 이루셨다. 그 이야기 속으로 들어가 보자.

　20대 초반의 이성숙은 논에서 돌아오면서 전도단이 마을에 들어온 것을 알게 되었다. 그녀는 장로교회와 통일교회를 접하여 알고 있었다. 그러나 그들의 가르침이 마음에 와닿지 않았었다. 보성교회 전도단은 교회 이름이 너무 길었다. "제칠일안식일예수재림교회." 어쩐지 마음이 가지 않았다. 그녀는 전도회에 참석하지 않고 스피커를 통해서 마을에 울려 퍼지는 대성의 설교를 듣게 되었다. 높고 카랑카랑한 설교자의 음성에 그녀는 빨려 들어가기 시작했다. 대성은 어느 순간 탁자를 탁탁 치며 말했다. "이 지구는 임자가 있습니다. 이 강대상도 만든 사람이 있습니다. 물건도 만든 주인이 있는데 삼라만상을 만드신 분이 어찌 아니 계시겠습니까?" 53년 전 이성숙을 완전히 변화시킨 그 설교는 그렇게 시작되고 있었다. "아직도 생생하게 기억하고 있어요. 그런 설교는 들어본 적이 없었어요. 귀를 쫑긋 세워서 처음부터 끝까지 집중해서 들었어요." 하나님은 한 여인을 변화시켜 서호리교회를 이미 세우고 계셨던 것이다.

이성숙은 다음날부터 전도회에 참석하기 시작했다. 다니엘과 요한계시록을 제외하고 창세기부터 성경의 모든 역사를 가르치는 것 같았다. 세상 이야기는 전혀 없었다. "최대성 장로님은 하나님이 살아 계심을 확실히 알도록 우리 수준에서 가르쳤어요. 다니엘과 요한계시록 같은 어려운 책은 다루지 않았지요. 족보와 같은 한국 사람들이 익숙한 것을 가지고 알아듣도록 설명하셨어요. 하나님이 계시다는 것을 확실히 가르치셨어요." 날마다 희망의 소리 방송통신학교 교재를 주어서 공부를 해 오도록 했다. "성경 공부를 빡세게 했어요." 전도회가 마치고 어린이가 약 20명, 장년 약 40명 등 60여 명의 구도자를 얻었다.

그다음이 문제였다. 보성은 멀고 누군가는 구도자를 관리하고 집회소를 운영해야 하는데 그것을 누가 할 것인가. 처음에는 신광식이 예배를 인도하다가 나중에는 이성숙이 그 일을 떠맡았다. 보성교회에서 지원을 나오긴 했지만 현지 책임자가 없다면 교회가 어떻게 생존할 것인가? 정해진 장소도 없고, 건물도 없는 교회를 그녀는 운영하기 시작했다. 젊은 청년들과 함께 화요일, 금요일, 안식일에 어린이들 50~100명을 마당을 빌려서 지도했다. 그녀는 어려서부터 인사를 잘했다. 동네 하인들에게도 인사를 해서 아버지께 혼난 적도 있었다. 마당을 빌리는데 인사 잘한 것이 큰 도움이 되었다. 신약 성경 한 권과 여름 성경학교 때 사용한 어린이 찬미 차트가 그녀가 가진 자료 전부였다. 성경 한 구절 읽고 여러 책에서 읽은 내용으로 이야기를 했다. 기도를 해 본 적도 없었지만 손을 모으고 아이들과 함께 기도했다. 자료가 넘쳐나는 오늘날과 비교해 보면 어떠한가? 놀랍지 않은가? 어떻게 한 번 전도회에 참석하고 전도자로 태어나는지…. 평생을 교회에 다녀도 물에 물 탄 듯, 술에 술 탄 듯 제대로 헌신해 보지 못하고 시간을 낭비하는 사람들이 부지기수인데 말이다.

온 동네는 이성숙으로 인하여 시끌벅적했다. 어른들은 시끄럽다고 어린이들을 호통치고 신발을 던져 버리기도 했다. 그래도 그녀는 누가 시키지도 않은 일을 꿋꿋이 해 나갔다. 어떻게 그 일을 그렇게 해 나갈 수 있었을까? 그녀는 책을 좋아했다. 밤을 새워서 책을 읽고 다시 책을 빌려와 읽고 또 읽었다. 그녀는 좋은 것을 깨우치면 꼭 가르쳐 주어야 직성이 풀리는 성격이었다. "때로는 내 성격이 나도 맘에 안 들어요. 할 수 있는 일을 반드시 해내려고 해요." 깨달은 성경 진리가 한 줌이어도 남들에게 가르쳐 주고 싶은 열망이 있었다. 대성의 설교는 주로 구약이었는데 자신은 신약 성경만을 받았으므로 신약 이야기를 많이 했다. 어린이 찬미 차트를 넘겨 가며 전도회 10여 일 동안 배운 노래들을 가르쳤다.

대성은 거의 일주일마다 서호리를 방문했다. 대성이 못 오면 전도사나 집사들이 왔다. 당시에는 보성교회가 활발한 선교의 결과로 가정 집회소들을 곳곳에 세웠는데 지원을 원만하게 하지를 못하고 있었다. 일꾼이 부족했다. 보성에서 고흥군 대서면 서호리에 가는 길은 간단치 않았다. 산을 넘고 버스를 타고 내려서 한 시간 이상을 걸어가야 했다. 비가 오나 눈이 오나 대성은 서호리를 찾아갔다. 금요일 밤에 오면 이성숙 어머니의 집에서 그 가족과 함께 잠을 잤다. 집은 가난했다. 방 두 칸에 한 칸은 살림살이를 놓고 나머지 한 칸에서 여러 명의 식구들이 몰려 잤다. 겨울에는 살을 에는 칼바람이 들어오는데도 대성은 같이 잠을 잤다. 일 년 반 이상을 대성은 그곳을 찾아왔다. 때로는 이성숙을 제외하면 국민학교를 졸업한 아이들밖에 없었다. 그런데도 대성은 열성을 다하여 설교했다. 누가 그렇게 하겠는가? 대성은 이역만리 조선 땅에 복음을 뿌리려 왔던, 머나먼 보성까지 찾아왔던 선교사들을 생각했는지도 모른다. 그러나 무엇보다도 하나님의 사랑으로 인한 사람 사랑 없이는 할 수 없는 일이다.

어머니는 대성을 따뜻하게 맞이하셨지만, 하나님을 믿고 있지는 않았다. 이성숙에게 대성의 방문은 기쁘고도 부담스러운 일이었다. 먹을 것이 거의 없었기 때문이다. 바닷게를 잡아다 반찬을 만들어 먹었다. 채소 몇 가지가 반찬의 전부였다. 대성은 한 번도 바닷게를 먹지 않는다고 말하지 않았다. 이성숙은 먼 훗날에서야 음식물에 관한 성경의 가르침에 대하여 알게 되었다고 한다. "만약 최대성 장로님이 음식에 관한 것을 그때 가르치셨다면 우리는 정말 힘들었을 거예요. 먹을 것이 없었기 때문이지요." 십일조에 관해서도 한 번도 말하지 않았다. "안식일에 이것은 해라, 저것은 하지 마라 말씀하지 않으셨어요. 저는 안식일 오전 예배를 보고 오후에는 논밭에서 일을 해야 했어요. 그래야 먹고 살 수 있었어요. 장로님은 하나님의 사랑을 가르쳐 주셨어요. 장로님은 절대 서두르지 않으셨어요. 저는 장로님을 통해서 하나님 사랑을 먼저 배웠어요. 그 점을 참 감사하게 생각해요."

대성은 신앙의 원칙에 일체의 타협이 없었던 분으로, 엄격한 분으로 널리 알려졌지만 아무 때나 아무에게나 그렇게 가르친 것이 아니었다. 가장 밑바닥에 하나님과 사람에 대한 깊은 사랑이 있었던 것이다. 다 때가 있고 단계가 있음을 대성은 잘 알고 있었다. "최대성 장로님은 혼자서 거룩하셨어요. 무슨 말인가 하면 신앙의 모습을 몸소 보여 주셨어요. 조용히 눈을 감고 찬미하시는 모습을 보면 정말 거룩하게 보였어요. 아이들에게 이렇게 찬미해라 저렇게 해라 말씀하시는 법이 없었어요. 저는 지금도 찬미할 때 아무 생각 없이 찬미하는 자신을 깨달으면 얼른 장로님을 생각해요. 그러면 정신이 번쩍 들어요."

어른들이 없는 교회를 여인의 몸으로 운영해 나가는 것은 결코 쉬운 일이 아니었다. "아이들에게 쌀을 좀 가져오라고 해서 벌레 추려내고 밥을 해 드렸어요. 호박도 가져오고 오이도 가져오고. 장로님이 무엇에다 식사하셨는지 기억이 없어요. 때로는 장로님 오시는 것이 부담이었어요. 너무 고생하시고 저희가 누추했기 때문이지요." 이성숙은 금요일 해가 넘어가기 시작하면 자꾸 길을 돌아보았다. 장로님이 오시나 보는 것이다. 해가 꼴딱 넘어가도록 오시지 않으면 기다렸던 마음이 못내 서운

했다. 하나님만 그 마음 아셨을 것이다. 아무도 알아주지도 않는 그 일을 하면서 목자를 기다리는 마음을. 늦은 밤 오시기도 하셨다. 차가 끊어지거나 놓치는 날이면 걸어서 오는 발걸음에 어둠이 차여 늦어지는 것이다. 인간의 눈으로는 앞이 보이지 않는 서호리집회소는 그렇게 위태롭게 생명을 유지했던 것이다. 그러다가 일 년 넘게 오시던 대성이 더 이상 오시지 않았다. 그런 대성의 마음은 얼마나 복잡하고 아팠을까?

대성은 오지 않았으나 이성숙은 포기하지 않았다. 하나님도 포기하지 않으셨다. 그 많은 아이를 이 마당 저 마당 끌고 다니며 그녀는 불을 끄지 않았다. "우리 동네 애들은 모두가 안식일교인이었어요." 그렇게 서호리집회소를 이끌던 이성숙은 결혼을 하게 되었다. 얼마나 울었는지 모른다. '이제 이 아이들을 어떻게 해야 할까?' 그러나 하나님은 놀라운 분이시다. 동생 이방림과 이순례가 언니가 이끌던 집회소를 떠맡은 것이다. 아이들이 찾아오니 언니가 그렇게 애를 썼던 그 일에 헌신한 것이다. 참으로 놀랍고도 가슴 뭉클한 사건이 아닌가!

이방림 집사의 고백은 웃음의 감동이다. "저는 어머니에게 하나님 믿지 말라고 설득했던 사람이에요. 하나님이 어디 있냐고. 그러다가 언니가 시집가니 바울 맹키로(처럼) 갑자기 변해서 아이들을 가르쳤어요. 지금도 기도를 잘 못하는데 그때는 뭐라고 했는지 모르겠어요. 아무것도 몰랐어요. 성경도 아는 것도 없고. 그래도 어린이 찬미도 가르치고 성경도 가르치고, 어떻게 그렇게 했는지 모르겠어요." 어떻게 그렇게 하겠는가? 성령의 역사가 아니면. 동생 이순례는 이성숙을 잘 따랐고 교회를 유지하는 데 큰 역할을 하였다. 그렇게 일 년이 넘도록 아이들을 지도하다가 보성교회를 찾아갔다.

두 처녀는 최영열 장로를 만나게 되었다. 그는 깜짝 놀랐다. 서호리에서 온 두 처녀가 아직도 교회를 유지하고 있었던 것이다. "아직도 살아 있단 말이요?" 그것이 최영열 장로의 놀란 가슴에서 터져 나온 말이었다. 복음은 헌신하는 누군가가 있다면 절대 죽지 않는다. 우리 교회가 피땀으로 헌신한 성도들의 눈물과 기도와 헌신 위에 세워져 온 것을 절대 잊지 말자. 그런 성도들이 되자. 보성교회에서는 다시 방문을 오기 시작했다. 최영열 집사와 여러 집사들이 정성을 쏟았다. 교회는 청년들로 차기 시작했다. 20~30명의 청년들과 교인들로 성장하는 교회를 보는 것은 가슴 벅찬 일이었다. 서당을 사서 교회를 운영했는데 빈자리가 없을 정도록 꽉 차기 시작했다. 그렇게 되기까지는 시간이 걸렸고, 그 시간 속에는 성도들의 가슴 찡한 헌신이 있었다. 서호리를 보면 하나님의 놀라운 섭리를 보게 되는 것이다. "이는 힘으로 되지 아니하고 능으로 되지 아니하고 오직 나의 신으로 되느니라"(슥 4:6).

이성숙 집사는 대성을 회고했다. "그 양반은 말씀과 삶이 똑같아요. 평생 살면서 제 모델이 최대성 장로님이었어요. 신앙의 모본이 되어 주신 분이셨어요. 정말 영혼을 사랑하는 분이셨어요. 영혼을 귀하게 보는 것을 장로님에게 배웠어요. 장로님에게 어울리는 성경절이 있어요.

저는 그 성경절이 장로님에게 딱 맞다고 생각해요." 그 성경절은 바울의 고백이었다. "내가 선한 싸움을 싸우고 나의 달려갈 길을 마치고 믿음을 지켰으니 이제 후로는 나를 위하여 의의 면류관이 예비되었으므로 주 곧 의로우신 재판장이 그날에 내게 주실 것이니 내게만 아니라 주의 나타나심을 사모하는 모든 자에게니라"(딤후 4:7~8).

나는 깊은 감동을 받았다. 내가 물었다. "어떻게 그렇게 교회를 돌볼 수가 있지요? 한 번의 전도회로 어떻게 그렇게 헌신할 수 있지요?" 이성숙 집사는 웃으며 말했다. "하나님이 잠깐 나를 들어서 쓰신 거지요. 정말 그렇게 생각해요." 나는 다시 한번 하나님이 그분의 일을 다 하고 계시다는 것을 확인할 수 있었다. 우리 눈으로 볼 수 없지만, 하나님은 그의 동역자들을 시절에 맞게 준비하셔서 그분의 연약한 교회를 붙드시고 결국은 그의 뜻을 이루시는 것이다. 훗날에 임향례라는 걸출한 여성 전도인이 서호리에 나타나 큰 부흥을 이끌어 대서중앙교회라는 튼튼한 교회가 설 수 있게 되었다.

예수 믿는 사람이 하나도 없었던 서호리. 그러나 성도들이 힘을 합쳐 복음의 기틀을 마련하고 세월의 밭에 믿음으로 쟁기질을 하여 영혼의 수확을 얻어 교회를 세웠다. 그 후 부임한 목회자들과 성도들이 하나 되어 교회는 날로 부흥하고 있다. 대서면에 들어서면, 멀리서 가장 먼저 눈에 띄는 건물로 누가 봐도 좋은 목에 아름답게 서 있는 교회가 대서중앙교회다. 이 교회를 바라보는 것만으로도 감동이 밀려온다. "눈물을 흘리며 씨를 뿌리는 자는 기쁨으로 거두리로다"(시126:5). 대서중앙교회를 건축할 때에 당시 최영태 목사는 호남합회장이었다. 그는 서호리교회가 대서면으로 옮겨 교회를 건축하는 일에 특별한 관심을 가질 수밖에 없었다. 아버지께서 개척하신 교회가 40여 년의 세월을 견디고 부흥의 발판을 마련하게 된 것은 그에게는 큰 감동이었다. 기공식과 헌당식에 참석하며 음으로 양으로 교회 건축을 도왔던 그는 아버지의 개척사업을 완수한 것처럼 느껴지는 깊은 감격을 맛보았다. 모든 성도가 힘을 합쳐 교회를 건축하고 노력한 결과 대서중앙교회는 성도 60여 명이 참석하는, 보성 지구에서 둘째가라면 서러워할 교회가 되었다. 무엇보다도 현재 보성 지구에서 가장 젊은 교회로 성장하여 제2의 개척시대를 열어가고 있다.

대성에게 잠자리를 마련해 주고 따뜻하게 대해 주셨던 이성숙 집사의 어머니는 어떻게 되셨을까? 어머니는 미신 덩어리셨단다. 어머니는 항상 아프셨다. 그래서 효녀 이방림이 어머니 곁을 늘 지켰다. 어머니는 귀신을 섬기면서도 하나님을 무서워했다. 하늘을 찢어 놓는 벼락 떨어지는 소리를 들으면 하나님이 노하셨다고 했다. 귀신 목이 걸리니 빨랫줄을 걷어 놔야 한다고, 문도 열어 놔야 한다고, 쇳소리가 나지 않게 해야 한다고, 그렇게 조심조심 귀신을 섬겼다. 이성숙은 귀신 도망가지 않게 손가락을 밥솥 뚜껑 밑에 넣고 소리 없이 열고 닫았다. 그러면서도 늘 우스웠단다. 어머니에게 이렇게 말했다. "어머니, 빨랫줄에 목이 걸리는 귀신을 왜 섬겨요? 쇳소리도 무서워하는 귀신을 왜 섬겨요?" 그렇게 귀신을 두려워하던 어머니는 하나님을 믿고 마음에 평안을 얻으셨다. 하나님 품에서 마침내 편히 쉬시게 되었다.

이성숙 집사 외 5남매는 어떻게 되었을까? 모두가 재림교인이 되었다. 이성숙 집사의 남편은 세상을 떠났으나 동생들이 그리스도인 가정을 이루어 장로와 집사로 교회를 섬기고 있다. 이성숙 집사의 가족에게 하나님은 어떤 은혜를 베푸셨을까? 그 집안에서 38명이 현재 재림교인으로서 신앙하고 있다. 하나님의 은혜가 참으로 크고 놀랍지 않은가!

우리는 잊지 말아야 할 것이다. 견디기 어려운 세월 속에서 이름 없이 빛도 없이 교회를 섬겼던 하나님의 성도들이 있어 오늘날의 교단이 된 것이다. 하나님은 그들의 이름을 손바닥에 새기시고 삶을 지키신다. 영적 어둠이 몰려오는 이 시대에 하나님은 다시 한번 성도들에게 성령을 부어 주실 것이다. 우리 각자 각자가 하나님의 사업에 헌신하는 성도들이 되자. 헌신이 없으면 역사도 없다. 헌신이 있으면 위대한 하나님의 역사를 보게 될 것이다.

14살 소년이 뜻을 정하자 하나님도 뜻을 정하셨네

　1969년, 서호리의 여름은 뜨거웠다. 단지 날씨 때문만은 아니었다. 삼육대학교의 하기봉사대가 마을에 들어왔다는 소문은 이 귀에서 저 귀로 잘도 퍼져나갔다. 중고등학교 때, 교생 선생님만 오셔도 정신이 하나도 없었던 사춘기 시절을 생각해 보라. 서호리의 총각, 처녀들의 들뜬 마음을 상상할 수 있으리라. 십여 명의 천사 같은 대학생들이 지나가며 손을 흔들면 논의 아저씨와 밭의 아줌마는 내 아들, 딸들 생각에 자연스레 손이 흔들렸다. 환한 손 웃음에 흙 묻은 손으로 이마의 땀을 닦고 마음 손 흔들어 주었던 마을 사람들은 밤마다 전도회에 많이들 참석해 주셨다. 대성의 셋째 아들 최영선은 동글동글한 얼굴에 무슨 일에도 급할 것이 없고 유머가 넘치는 강사였다. 대학생들은 낮에는 마을 사람들의 고생을 손과 발로 덜어 주고 밤에는 하나님의 말씀으로 피곤하고 지친 마음들을 다독다독 위로해 주었다.

　보성교회가 가만있었을까? 당연히 아니다. 대성의 지휘 아래 보성교회는 대학생 전도단을 적극적으로 지원하였다. 서호리교회는 이방림, 이순례 처녀 지도자들이 시집간 언니인 이성숙의 뒤를 이어 가냘픈 생명줄을 이어가고 있는 사랑스러운 집회소였다. 삼육대학 전도단은 하나님이 보내신 맞춤형 선물이었다. 서호리교회가 청소년이 많았기 때문이다. 대성과 보성교회 그리고 대학생 전도단은 그 연약한 교회를 위한 전도회가 어떤 결실을 맺을지 알았을까? 전도회가 마치는 날 70여 명의 구도자를 얻었다(호남선교 100년사, 505).

대학생 전도회의 결과로 서호리에서 장차 최초의 재림교회 목사가 될 인물이 나타났다. 그의 이름이 신장호였다. 당시 14살의 국민학교 6학년생이었던 소년은 반짝반짝 빛나는 눈을 가진 잘생긴 미남이었다. 그는 예배소에 출석하기 시작했다. 20여 명 남짓의 아이들이 모이곤 했으나 이방림, 이순례 등 7~8명이 핵심 멤버였다. 보성교회에서는 대성과 집사들이 한 달에 두 번 정도 방문하여 작은 예배소가 말씀의 갈증에 쓰러지지 않도록 생명의 떡과 물을 끊임없이 공급했다. 어느 안식일, 소년 신장호는 자신의 삶에 닻이 되는 설교를 듣게 되었다.

대성은 어린 청소년들 앞에서도 열성적으로 설교했다. "그분의 설교는 간결하면서도 감명이 있었어요. 열정이 충만하고 성령이 충만했지요. 예수님 재림의 긴박성을 이야기하셨죠. 베드로처럼 열심히 전도하며 살아야 한다고 설교하셨지요." 신장호 목사는 그 설교를 지금도 기억하고 있다고 했다. "아, 나도 베드로처럼 평생 전도하면서 살아야겠다." 한 소년의 귀한 결심을 하나님은 귀하게 보셨다. 그때의 결심은 후에도 절대 꺾이지 않았고 그의 일생을 붙들어 주고 이끌어 가는 동력이 되었다. 그는 열심히 예배소에 출석했다. 화요일, 금요일, 안식일에 빠지는 법이 없었다.

중학생이 되었다. 1970년 4월 30일, 신장호를 포함하여 5명이 박찬문 목사로부터 침례를 받은 날이다. 그러나 침례의 기쁨은 곧 핍박과 고난으로 바뀌었다. 안식일에 학교에 가지 않는 아들을 부모님은 이해하지 못했다. 예수 때문에 아들 잃게 생겼으니 부모님과의 갈등은 당연지사였다. 아버지의 반대가 심해질수록 소년의 고민은 깊어만 갔다. 매도 많이 맞았다. 유교가 강한 시절, 부모의 뜻을 거스르는 것은 쉬운 일이 아니었다. 그러나 신앙을 포기할 수는 없었다. 15살 어린 소년이 어떻게 그런 확고한 신앙을 가질 수 있었을까? "성령의 감동하심이겠지요." 신장호 목사는 그때를 그렇게 회상했다. "야, 이놈아 교회 가면 밥이 나오냐?" "아버지, 교회 가면 밥이 나옵니다." 대답했다가 매를 더 벌었다. 그러나 교회 가면 밥이 나오는 것은 불변의 진리였고 지금도 목회를 하면서 살아가고 있지 않은가!

아버지는 더 이상 학자금을 주지 않으셨다. 선택을 해야 했다. 진실한 신앙은 선택의 갈림길까지 밀어붙인다는 것을 잊어서는 안 된다. 소년은 학교를 포기하고 신앙을 택했다. "베드로도 공부 안 한 어부였지만 예수님의 수제자로서 훌륭하게 살지 않았나. 그래, 나도 베드로처럼 열심히 전도하면서 예수님 재림을 준비해야지." 결국, 집에서 쫓겨나는 처지가 되었다. 추락하는 것은 날개가 있다고 했던가. 그는 인생 절벽에서 뛰어내려 믿음의 날개로 날아야 했다. 신앙이 오늘날에도 그렇게 중요한 문제일까? 모든 것보다 우선일까? 오늘날의 우리는 어떤가?

학교를 포기했으니 밥벌이를 해야 했다. 형님이 목공소를 운영하고 계셨다. 낮에는 목수 일을 배웠다. 밤에는 열심히 전도했다. 그는 마을의 120여 호의 모든 집 문을 두드렸다. 희망의 소리 방송통신학교에 입학시켰다. 자신의 용돈을 털어 성경통신학교 교재를 사서 마을 사람들을 공부시켰다. 수백 명이 성경을 공부한 셈이다. 한 사람의 열정이 그렇게 무섭다. 그 어린 소년이 낮에는 목수로, 밤에는 전도인으로 열심히 살았다. 하나님이 어찌 사랑하지 않을 수 있으랴. 하나님께 모든 것을 던지는 소년에게 하나님은 그를 위한 계획을 가동하실 수 있으셨다. 대성은 소년 신장호를 많이 격려해 주었다.

　서호리 예배소는 화요일, 금요일에는 기도회로 모였다. 안식일에는 보성교회에서 오시는 장로님과 집사님들에게 성경을 배웠다. 오시지 않을 때는 신장호 소년이 설교했다. 십대 후반의 이방림, 이순례 여청년 둘이 교회를 책임지고 있었으니 남자인 그에게 설교를 시켰다. 이방림과 이순례, 이 이름들도 그냥 넘어갈 수 있는 이름이 아니다. 그 약한 예배소를 신앙의 촛불이 꺼지지 않도록 세월의 바람을 처녀의 온몸으로 막아낸 믿음의 전사들이다. 그들의 헌신이 없었다면 오늘의 멋진 교회는 태어나 보지도 못하고 절망의 과거 속에서 숨을 거두었을 것이다. 신장호는 대성에게 들은 말씀으로, 집사님들에게 배운 성경 지식으로, 스스로 공부해가며 설교했다. 당시에는 그런 일을 전담으로 하는 목사님이 계시다는 것도 잘 몰랐고 자기 교회는 자기들이 지켜 나가야 하는 줄 알았다.

서호리는 질긴 믿음의 생명력으로 신앙의 뿌리를 세월 속에 깊게 내리고 있었다.

대성은 금요일에 와서 안식일까지 설교했다. 오후에는 열심히 방문했다. 이순례의 어머니 댁에서 방 한 칸을 내주어 편히 지낼 수 있었다. 어머니 본인은 신앙을 하지 않으셨으나 사람 대접하기를 좋아하시는 마음 따뜻한 분이셨다. 예배소의 유일한 남자였던 신장호는 대성의 말동무가 되어 이야기도 하고 성경 말씀도 들으며 잠도 한 방에서 같이 잤다. 신앙 때문에 집에서 쫓겨난 신세였으니 대성과 가까울 수밖에 없었다. 대성도 신앙 때문에 쫓겨난 적이 있었다. 둘은 세월을 뛰어넘어 많은 이야기를 나누며 신앙을 가르치고 배워나갔다. 방문도 같이 다녔다. 이집 저집을 소개하고 인도하는 역할은 신장호의 몫이었다. 영락없는 목사 훈련 아닌가! 그렇게 2년의 세월이 후딱 지나가 버렸다.

시간은 강물처럼 하염없이 흘러 친구들이 고등학교에 입학했다. 설교할 때면 친구들이 "장호가 설교한단다." 응원하러 예배소를 찾아오곤 했다. 친구들 교복에 달린 배지가 유난히 반짝거리던 어느 날, 이런 생각이 들었다. "이렇게 지내도 괜찮은가? 공부해야 하지 않을까?" 공부해야 할 것 같았다. 그러나 어떻게 해야 할지 방법을 알 수가 없었다.

어느 금요일 밤 설교를 마치고 대성과 밤늦게 이런저런 이야기를 나누다 신장호는 고민을 털어놓았다. "장로님, 친구들은 고등학생이 되고 제가 설교하면 구경을 오기도 하는데 제가 공부를 해야 할 것 같습니다. 무슨 방법이 없을까요?" 대성은 말했다. "공부를 하고 싶다고? 그럼 공부해야지. 학교에 넣어 줄 테니 짐 싸서 떠날 준비 해라." 대성은 성격이 급한 편이었고 무슨 일이든 분명했다. 학교 이름이 무엇인지, 어디에 있는지도 모르고 신장호는 학교에 가기로 했다. 집에서 짐과 옷가지를 서둘러 챙기는 아들을 보고 어머니가 물었다. "너, 뭐하냐?" "어머니, 저 학교 가요." "야 이놈아, 무슨 소리냐. 학교는 무슨 학교? 애가 미쳤나?" "어머니, 장로님이 학교에 가자고 하시는데요. 장로님이 가자고 하시니 가야지요." 그렇게 그는 집을 떠났다. 신앙은 떠남이다. 믿음의 손을 잡고 불신을 박차고 떠나는 떠남이다. 죄를 떠나고 의심을 떠난다. 떠나지 않으면 신앙이 아니다. 어머니는 축복의 아들로 돌아오기 위해서 떠나는 아들을 이해하실 수 있었을까?

"와! 이것이 기차구나." 기차라는 것도 처음 탔단다. 광주라는 곳도 처음 밟았다. 신장호는 섞인 것이 없는 시골 소년이었다. 대성이 그를 데려간 곳은 호남삼육중학교였다. 김승오 교장 선생님은 깍듯하게 인사하셨다. 대성은 신장호를 소개했다. "애를 공부할 수 있도록 해 주시오." 교장 선생님은 이것저것을 물어보셨다. "무슨 일을 할 수 있을까?" 대성은 말했다. "애가 목수 일을 2년간이나 했어요. 책걸상 잘 고칠 겁니다." 목수 일이 그렇게 요긴하게 쓰일 줄 상상이나 했을까! 하나님은 준비하시는 하나님이시다. 그것을 잊지 말자. 교장 선생님은 말씀하셨다. "장로님이 추천하시니 공부할 수 있도록 해야지요."

신장호는 중학교 3학년으로 입학하게 되었다. "이런 기적이 있습니까? 최대성 장로님은 믿음도 가르쳐 주시고 공부도 하게 해 주신, 저에게는 아버지 같으신 분이십니다." 나는 그 말이 마음에 걸렸다. 대성은 왜 그랬을까? 자신의 자녀들에게는 공부를 못하도록 그렇게 엄격하게 막으신 분이 왜 그랬을까? 대성은 교육에 대한 자신의 생각을 점차 바꾼 것으로 보인다. 세월이 가면서, 교회의 모습을 보면서, 교육을 통해 인재를 키워야 함을 깨닫기 시작했던 것이다.

서호리교회에서 대학생 전도회 강사를 했던 대성의 셋째 아들 최영선은 호남삼육중·고등학교의 서무과장으로 부임해서 일하고 있었다. 또 서무과장으로 부임하기 일 년여 전, 그는 김승오 교장 선생님에게 신장호가 책걸상을 잘 고친다고 편지를 쓴 적이 있었단다. 찾아오면 받아 주시라고. 신장호가 목수 일을 하면서 지내는 것이 안타까워 공부하라고 독려한 적이 있었던 것이다. 참 놀랍지 않은가? 하나님의 준비에는 실패가 없으시다. 그것을 잊지 말자. 최영선 서무과장은 서무실의 한편을 막아 생활할 수 있도록 해 주셨다. 신장호는 낮에는 공부하고 밤에는 야경을 했다. 휴일에는 책걸상을 고쳤다. 힘이 들었을 것이다. 하나님 외에 그 시절을 누가 알겠는가? 하나님은 그렇게 목사 한 명을 멋지고 강하게 키우고 계셨다.

광야는 하나님의 학교다. 최고의 교육 과정이다. 그것을 안다면 오늘 힘이 들어도 절망할 필요가 없다.

중학교를 졸업하고 고등학교 2학년이 되자 영장이 나왔다. 당시에는 고등학생도 나이가 차면 군대에 가야 했다. 5월 30일, 군에 입대했다. 돈을 벌어 신학을 공부하고 베드로처럼 전도하는 것이 목표였던 신장호는 하사관을 지원했다. 단기 하사관 제도가 없어지고 장기 하사관으로 바뀐 것을 알지 못했던 그는 해군 하사관으로 7년이나 군 복무를 하게 되었다. 기가 막혔다. 아무리 제대를 신청해도 허락해 주지 않았다. 그사이, 결혼하고 아이를 출산했다. 그는 한시도 "신학을 공부하고 베드로처럼 전도해야 한다."라는 생각을 놓치지 않았다. 국민학교 때 한 결심이 변하지 않았다. 남아 있는 고등학교 과정은 방송통신학교 과정으로 마쳤다. 마침내 제대하고 29살 늦깎이 나이에 신학과 일학년에 입학하게 되었다. 믿음은 등대와 같다. 결코, 길을 잃지 않는다.

서호리 출신 최초의 재림교회 목회자, 신장호 목사는 성도들에게 다음과 같이 당부했다. "최대성 장로님은 신앙의 아버지로서 잊을 수 없는 평신도 사역자이십니다. 제가 호남합회 총무로 '호남합회 선교 100년사'를 지도해서 만들 때 장로님께서 보성의 보성읍, 벌교읍 그리고 12개 면에 교회를 개척하신 것을 알게 되었습니다. 서호리는 고흥군인데도 개척하셨습니다. 전국에 있는 평신도 지도자들, 장로님들이 내일 예수님이 오실 것처럼 생각하고 재림 신앙을 회복한다면 전도의 열정, 선교의 열정이 회복될 것입니다. 늦은 비 성령이 임하실 것입니다. 최대성 장로님에게는 농사나 사업이나 모든 것은 부업이었습니다. 전도가 전업이었습니다. 장로님의 선교 정신은 투철했습니다. 아이들을 앉혀 놓고도 열정적으로 설교하셨습니다. 마음이 따뜻하셔서 인재 양성도 빠뜨리지 않으셨습니다. 베드로와 같이 저돌적이셨습니다. 교회에 장로님 같은 평신도 지도자가 있으면 지구교회가 살아나고 교회가 살아날 것입니다. 장로님의 영향을 받은 당시의 보성교회의 교인들이 생각납니다. 정말 열심들이셨습니다."

서호리교회는 목사 한 명만을 배출했을까? 아니다. 하나님은 흔들어 넘치게 채워 주시는 분이시다. 윤광식 장로의 아들 윤성철이 목사가 되었고 김병용 장로의 아들 김성균도 목사가 되었다. 윤성근 장로의 아들 윤봉렬도 목사가 되었다. 서호리 출신 4명이 목사가 되었으니 놀라운 일이 아닌가! 김병호 장로(현 서울삼육초등학교장) 또한 서호리 출신이다.

신장호 목사는 말했다. "최대성 장로님의 전도의 열매들입니다. 되돌아보면 하나님의 은혜가 너무 큽니다." 참으로 그러하다. 저녁이 되면 다음 날 아침 예수님 오실까 봐 가슴이 두근두근했다는 14살 소년은 베드로처럼 평생 전도하며 살고 있다. 하나님은 놀라우신 분이 아니신가!

하나 더 있다. 다니엘처럼 결단적인 신앙을 했던 그를 통하여 하나님은 한국재림교단에 큰 선물을 주셨다. 그 아버지에 그 아들이라는 감탄사가 절로 나오는 이야기를 해 보자.

그 아버지 목사와 그 아들 변호사

신장호 목사의 아들은 신명철 변호사다. 재림 청년 의대생 한지만 군 재판 사건을 맡아서 재림교회 역사상 처음으로 대법원까지 가서 승소한 주인공이다. 경북대 의학전문대학원과 안식일 성수 문제로 부딪히게 된 그 유명한 재판. 1심에서 패소해 아무도 맡으려 하지 않았던 그 재판. 신출내기 신명철 변호사는 그 재판을 믿음으로 맡게 된다. 1심에서 패소한 사건은 항소심에서 질 확률이 95% 이상이라고 한다. "승산 없습니다." 법조계 선배들의 한결같은 판단이었다. 신장호 목사는 "믿음으로 하나님께 기도하면서 하라."고 아들을 격려했다고 한다. 전국의 재림교인들도 기도의 일심으로 마음을 합하였다. 어떻게 되었는지 아는가? 대구고등법원 항소심에서 승소하는 기적을 낳았다. 승소를 이끌어 낸 신명철 변호사는 "이 판결이 확정되면 앞으로 최소한 교육 분야에서는 토요일에 시험이 시행될 경우, 학교는 학생에게 특정의 대체조치를 취해줘야 하는 의무가 생기는 것이고 초등학교부터 대학원까지 어떤 교육 과정의 학교가 되었든, 재림교인 학생들이 지금까지 겪어 왔던 '토요시험'의 어려움을 일거에 해결할 수 있는 법률적 근거를 마련하게 된다."고 의의를 설명했다.

경북대 의학전문대학원은 대법원에 상고했다. 그러나 대법원 제3부 (재판장:대법관 김재형, 조희대, 민유순/주심: 대법관 이동원)는 사건에 대한 판결에서 피고이자 상고인인 경북대 의학전문대학원장의 상고를 기각하고, 대구고등법원이 선고한 원심 판결을 확정함으로서 2017년 8월에 시작된 재판은 2019년 마침내 끝나게 되었다. 재림교회 역사에서 누구도 하지 못한 일을 이룬 역사적 사건이라 하겠다. 그야말로 한 획을 그은 쾌거이다. 벌써 어떤 재림교회 의대생은 대학과 협의해 시험 날짜를 변경해 시험을 보았다고 한다.

변호사 신명철은 별내교회 집사로 봉사하고 있다. 그 아버지 목사의 그 아들 변호사다. 아버지의 결단적인 신앙이 아들로 이어져 이 시대에 빛이 되고 소금이 되었다. 재림교회는 아직 희망이 있다. 대성은 그가 뿌린 씨앗이 싹을 트고 큰 나무가 되어 많은 가지를 뻗치게 될 것을 알았을까? 먼 미래를 보았을까? 대성이 보았든 보지 못했든 우리는 하나님의 위대한 사역을 보고 있지 않은가! 재림교회의 성도들이여, 말씀에 굳건히 뿌리를 박자. 재림 청년들이여, 일어나 빛을 발하자. 횃불을 높이 들자. 온 세상이 하나님의 살아 계심을 환히 볼 수 있도록.

"우리가 시작할 때에 확실한 것을 끝까지 견고히 잡으면 그리스도와 함께 참예한 자가 되리라"(히 3:14).

끊어질 듯 끊어지지 않는 끈질김

1960년대 후반 어느 뜨거운 여름의 7월, 고흥군 대서면 서호리에는 커다란 군용 천막 두 개가 세워졌다. 구경이 희귀했던 마을 사람들은 호기심으로 눈알을 굴리며 "뭔 일이당가?" 궁금하여 몰려들었다. 보성 교회에서 왔다는 전도단이 땀을 비 오듯 적시며 전도회를 준비하고 있었다. 족히 50~60명은 되어 보였다. 보성교회를 옮겨 놓은 듯 시끌벅적했다. '아니, 이 한여름에 차도 없이 그 먼 거리를 이고 지고 걸어서 무슨 고생인고.' 마을 사람들은 궁금했다. '이 사람들 보소. 군용 천막 안에서 밥을 해 먹으면서 10여 일 동안이나 전도회를 한다.' 마을 사람들에게는 눈이 휘둥그레질 일이었을 것이다. 여름의 태양보다 더 뜨거운 복음의 열정이 없었다면 그런 일이 벌어질 수 있었을까? 낮에는 북치고 장구치며 어린이들을 모아 성경학교를 하고 밤에는 대성이 높은 톤으로 설교를 했다. 키가 크고 깔끔한 전도자였다. 처음에는 부담스러웠던 목소리였으나 들으면 들을수록 설교가 마음에 와 닿았다. 남, 여청년들은 열심을 다하여 찬양을 하고, 뜨거운 여름밤을 보성교회에서 옮겨온 풍금으로 마음을 울렸다. 밤 같은 어두운 마음들에 하늘의 별들이 하나씩 내려앉았다.

안식일을 두 번 지나는 전도회. 두 번 지나게 하여 안식일을 두 번 같이 보내도록 전도회를 계획했다. 결심자가 어린이 20명, 장년이 40명으로 약 60명 나왔다고 하니 전도대원 반, 구도자 반이었던 셈이다. 얼마나 재미가 있었을까? 온 교회가 한마음으로 전도회를 한다는 것. 전도 현장에서 함께 땀 흘리고, 뛰며, 부딪히고, 노래하며, 기도하고 헌신하는 현장. 보성교회 전도단은 평신도들이었다. 누가 하라고 한 것도 아니었다. 그들은 생활 전선에서 싸우면서 시간을 구별하여 하나님의 일에 뛰어들었다. 그것은 훈련과 헌신이 없으면 될 수 없는 일이다. 훈련하면 그런 전도회를 함께 할 수 있다는 뜻이다. 성도들이 살면 교회가 산다. 대성은 강력한 카리스마로 성도들을 하나로 모아 역사를 함께 이루었다. 하나님의 역사가 일어나는 현장에 동참하는 경험, 보성교회의 전도회는 그런 올인(All-in) 전도회였다. 그것처럼 전도인을 양성하는 경험이 있을까?

  19살의 청년 윤광식(현 신태인교회 장로)은 당시 장로 교인이었다. 안식일교회 전도회에 반감을 품고 거들떠보지도 않았다. 그러다 무슨 말을 하나 들어나 보려고 전도회 기간 중간쯤 전도회에 참석하게 되었다. 부정적인 시각을 가지고 전도회에 참석했으니 기별이 마음에 쉽게 들어오지 않았다. 보성교회의 전도단은 개인 성경 교수를 하는 조직을 갖추고 있었다. 밤에는 대성이 전도회 강사를 했지만 구도자들에게 성경을 가르치는 개인 전도단이 활동했던 것이다. 밤에는 공중전도회, 낮에는 개인 교습이 이루어졌다. 성 씨도 같은 윤대하 전도사에게 성경에 대한 질문을 쏟아부었던 윤광식은 성경의 진리를 환하게 깨달을 수 있었다.

전도회가 끝나고 약 20~30명이 정기적으로 모여서 화요일, 금요일, 안식일 예배를 드렸다. 윤광식 청년은 철저한 안식일교인이 되었으므로 군대를 본의 아니게 면제받게 되었다. 징집 때 안식일교인임을 밝혔기 때문이었을 것으로 그는 생각한다. 당시는 집총 거부, 안식일 준수로 많은 재림 청년이 영창을 갔던 시대였다. 징집에서 면제를 받게 되어 문서전도인으로 열심히 복음을 전했다. 대성은 윤광식 청년을 아들처럼 아껴 주었다. 윤광식은 1968년 9월 28일에 침례를 받았다. 당시에는 결심했다고 바로 침례를 주지 않았다. 1년 반이나 넘어서 침례를 받게 되었다. 보성강에서 할머니 두 분과 침례를 받게 되었던 안식일, 윤광식은 깜짝 놀랐다. 그 전에 침례 예식을 본 적이 없었던 것이다. 설명은 들었으나 막상 물에 집어넣는 것을 보고 당황했던 것이다. 그러나 푸른 하늘 아래, 잔잔한 강에서 받았던 침례는 오랫동안 진한 감동의 물결이 되어 가슴에 파도쳤다. 또 한 명의 헌신할 젊은이가 탄생하는 순간이었다.

윤광식 장로는 보성교회 전도단을 회상했다. "보성교회 전도단은 뒷수습이 정성스러웠어요. 최대성 장로님과 집사님들이 돌아가면서 금요일, 안식일에 빠짐없이 와서 어린 교회를 지도했지요." 집회 장소가 없어 송찬욱의 집을 비롯하여 여러 장소를 옮겨 다니며 마을 청년들과 어린이들 약 50명을 중심으로 집회가 이어졌다. 교회가 스스로 설 수 있도록 보성교회는 성실하게 지도하고 돌보았다. 보성교회가 뒷수습을 참

잘했다고 윤광식 장로는 여러 번 말했다. 청년 윤광식은 아버지가 지어 놓은 새집에서 교회 집회를 여는 바람에 쫓겨나고 말았다. 다시 집에 들어오게 되었지만, 그가 받은 복음의 힘이 그만큼 대단했던 것이다. "대서면의 모든 마을은 내가 복음화를 시켜야겠다." 결심하고 열심히 노력하였다. 보성교회가 하던 방식 그대로 어린이를 지도하고 꿈을 갖고 서호리의 청년 남녀들과 교회를 붙들려고 헌신하였다.

대성은 문서 전도를 하는 그를 볼 때마다 결혼해서 교회를 돌보라고 했다. 대성은 정착하여 교회를 책임지고 운영할 젊은 남자 지도자가 절실했을 것이다. 이성숙, 이방림, 이순례 청년들이 헌신적으로 교회를 붙들었으나 시집을 가게 되자 책임자 문제는 늘 숙제일 수밖에 없었다. 비봉리와 오류동과 같은 100여 명이 되는 '가정 집회소'가 현지에 정착해서 지도하고 관리할 책임자가 없어 위기에 처한 것을 대성은 잘 알고 있었다. 대성의 판단은 옳았다. 그러나 윤광식은 해결할 문제가 있었다. 그는 경제적으로 준비된 것이 없었다. '최 장로님이 결혼하라고 하시니, 하기는 해야 할 것 같은데…' 하나님께 기도했다. "하나님, 저는 아가씨에게 결혼하자고 하지 못하겠습니다. 아무것도 가진 것도, 준비된 것도 없지 않습니까? 만약 어떤 아가씨가 저에게 먼저 결혼하자고 청혼을 하면 기도의 응답으로 알고 결혼하겠습니다."

채양진이라는 문서전도인 아가씨가 있었다. 서호리에 문서전도를 오곤 했었다. 어느 날 이 아가씨에게서 편지가 왔다. "미래가 약속된 여자가 없으면 나하고 결혼하는 것이 어떻겠어요?" 하나님이 하시는 일은 신기하고 신기하다. 재림을 기다리고 온 몸을 던져 선교하고자 하는 이상이 같았던 두 사람은 가진 것이 없었지만 결혼했다. 신방을 차려 들어간 집에도 사연이 있었다. 1969년 어린 학생들과 남여청년들, 지구 교회에서의 헌신을 모아 서당으로 쓰고 있었던 건물을 사들였다. 그곳이 교회가 되었다. 남여청년들은 낮에는 논과 밭에서 일하고 저녁에는 흙벽돌을 만들어 머리에 지어 나르며 사택을 만들었다. 윤광식 청년은 그곳이 신방이 될 줄은 몰랐을 것이다. 교회를 돌보며 교인들과 함께 서호리교회를 헌신적으로 섬겼다.

　서당을 교회로 매입한 일은 서호리교회 역사에 중요한 사건이다. 예배할 장소가 없었던 서호리는 제약이 너무나 많았기 때문이다. 이순례 집사의 어머니 댁에서 가정 집회소를 열고 있었으나 교회가 안정적으로 성장하려면 교회 건물이 있어야 했다. 교회 건물만 있어도 소용 없다. 때에 맞게 지도자가 있어야 한다. 보성교회가 각 곳에 세워져 있는 가정 집회소들을 지원하느라 서호리를 지원하기에 힘이 부칠 때 서호리에는 때에 맞게 헌신하는 책임자들이 등장했다. 그랬기 때문에 여건이 불리했음에도 불구하고 오늘날 튼튼한 교회로 살아남을 수 있었다. 보성 지구 선교 역사를 들여다 보면 그 특징이 분명히 드러난다.

　힘들게 교회를 섬기면 보람이 확실히 있다. 말썽꾸러기 남자아이가 있었다. 아이들이 오면 막대기를 휘두르며 쫓아 보내곤 했다. 윤광식은 그 아이에게 교회에 오지 말라고 했단다. 그런데도 소년은 교회는 빠짐없이 오더란다. 수십 년의 세월이 지나 서울의 한 교회에서 누구를 만났겠는가? 그 말썽꾸러기 아이가 반듯한 청년으로 성장하여 교회에 성실히 다니고 있더란다. 얼마나 가슴 뭉클한 일인가? 하나님이 마음에 말씀을 심어 세월로 다듬어서 훌륭한 청년으로 만들어 놓으신 것이다. 참으로 놀랍지 않은가! 윤광식 소장은 서호리교회의 초기 지도자로 교회가 현지 지도자가 절실할 때 하나님의 부르심에 순종하여 그의 사명을 충실히 이행했다.

1971년 경에 윤광식은 윤성근, 김병용 등과 힘을 합쳐 교회를 이끌어 갔고 윤광식 소장은 자녀들이 태어나고 서울로 이주했다. 1975년에는 윤성근 소장이 바통을 이어 받는다. 1979년에는 이건홍 소장이 뒤를 이어 20년 동안 교회를 지키고, 그 다음에는 신영수 소장이 교회를 굳게 붙든다(호남합회 100년사, 505~506). 지금은 박동주 장로(이방림 집사 남편)가 수석 장로로 교회를 섬기고 있다. 때에 따라 끊어질 듯 끊어지지 않는 끈질김의 역사가 하나님의 은혜다. 2001년에는 임향례 집사가 서호리로 이주해 와 교회는 큰 부흥을 이루었다. 서호리교회는 지금 어떻게 되었을까? 튼튼한 대서중앙교회로 성장했다. 참으로 놀랍지 않은가!

윤광식 장로는 어떻게 과거를 회상하고 있을까? 오직 하나님만 바라보고 하나님의 은혜로 살아온 세월이었다. 큰딸 윤서영 집사는 약학박사가 되어 연구소에서 일하면서 서울 영어학원교회를 섬기고 있다. 아들 윤성철은 목사가 되어 주의 사업을 받들고 있다. 중국에 선교사로 갔다가 지금은 중국어 교회의 담임목사로 일하고 있다. 아들과 딸은 말한다고 한다. "아버지 같으신 장로님이 있으면 교회가 변할 것 같아요." 자녀들이 헌신을 인정해 주니 고맙다고 한다. 하나님은 더 인정해 주시지 않을까?

대서중앙교회 (서호리교회)

6. 벌교교회

하나님의 은혜는 헤아려 보면 끝이 없다

윤재영 교수(삼육대학 사회복지학과, 윤형술 장로의 아들)

보성군 벌교읍 척령 1구에 리모델링한 아름다운 재림교회가 위치해 있다. 과거 없이 현재 없듯이 이 교회가 있기 60여 년 전에 그 마을에는 가정 집회소가 있었다. 1940년대 초, 여수에서 한 가정이 벌교로 이사하여 정착했다. 그들이 윤민백·방구원 씨 부부였다. 그들에게는 4남 2녀의 자녀들이 있었는데 총명했던 첫째 딸 윤영자를 통해 복음의 씨가 뿌려졌다.

윤영자는 초등학교 5학년 때 같은 반 친구에게 복음을 받아 장로교회를 다니다가 1952년에 목포사범학교에 진학하게 되어 벌교를 떠나 자취 생활을 시작하였다. 이때 이 자취집 주인 아주머니가 재림교인 이기란 집사였다. 그녀는 사범학교 학생인 윤영자를 마치 친딸처럼 대해 주고 심지어는 자취 도구 마저 치우게 하고 손수 식사를 챙겨 주었다. 그녀는 윤영자에게 안식일의 중요성을 언급하면서 재림교회를 소개하였다.

평소 지적인 호기심이 강했던 윤영자는 이기란 집사가 지키는 안식일이 궁금해 목포교회에 발을 디디게 되었고 담임목사인 윤옥진 목사를 만나 성경을 배우기 시작하였다. 말씀에 감동을 받은 윤영자는 낮에는 학교에 가고 밤에는 윤옥진 목사를 통해 다니엘서와 요한계시록을 공부하여 예수님에 대해 집중적으로 알아가게 되었으며 결국 복음을 받아들였다.

매사에 분명하고 반듯했던 윤영자는 가족들에게 복음을 전했다. 이에 가족들이 말씀을 듣기 시작하였는데 가장 먼저 외할머니께서 복음을 받아들이셨다. 윤영자의 외할머니는 보성교회에서 침례를 받았고 이 과정에서 대성과 만나게 된다. 윤영자에 따르면, "침례를 받는 모든 과정에 최대성 장로님께서 손수 관여하셨다. 직접적으로 우리 가족에게 숙식을 제공하시고 침례식을 위해 예식목사를 요청하시는 등 침례의 전 과정을 챙겨 주셨기에 이러한 역사가 가능하게 되었다."고 했다.

윤영자의 기억에 대성은 "타의 추종을 불허하는 독실한 신앙인이며 마지막 때를 준비하기 위해 모든 것을 버리신 분"이다. 신앙과 교회에 대한 그분의 헌신은 말로 표현하기 어렵다고 회상하는 윤영자는, 특히, 보성 주봉리에 삼육학교를 설립하여 아이들이 안식일을 지키며 공부할 수 있게 한 대성의 노력을 무엇보다 크게 생각하고 있었다. "이 모든 것들이 다 장로님의 헌신과 희생 덕분이었다. 대한민국에 과연 이와 같은 분이 또 있을까? 교회를 세운 것은 물론이요. 목회자가 없는 상황에서 목사뿐 아니라 장로, 집사의 역할을 마다하지 않으시면서 가족보다 교회와 복음 사역을 더 소중히 여기시고 평생을 몸 바치셨다. 그의 카리스마와 추진력 그리고 그가 이룬 성과를 볼 때 복음 전도의 영웅이라 가히 불릴 만하시다." 윤영자에 따르면, 대성은 "벌교의 가정 집회소를 위해서도 설교를 도맡으셨는데 신학을 전공한 사람들보다 그 말씀이 더욱 은혜로웠다"고 한다. 이로 인해 마을 사람들이 복음을 받아들이고 읍내에서도 이 가정에 예배를 드리러 오는 이들이 생기기 시작하였다.

이처럼, 대성의 지도로 벌교의 척령리에 가정 집회소가 운영되기 시작한 것은 1960년에서 1961년경이다. 대성은 2년 가까이 교통이 불편한 벌교를 오가며 윤민백 씨 부부에게 전도하였다. 목포사범학교를 1953년에 졸업한 윤영자는 여수에서 교사로 일하다가 보성삼육국민학교로 전근하여 학생을 가르치기 시작하였으며 점차 모든 가족이 보성으로 이사하게 되면서 5~6년 동안 이들 가족과 10여 명의 벌교 지역 신자들이 모였던 가정 집회소가 결국 문을 닫게 되었다. 다시 문을 열게 된 세월이 20년이 될 줄은 아무도 몰랐을 것이다.

교사를 꿈꾸던 사범학교 학생 윤영자의 마음에 떨어진 복음의 씨앗은 대성의 조력으로 그녀의 가정에 더욱 풍성히 열매를 맺게 된다. 그녀의 부모를 포함해 형제자매 모두 재림교인이 되었으며 그들의 자녀들도 한결같이 재림 신앙을 이어 오고 있다. 무엇보다 대성의 첫째 딸인 최정자는 윤영자(옥천교회 집사)의 남동생인 윤형술(장성충성교회 장로)과 1966년 혼인을 하게 되고 그들은 4남매를 낳았는데 손자, 손녀까지 모두가 신실한 재림교인이다. 윤영자 집사의 동생들은 모두가 재림교인이 되었는데 윤채자(봉화교회 집사), 윤형술(장성충성교회), 윤충여(전 삼육식품 사장, 삼성교회 장로), 윤봉실(제주중앙교회 집사), 윤형은(호남합회 은퇴목사)이 그들이고 재림교회를 성실하게 섬기고 있다.

끊어져도 연결되고 닫혀도 열린다

벌교교회는 최초의 가정 집회소가 있었다가 없어진 지 20년이 지난 후 다시 집회소가 생기고 교회로 성장했다. 1981년 호남대회장 정영근 목사는 서호리교회의 윤성근 장로와 이순례 집사 부부에게 벌교에 가정 집회소를 시작하도록 권고했다. 신실하고 열심히 남달랐던 그들은 벌교에 집회소를 시작했다. 이순례 집사는 대성이 양딸이라고 부를 만큼 예뻐했다. 1910년생으로 70세를 넘긴 대성은 벌교에 가정 집회소가 다시 시작되자 안식일에 방문하여 돕기 시작했다. 매주 가기도 하고 한 달에 두 번 방문하기도 하면서 격려하고 집회소가 힘을 얻도록 최선을 다하였다. 교회가 자리를 잡자 대성의 방문도 뜸해지기 시작했다.

1985년에는 전세를 얻어 예배소로 입주했는데 호남대회의 지원과 보성 지구 평신도선교협회의 경제적 헌신이 있었다. 교회의 아름다움이란 서로 돕는 데 있는 것이 아닐까? 1986년 4월에는 보성 지구 평신도협회가 주관하는 전도회를 개최하였다. 보성 지구 교회의 장로들이 강사를 맡고 모든 전도회의 준비부터 마칠 때까지 평신도들이 주최가 되어 활동했다. 1988년 윤성근 소장이 광주로 이사할 때까지 20여 명의 성도가 예배를 드리는 예배소로 성장했다. 윤성근 소장이 떠났으나 우재하 소장이 그 뒤를 이어받아 오늘에 이르기까지 지도자로서 예배소를 섬기면서 교회가 성장해 오고 있으며 현재는 서영호 소장이 수고하고 있다.

벌교교회는 2000년부터 2004년까지 2003년을 제외한 매해마다 보성 지구 평신도협회가 주관하는 전도회를 집중적으로 개최했다. 강사는 보성지구의 장로님들이 맡으셨으며 평신도들이 주관하여 자발적으로 전도회를 개최했다. 목회자들의 지도와 협력이 있었음은 물론이다. 만약 한국 재림교회에서 이렇게 평신도 전도단이 열성적으로 활동한다면 어떤 일이 벌어질까? 놀라운 일이 일어나지 않을까? 성도들이여 일어나자. 그래서 성령 충만으로 이 사업을 마치자. 언제까지 눈물과 슬픔 많은 이 땅에서 살 것인가?

벌교교회는 2010년에 현재의 건물을 매입하여 리모델링을 하고 2011년에 헌당하였다. 벌교교회의 역사를 살펴보며 깨닫는 것이 있다. 시절이 좋아 이런 행정적, 자금적, 인적 지원이 1950~60년대에도 가능했다면 보성 지구의 많은 가정 집회소가 사경을 이겨내고 튼튼한 교회로 성장했을 것이라는 짙은 아쉬움이다. 그러나 어찌하리! 그런 과정을 건너뛸 수는 없는 것을. 그럼에도 명심할 것이 있다. 실패해도 끝없이 도전하는 정신이 벌교교회와 같은, 죽었어도 다시 살리는 역사를 이룬다는 것이다. 지도자의 구체적인 선교 비젼, 성도들의 헌신, 선교 훈련으로 무장한 교회들의 협력은 죽은 교회도 살린다는 것을 잊지 말자.

벌교교회는 불굴의 선교 정신의 가치를 깨닫게 한다. 하나님의 사업은 모든 것이 합력하여 선을 이루는 것이니 과거를 밑거름 삼아 현재에서 과거의 아픔이 되풀이 되지 않도록 역사를 깊이 살피고 헌신하자. 복음의 역사는 끊어져도 연결되고 닫혀도 열리는 하나님의 살피시는 손길이다.

벌교교회

7. 보성 지구 교회, 끝날 것 같지 않은 영혼 구원의 이야기

책을 다 쓰고 마무리를 하고 있을 즈음 곳곳에서 대성의 선교에 관한 제보가 끊임없이 들어왔다. 양파 껍질을 까면 그 안에 또 속이 있는 것처럼 대성과 보성교회의 영혼 구원의 이야기는 끝날 것 같지가 않았다. 그 이야기를 다 쓸 수는 없었다. 후에 다른 이가 보성지역의 선교 역사를 보성 지구 교회들 차원에서 집필하기를 바란다. 보성군 복내면 유정리 가정 집회소 이야기를 끝으로 이 장을 마무리 하고자 한다.

복내의 유정리 마을에서 대성은 1960년대에 전도회를 개최하고 가정 집회소를 시작하게 되었다. 세월이 험난하여 그 가정 집회소는 없어졌지만 구원받은 성도는 여전히 살아남았다. 그리고 기어코 과실을 맺었다. 화순교회에 출석하고 있는 염동건 집사와 안점님 집사가 그들이다. 안점님 집사는 가정 집회소가 없어졌어도 안식일마다 보성교회에 출석하여 십일금을 내며 철저히 신앙생활을 했다. 그 험난한 세월을 신앙으로 이겨 나가 지금은 어떻게 되었을까? 자녀 6남매 부부는 장로, 집사로 교회를 섬기고 있고 손자, 손녀 모두가 재림교인이다. 가족 27명이 재림 신도이니 하나님의 섭리가 놀랍다. 손자 중 염찬영은 전도사로 호남합회에서 목회 중이고 다른 손자 한 명은 신학과생이다.

복내에서 그들만 구원을 받았을까? 당연히 아니다. 서울영어학원교회의 황의린 장로가 대성의 복내 전도회에서 복음을 받았고 최성숙 집사와 결혼하여 신실한 재림 신도로 신앙하고 있다. 그 외에도 어딘가에서 복내 출신들이 재림 성도로 신앙을 이어 가고 있을 것이다.

대성과 보성교회의 영혼 구원의 이야기는 결코 끝날 것 같지 않은 감동의 연속이다. 승리의 이야기다. 하나님의 살아 계심에 대한 생생한 증거이다. 보이지 않은가? 나는 하나님이 대성과 보성교회, 보성 지구 교회들의 선교 현장에서 불기둥과 구름 기둥으로 그의 피로 사신 귀한 백성을 하늘 가나안으로 인도하시는데 결코 실패가 없으심을 똑똑히 볼 수 있었다.

"너희가 섬길 자를 오늘 택하라 오직 나와 내 집은 여호와를 섬기겠노라"(수 24:15).

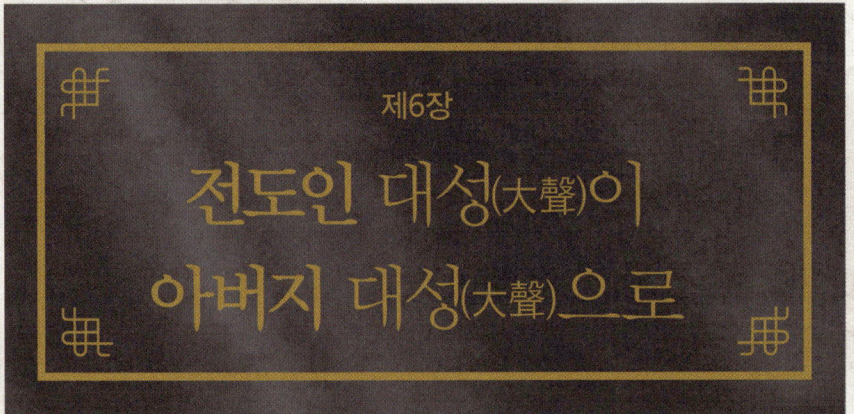

제6장
전도인 대성(大聲)이
아버지 대성(大聲)으로

"내가 선한 싸움을 싸우고 나의 달려갈 길을 마치고 믿음을 지켰으니 이제 후로는 나를 위하여 의의 면류관이 예비되었으므로 주 곧 의로우신 재판장이 그 날에 내게 주실 것이니 내게만 아니라 주의 나타나심을 사모하는 모든 자에게니라"(딤후 4:7~8).

제6장

전도인 대성(大聲)이 아버지 대성(大聲)으로

전도인 대성은 아버지 대성으로서는 어떠했을까? 대성의 자녀들은 아버지가 너무 엄격하셨다고 했다. "좀 더 부드러웠다면 좋지 않았을까?" 하고 아버지를 회상했다. 그 엄격했던 아버지도 연애를 하고, 자식들을 앞서 보내며, 인간의 연약함으로 고뇌했다. 대성도 치열하게 인생을 살다가 모든 사람이 가는 길로 떠나갔다. 그의 삶을 돌아보면서 장점은 장점대로, 부족한 점은 부족한 대로, 있는 그대로의 아버님이요 조부님을 받아들여야 할 시간이다. 나를 돌아보아야 할 시간이다. 나도 누구의 아버지요 어머니요 할아버지요 할머니이기 때문이다. 우리의 사랑하는 자녀들도 그 길을 갈 것이다.

나의 자녀들과 후손들은 나를 어떻게 기억할까? 내가 사랑하는 가족들이 훗날에 나를 어떻게 기억해 주기를 바라는가? 무엇을 남기고 싶은가?

대성의 가족들은 모여서 특별 기도회로 아버지요 조부님을 하나님

손에 의탁했다. 나의 후손들도 죽음을 넘어가는 나를 위하여 기도회를 하고자 할까? 대성은 자녀들과 손자, 손녀들의 축복 속에 눈을 감았으니 행복한 아버지요 조부님이시다.

나를 돌아본다.

대성이 사랑했던 작지만 온화한 여인

1. 대남은 연애를 했다

　대남은 성경을 읽으면서 신앙을 키워 나갔다. 성정이 불같고, 꽂히면 열심이 특심이었다. 그런 그에게도 사랑하는 처녀가 있었다. 그는 연애를 시도했다. 신앙하랴 연애하랴 바빠야 할 시기가 다 있는 법이다. 산어귀에 살고 있는 말이 없고 유난히 자그마했던 처녀를 사랑했는데 끊임없이 주위를 맴돌았다.

　어느 날 해가 서편에 걸린 초저녁, 대남은 아궁이에 불을 지피고 있던 처녀에게 전날 밤 침 묻혀 가며 쓴 연애편지를 눈이 황소 눈방울만 해진 처녀 손에 쥐어 주고 도망을 쳐 버렸다. 후에 호랑이 장로님으로 유명했던 조부님이 새가슴 되어 도망을 쳤다니 웃음이 난다.

　당시는 남녀칠세부동석.

　집안끼리 맺어 주던 시대.

　처녀는 손이 사시나무 떨리듯 떨려 연애편지를 감히 읽을 생각도 못 하고 아궁이에 집어넣어 버렸단다. 그래서 지금도 그 편지 내용을 모른다. 대남 아니면 시집을 안 가겠다고 버틴 처녀는 대남과 결혼을 했고 9남매를 낳았다. 그 자그마한 처녀가 내 할머니이시다. 최 씨 집안의 사람들이 좀 자그마한 이유가 설명된다. 할머님이 살아 계실 때 내가 여쭤 보았다. "할머니, 그래도 읽어 봤어야지. 궁금하지 않아요?"

할머니 대답은 의외로 명쾌했다. "뭐, 별거 있겠냐? 나 임자 사랑혀요. 그런 내용이것재."

대남은 그렇게 인생의 고해를 함께 건너갈 배우자를 얻었다.

2. 두 아들 묻힌 산을 바라보며 눈물을 훔치셨다.

김봉옥 원로는 어느 날 꿈을 꾸었다. 수많은 양들이 어떤 사람을 따라가고 있었다. 꿈에서 깨어났다. 꿈은 너무나 생생했다. 김봉옥 원로는 그 이야기를 대남에게 해 주었고 양을 이끌어 가는 자가 최대남이라 했다. 대남은 평생을 주의 사업에 헌신하고자 결심한다.

그리고 스스로 이름을 대남에서 대성(大聲)으로 바꾼다. 큰 소리라는 뜻이다. 큰 소리로 복음을 전하겠다는 결심이다. 목소리가 유난히 높고 컸던 대성에게 적절한 이름이었을 것이다.

보성지역을 복음화시키기 위하여 온 힘을 다하였다. 선교에 미친(?) 조부님 덕분에 9남매 가정을 꾸려가는데 작은 몸의 할머니는 얼마나 힘이 들었을까! 대성은 선교로 이름을 날리기 시작했다. 호남대회에서는 대성을 목회자로 군산에 파견했다. 군산에서 열심히 목양을 했다. 교회 사정이 변변찮아 나중에야 가족들을 데려오기로 계획했다.

당시에 대성의 자녀는 여섯 남매였다. 다섯이 아들이고 하나가 딸이었다. 어린 아들들은 당시에 유행하던 고무공을 무척 가지고 싶어 했다. 당시의 목회자 가정에서 장난감은 생각도 못 하던 때, 그저 하루 안

굶으면 다행인 것이다. 그런데 생활이 어수선한 때 밑의 세 아들이 홍역으로 심하게 앓기 시작했다. 병원도 시원찮은 시절이라 아이들은 병마를 이겨내지 못할 것 같았다. 할머님은 군산에 급히 연락을 했다.

아무래도 아들들이 밤을 넘기지 못할 것 같다고.

대성은 군산에서 부랴부랴 돌아오면서 아들들이 그토록 갖고 싶어 하던 고무공을 사서 들어왔다. 그리고 몸이 불덩이인 아들들의 손에 공을 쥐여 주었다. 그날 밤, 영진과 영래 두 아들은 공을 손에 꼭 쥐고 나란히 죽었다고 한다. 목회자로서 대성의 심정이 어떠했을까. 할머님은 살아 생전에 먼 산을 바라보며 가끔씩 눈물을 훔치셨다. 그 산 어딘가에 두 아들이 묻혀 있을 것이다.

대성, 큰 소리.

큰 소리는 이름을 바꾼다고 되는 것은 아니다. 고해 같은 인생의 무게가 실려야 하는 것이다. 그렇게 대성은 큰 소리가 되어 갔다.

3. 두 달 만 있다 오소

80을 넘기신 조부님은 죽음을 늘 준비하셨다. 아침마다 방에서 흘러 나오던 기도가 생각난다.

"하나님, 저를 평생 인도해 주셔서 감사합니다. 이제 저는 죽음을 준비합니다. 편안하게 죽음을 맞이하게 하여 주시옵소서. 자식들을 축복해 주시옵소서. 부활의 아침을 맞게 해 주옵소서."

화투나 치며 어디로 가야 할지 모르는 수많은 노인의 마지막과 얼마나 다른가. 조부님은 병원에 잠깐 입원하시고 죽음을 편안히 맞이하셨다. 돌아가시기 전, 할머니에게 다음과 같이 말씀하셨다.

"할멈, 두 달만 더 살다 나 따라오소."

할머니는 정말 조부님 돌아가시고 정확히 2달을 사시고 편안하게 돌아가셨다. 대성은 1997년 7월 13일, 애순은 1997년 9월 10일 운명했다. 애순은 무엇이 그리 애틋해서 그렇게 서둘러 대성을 따라갔을까? 정영근 목사(전 호남대회장)는 고모인 정애순 집사를 회고했다. "정애순 집사님처럼 온화하고 조용하며 헌신적인 분이 없었습니다. 평생을 살아보니 정말 그렇습니다. 그분의 내조가 없었다면 최대성 장로님의 그런 성공적인 선교는 없었을 것입니다."

조부님의 장례식이 있던 날. 당시 80여 명의 후손들이 앞장을 섰다. 천여 명에 가까운 사람들이 장지까지 따라와서 마지막 가시는 길에 함께했다. 그때서야 나는 조부님의 말이 사실임을 알 수 있었다.

"내가 가정에는 부족한 것이 있었지만, 교회 일에는 정말 최선을 다했다." 조부님을 땅에 묻으며, 취토하면서 최영태 목사는 다음과 같이 아버님을 고별했다.

"아버님. 편히 쉬십시오. 부활의 아침에 다시 만납시다."

조부님의 삶은 밝은 면과 어두운 면이 존재한다. 있는 그대로를 인정하고 사랑해야 하지 않을까. 그는 자기 시대에 최선을 다했기 때문이다.

조부님을 생각하며 나를 돌아본다. 나에게 한번은 다음과 같은 말씀을 하셨다.

"나는 하나님을 안다. 목사를 제대로 하지 못하겠거든 시작을 말거라. 시작을 했으면 제대로 해야 한다. 제대로 못하겠으면 그만두어야 한다."

아들 최영태 목사에게도 비슷한 말씀을 자주 하셨다고 한다.

그래서 오늘도 묻는다.

"나는 제사장 역할을 제대로 하고 있을까?"

"할멈, 두 달만 살고 오소." 정말 그렇게 애순은 대성을 따라갔다.

88년을 살아 보니

　육신의 진이 다하여 가고 인생의 노을이 서산에 기울어 가던 몇 년 동안 대성은 자신의 신앙과 품성 변화를 돌아보며 큰 갈등을 겪었다. 평생을 싸워 왔지만 아직도 죽지 않고 살아 있는 자아에 뿌리를 박은 불같은 성격, 이로 인해 마음의 상처를 입었을 사람들에 대한 미안함으로 괴로워하였다. 무엇보다도 마음을 깊이 성찰해 볼 때 성화되지 못한 육신의 부족함과 연약함으로 인하여 몹시 힘들어했다. "오호라 나는 곤고한 사람이로라 이 사망의 몸에서 누가 나를 건져내랴"(롬 7:24). 머리에는 세월의 서리가 검은색을 지워 가는데, 빠진 검은 색은 마음을 어둡게 하여 하나님 앞에 설 자신이 없는 것이다.

　대성은 통성 기도를 하는 사람은 아니었다. 그러나 말년에는 크게 통성 기도를 하는 일이 많아졌다. 죽음을 준비시키고 세월을 돌아보게 하며 가슴을 치게 하신 성령께 감사하게 된다. "오직 성령이 말할 수 없는 탄식으로 우리를 위하여 친히 간구하시느니라"(롬 8:26). 대성의 말년은 십자가의 은혜를 깊이 감사할 수밖에 없는 시간이었다. 전적인 하나님의 은혜로 구원받을 수밖에 없음을, 그 십자가의 은혜를 전폭적으로 의지할 수밖에 없음을 깊이 깨닫게 하시는 성령의 시간이었다. 모든 것을 하나님께 내려놓는 시간이었다. 십자가 앞이 인간이 도달할 수 있는 최고의 장소이며, 내려놓음이 십자가 앞에 무릎 꿇은 인간이 해야 하

최대성 장로와 정애순 집사 부부

는 최상의 결단이다. 과거와 현재와 미래를 대성은 하나님께 내려놓을 수 있었다. 그것이 하나님이 대성에게 주신 우정의 최고의 선물이었다.

　대성은 세월이 흐르면서 세속의 물결이 교회와 가족에게로 밀려 들어올 때 많이 괴로워하였다. 평생을 선교에 바치며 지키려 했던 원칙들이 무너져 내리고 있는 것처럼 보였기 때문이다. 그는 교회를 많이 걱정했다. 또한 자녀들과 4대손에 이르는 자손들을 염려하였고, 후손들을 위한 간절한 기도가 깊어 갔다. 누군들 후손들에 대한 염려가 없겠는가? 대성의 마음이 우리의 마음이 아닌가? 대성은 후손들에게 지금 어디에 있든 어떤 상태에 있든 하나님의 말씀에 순종하라고 말하고 싶었을 것이다. 그것이 예수 그리스도 안에 있는 하나님의 지식을 깨달은 그에게, 세월이 가르쳐 준 축복의 길이었기 때문이다.

융프라우 골짜기에서 보았던 그림보다 아름다운 스위스의 한 마을을 보고 나도 모르게 속 깊은 곳에서 터져 나온 감탄사, 그것이 순종과 유사하다. 하나님의 전지전능하심, 예수 그리스도의 십자가의 은혜, 성령의 감화감동 하심의 아름다움을 보고 온 마음이 감동하여 터져 나오는 감탄사, 그것이 순종이다. 믿음과 순종은 그토록 자연스런 관계다. 그 깨달음을 큰 소리, 대성(大聲)으로 호소하고 싶었을 것이다.

대성은 1910년에 태어나 1997년 7월 13일, 그의 인생 여정과 '큰 소리'를 멈추었다. 모든 것을 하나님 안에 내려놓고, 부활의 소망을 안고, 큰 소리를 후손들에게 맡기고….

가족 특별 기도회로 대성을 보내다

　대성의 임종이 가까웠을 때 큰아들 최영찬 장로는 대성의 모든 가족을 한 자리(당시 위생병원)에 불러 모았다. 대성의 후손들은 집안에 어려운 일이 있으면 기도회를 열며 헌신의 시간을 갖곤 했었다. 대성의 셋째 며느리 박영자 선생이 운명하기 전 모든 가족이 특별 기도회로 모여 아픔을 함께했다. 대성은 선교 정신이 투철했던 며느리의 죽음에 상당한 충격을 받았다. 대성은 친아들 둘, 며느리 한 명을 자신보다 앞서 보냈다. 그 심정을 어찌 헤아릴 수 있으랴! 대성의 가족들이 어려운 일이 있을 때만 모였던 것은 아니다. 한번은 모든 대성의 후손이 천안에서 함께 모여 가족 수양회를 가진 적도 있었다. 이번에는 손자 손녀까지, 참석이 가능한 모든 후손이 대성의 마지막 가는 길을 함께하기 위해 특별 기도회를 열었다. 대성은 말은 할 수 없었으나 의식이 있었다. 최영태 목사는 "하나님이 끝까지 함께해 주실 것임을, 재림과 부활의 소망의 확신을 새롭게 해 주는 예배를 드렸다."고 회상했다. 대성은 고개를 끄덕이고 작은 소리로 답을 하며 일생을 인도해 오신 하나님의 손에 자신의 모든 것을 맡겼다. 그를 아신 하나님, 그가 아는 하나님을 경험해 왔기에 대성은 믿음으로 하나님의 약속을 붙들 수 있었다.

　과거와 현재와 영원까지를 하나님께 맡기는 마지막은 얼마나 아름다운 것인가! 죽음에 아무런 답도 갖지 못한 사람들의 애처로운 통곡 소리와 비교할 때 부활과 소망의 찬미로 죽음 너머를 바라보는 것은 얼마나 위대한 마침인가! 후손들은 기도회로 특별 헌신회를 마무리했다. 사랑하는 자녀들의 기도 소리를 들으며 운명하는 자의 축복을 대성은 누릴 수 있었다. 늘 자녀들에게 "화목하라."고 당부했던 대성은 하나님 안에서 하나 되는 후손들의 모습에 감사했을 것이다. 그들 모두를 하나님께 맡기며 쉼에 들어갈 수 있었을 것이다. 다시 만날 그날을 굳게 믿으며….

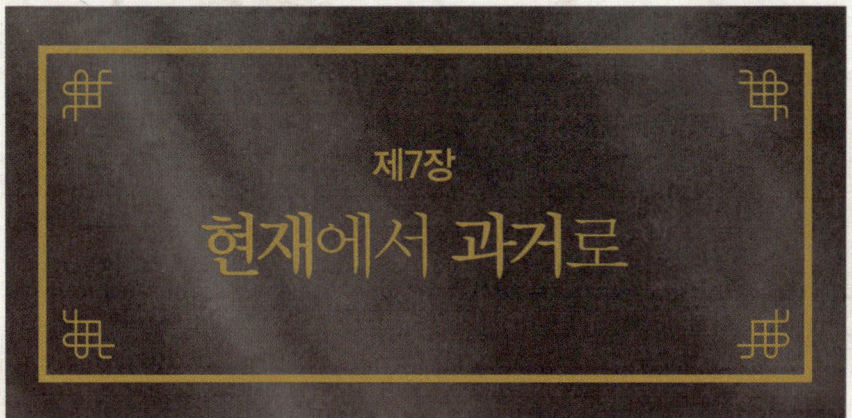

제7장
현재에서 과거로

"내가 아브라함으로 그 자식과 권속에게 명하여 여호와의 도를 지켜 의의 공도를 행하게 하려고 그를 택하였나니 이는 나 여호와가 아브라함에 대하여 말한 일을 이루려 함이니라"(창 18:19)

제7장

현재에서 과거로

대성은 그의 후손들에게 무엇을 남겼을까? 그의 영적 유산은 무엇일까? 대성은 103명의 후손들에게 무슨 말을 하고 싶을까? 대성이 세상을 떠나기 4달 전에 이런 이야기를 했다고 한다. "내 기도가 자손들 4대까지 다 천국에 가는 것이었는데 갈수록 자신이 없구나. 내 속으로 난 자식만이라도 천국에 갔으면 좋겠구나." 그런 안타까움이 우리 모두에게 있지 않은가? 대성의 거의 모든 후손은 건실한 재림 신도이다. 대성의 기준으로 볼 때에 후손들의 신앙의 모습은 그가 생각하는 것과는 달랐을지도 모른다. 세월이 흐르고 시대가 바뀌어 가면서 신앙의 모습도 많이 바뀌었기 때문이다. 그의 노년의 나날들은 후손들을 위한 더 간절한 기도로 점철되었다. 중요한 것은 대성의 후손들이 그가 남긴 신앙의 유산을 귀하게 생각하는 것이다. 하나님의 말씀에 순종하는 것이다. 하나님께 순종하는 부모, 그 부모에게 순종하는 자녀. 그것은 대성의 '큰 소리'가 아니라 하나님의 '큰 소리'이다.

대성의 큰 아들 최영찬 장로는 가족들의 모임이 있을 때마다 강조한다. "아버님, 조부님이 이렇게 훌륭한 신앙을 물려주신 것을 감사하고 잊지 말자. 형제 간에 서로 우애하도록 노력 하자. 교회를 위해서 더욱 더 헌신하는 후손들이 되자."

　철저한 순종을 강조했던 대성의 가르침을 따르고자 늘 애썼던 둘째 딸 최경자 집사와 막내딸 최수자 집사는 순종의 삶으로 60세가 훨씬 넘은 지금, 그녀들의 삶의 밭에서 무엇을 보게 되었을까? 그 생생한 영적 유산의 증거를 103명의 대성의 후손들을 대표하여 그들의 이야기를 여기 싣는다. 다른 후손들도 풍성한 이야기들이 있을 것이다. 전적인 하나님의 은혜이다. 현재를 사는 대성의 후손들이여, 대성의 신앙을 잊지 말지어다. 대성의 신앙은 과거가 아니라 현재이다. 하나님의 복음은 늘 현재형이니까. 그의 약함을 보지 말고 그의 외침을 귀히 여길지어다. 마음의 귀를 겸손히 열어 하나님의 '큰 소리'를 들을지어다. 그토록 '큰 소리'로 재림을 외쳤던 대성을 만날 때까지.

* 최수자 집사의 가족은 손수 글을 적어 보내왔다. 있는 그대로 여기에 싣는다.

나의 선교 스타일은 삶의 선교

최경자 집사(별내행복교회)

최경자 집사는 대성의 둘째 딸이다. 남편은 강두섭 장로(별내행복교회)이다. 그녀는 8남매의 막내아들에게로 시집을 갔다. 신랑은 임실군 신평면 대리 출신인데 쌍둥이였다. 대리는 500여 호가 사는 큰 마을이었는데 쌍둥이가 17쌍이나 있었다고 하니 참 신기한 일이다. 막내 며느리가 재림교인이라 모든 가족이 눈여겨 보았다. 최경자 집사의 선교 방식은 삶의 선교였다. 어려서부터 몸에 밴 신앙의 방식대로 사는 것이다. 막내 아들과 며느리가 너무니 의좋게 사는 모습을 보고 시어머니가 감동을 받았다. 가족들도 감동을 받기 시작하였다. 시어머니는 하나님을 믿고 사는 모습이 좋아 침례를 받으셨다. 조카들 사이에서도 막내 삼촌의 사는 모습이 좋다는 말이 돌기 시작하더니 조카들도 침례를 받기 시작했다. 가족 중 10여 명이 넘는 인원이 침례를 받았다.

쌍둥이 형님의 아내는 순복음교회를 다니고 있었다. 쌍둥이 동서 사이면 말을 편하게 할 수도 있지만 최경자 집사는 늘 존칭을 쓰고 형님으로 대접했다. 행복하게 사는 모습, 신앙하는 모습에 감동을 받은 동서는 순복음교회를 그만두고 "나도 자네 다니는 교회에 다녀야겠네."라며 재림교회에 다니기 시작했다. 결과가 어떻게 되었을까? 쌍둥이 형님도 침례를 받고 교인이 되었고 부부가 나란히 노원재림교회의 일꾼이 되었다. 형님인 강승섭 장로는 노원교회에서 4년째 수석 장로를 하실 정도로 교회에 헌신하고 형수 김영애 집사는 오랫동안 수석 여집사로 봉사하며 30년 넘게 재림 신앙을 이어 오고 있다.

어느 해 여름, 광주의 형님 부부와 쌍둥이 형제 부부는 지리산으로 휴가를 떠났다. 그날이 목요일이었다. 지리산의 장엄함을 바라보고 깨끗한 물소리 들으며 발 담그고 화기애애한 시간은 금요일 오후에 한 가지 문제에 부딪히게 된다. 김영애 집사가 안식일이 시작되므로 교회에 가야 한다는 것이었다. "시숙, 광주에 가서 안식일 지키고 다시 옵시다. 저희들이 월요일까지 형님하고 지낼게요." 광주의 큰 형님 부부는 이해할 수 없었다. 형수는 불교 신자였다. "아니, 하루 빠지면 되지. 음식을 이렇게 많이 장만했는데." 시숙을 끝까지 설득하는 모습에 형님 부부도 포기를 하고 모두가 짐을 거둬 광주로 돌아가기 시작했다. 기분이 좋을 리 없었을 것이다. 그런데 그 밤에 폭우가 쏟아지기 시작했다. 다음날 안식일 아침, 모두는 깜짝 놀랄 수밖에 없었다. 전날 밤에 쏟아진 집중호우로 지리산 계곡에 텐트를 쳤던 많은 사람이 큰 사고를 당했던 것이다. 어떤 시체들은 섬진강까지 떠내려갔다.

강씨 형제들이 머물렀던 곳도 예외가 아니었다. 서늘한 찬바람이 등골을 타고 내려갔다. 전율이 흘렀다. 하나님께 감사를 드리지 않을 수 없었다. 안식일을 거룩히 지키려한 그 신앙이 그들 모두를 살렸기 때문이다. 최경자 집사의 조용한 삶의 신앙은 강 씨 집안에 더 깊은 신앙으로 뿌리를 박고 거대한 믿음의 나무가 되어 그 집안을 하나님의 은혜로 채우고 있다. 복음의 힘은 그처럼 강하고 위대하다. 하나님의 말씀에 순종함은 항상 사람에게 복이 된다.

고숙인 강두섭 장로는 다음의 말로 그의 신앙의 경험을 마무리했다. "고모 신앙이 아주 깊거든. 우리 집안이 이렇게 하나님의 은혜를 받은 것은 고모가 신앙의 모본을 보였기 때문이야. 몸으로, 행동으로 하는 신앙이지. 부모님에게 배운 신앙을 실천하며 사는 모습이 모든 가족에게 참 좋아 보인 거야. 우리 어머니도 고모하고 사이가 엄청 좋으셨어. 나도 일구이언하지 않으려고 열심히 노력하지." 남편이 인정하는 아내의 신앙, 무슨 할 말이 있겠는가? 그렇게 신앙하며 살자고 우리가 하나님 믿고 사는 것 아니겠는가? 신앙이 없는 집안에 시집와 사는 것에 왜 두려운 마음이 없었겠는가? 그러나 고모는 말했다. "나는 이 집안에 시집와서 정말 많은 사랑을 받았어." 그렇다. 좋은 사람들과 좋은 신앙이 만나니 어찌 열매가 탐스럽지 않으리! 중요한 것은 하나님을 믿는 신앙을 있는 그대로 하나님만 의지하여 드러내는 것이 아닐까? 한 가지 더 있다. 최경자 집사의 시아버지와 시어머니의 묘는 '보성교회 재림공원묘지'로 이장하여 믿음의 성도들과 함께 주의 재림을 기다리고 있다.

사랑과 침묵의 채찍

이윤철 장로(최수자 집사의 남편, 볼티모어 한인 교회)

"자네 어떻게…?"

이 말씀을 얼마나 하고 싶으셨을까?

결혼 전에 장인어른과 애들 엄마와 했던 "신앙생활을 잘하겠다."는 약속을 20여 년간 지키지 못했다. 가끔 가정 행사 때에만 안식일에 교회에 간 것이 전부다. 그럼에도 장인께서는 나의 신앙생활에 관하여 끝까지 침묵하시고 그토록 소원하셨던 막내 사위의 신앙하는 모습을 보지 못하시고 아쉬움과 바람을 고이 가슴에 안고 운명하셨다. 어르신의 철저한 선교 사명의 자존심과 체면을 완전히 그르친 나였다. 그때 당시 나는 장인 최대성 장로님의 존재와 영향력을 정말 몰랐었다.

결혼 전, 맨 처음 서울 묵동의 처 큰오빠 댁에 갔었다. 예비 장인, 장모님께 인사를 드리기 위해서였다. 인사 후 차려 준 저녁을 맛있게 먹는 동안 두 어르신께서 이런저런 질문을 하시며 나를 지켜보셨다. 나의 특성은 꾸밈이 없고 '~척' 하지를 못하여 좀 당돌하고 뻔뻔한 것 같다는 평가를 받았었다. 나는 당시 자취 생활을 하고 있었던 터라 시장하였다. 정성껏 맛있게 차려 준 저녁을 흔히 하는 말로 게 눈 감추듯 먹어 버렸다. 그날 장모님의 나에 대한 평가는 "그 옛날에 못 배운 나도 느그 아버지 같은 양반을 택했는디 저 사람이 니 눈에 들어오드냐?"라며 막내딸에게 한숨을 지으셨다고 한다. 나의 모습이 신앙하는 사람들과는 거리가 멀었기에 그렇게 보이셨음이 당연했을 것이다.

    예배, 예배, 예배. 결혼 생활이 시작되면서 집에서도, 처가댁에서도 모이면 예배를 드리는 것은 너무나 자연스러운 모습들이었다. 나는 예배가 정말 낯설고 힘들었다. 종교적인 의식이 생소하고 익숙하지 않아서 가족 행사 때는 뒤로 살짝 빠져나와 조카들 공부방이나 골방에 들어가 잠을 자거나 아니면 가족 예배가 마칠 때쯤 가서 얼굴만 내밀고 겨우 밥만 먹고 와 버리는 경우가 많았다. 가족 모임 행사는 주로 안식일 저녁에 있었는데 모든 대화가 종교적인 것이어서 지루하고 답답하고 이해할 수도 없었기 때문이다. 시간이 지날수록 나는 엇나간 행동에 익숙해져 미안해하지도 않았다. 그러다 보니 가족들이 오히려 내 눈치를 보는 것 같았다. 미안한 쪽은 나 자신이어야 하는데 상황이 바뀌어 버린 것이다. 내 모습이 얼마나 한심했을까! 그러나 그때나 지금이나 모든 형제분께서는 나에게 한결같은 사랑과 관심으로 대해 주신다.

    애들 엄마는 막내라서 처가에 조카들이 많았다. 그들 중 우리 또래들도 있었고 목회하는 조카들이 꽤 있었다. 나의 신앙 문제에 관하여 장인어른도 아무 말씀 안 하시는데 조카들 중 나에게 권유를 할 때면 내가 배배 꼬면서 얼토당토않은 곤혹스런 말로 받아넘겨 어이없게 해 버리 때도 많았다. 그럼에도 그들 중 어떤 조카들은 나를 꽤 잘 따랐다.

내가 종교에 관하여 어긋난 말을 많이 하고 괴짜로 엉뚱한 행동을 하는 것에 대하여 재미가 있는 모양이었다. 그런데 나중에 알고 보니 일부러 나에게 눈높이를 맞추어 주려고 그랬음을 알았다. 어린 조카들에게 정말 많이 고마웠다. 서먹한 처가에 적응하는데 윤활유 역할을 해 준 사랑스럽고 고마운 조카들이다.

어릴 때 보성에서 장인어른과 함께 살았던 조카들은 우리가 천성교회 옆에서 살 때와 퇴계원에서 살 때에 한 집에서, 혹은 가까운 옆집에서 같이 살았다. 객지에 나와서 공부하고 살림하며 바쁜 시간을 보내는 조카들이 많이 안쓰러웠다. 그런데 그 조카들이 아침마다 옹기종기 머리를 맞대고 앉아 예배를 드리는 모습이 너무나 신통하고 사랑스러웠다. 또한 화요일, 금요일 예배에도 철저히 출석하는 모습이 기특했다. 자취를 하면서도 현미밥을 해 먹고, 채소즙을 짜 먹고, 도무지 흐트러진 모습을 찾아볼 수가 없었다. 그때 조카들의 신앙생활을 보면서 할아버지와 부모님의 철저한 신앙 교육의 힘과 영향력을 볼 수 있었다. 그 조카들 4형제 중 3형제가 현재 목회를 하고 있다.

오랫동안 신앙을 하지 않은 나에게 형제분들이 염려가 되어 신앙생활을 권유하는 것은 자연스러운 일이었다. 그러나 장인어른이 계실 때는 모두 어르신의 눈치를 보며 나에게 어떤 말도 하지 않았다. 어느 날 가족 모임에 늦게 간 적이 있었다. 가족들이 모여 있는데 나는 거실에서 독상을 받았다. 그때 누군가가 빨리 와서 예배도 드리고 식사도 하면 좋았을 거란 이야기를 하였다. 그런 상황에 익숙해진 나는 별로 미안한 기색도 하지 않고 잘 넘겼다. 그런데 그때 장인 어르신께서 방에서 그 말을 들으시고 거실로 나오시는 것이었다. 큰기침을 하시더니 내 옆에 앉으시며 배고플 테니 천천히 어서 먹으라며 식사가 끝날 때까지 방패막이 되어 주시는 것이 아닌가. 처가댁에서 장인 어르신의 큰기침은 상황에 따라 여러 가지 의미가 있었다. 말씀을 하지 않으셔도 온 가족이 그 기침의 의도와 뜻을 잘 알아차려서 전폭적으로 수긍하는 대단한 마력이 있었다.

많은 세월이 흘러도 여전히 나는 신앙을 하지 않았다. 그러는 동안 내 동생들이 하나, 둘 신앙을 하게 되었고 나 혼자만이 외로운 섬이 되어버렸다. 거기에 더하여 하나밖에 없는 남동생이 숭전대학 기계공학을 졸업했는데 좋은 기업들에 취업할 수 있었음에도 다 거절하고 삼육대학 신학과 3학년으로 편입을 한다는 것이었다. 나는 동생과 애들 엄마한테 무척 화가 났다. 그때 당시 천성교회에서 시무하시던, 영혼을 열정적으로 사랑하시는 홍성선 목사님과 전도 전략가 형수와 나를 잘 따르던 처가 조카들까지 동원되어 천성 교우들과 함께 치밀하게 쳐 놓은 전도 망에 제대로 걸린 것이다. 교회에 다니는 건 좋으나 4년 동안 했던 공부가 헛것이 되어 버린 것이 못내 안타까웠다. 홍성선 목사님께서는 내 동생에게 개인 성경 교수를 하시며 편입시험에 합격하게 하셨고 훗날 결혼 주례까지 해 주셨다. 지금까지도 우리 가족을 위해 변함없는 사랑과 관심을 아끼지 않으시는 너무나 고마우신 목사님이시다.

지금도 잊을 수 없는 사건이 있었다. 동생이 신학과에 들어간 후에 나는 이런저런 이유로 방황을 하였다. 나의 그런 모습에 참다못한 애들 엄마가 보성에 계신 장인께 전화를 하는 것이었다. "아버지! 서울에 올라오셔서 애들 아빠 혼 좀 내주세요." 하면서 엉엉 우는 것이었다. 그때가 이른 오전이었다. 그동안 힘든 일이 있어도 자존심을 지키느라 속으로 삭이고 참았는데 이번엔 아니었다. 나는 온종일 많은 생각으로 '설마 오시지 않겠지'라는 생각을 하였는데 오후 5시쯤 장인께서 집에 도착하셨다고 연락이 왔다. 막내딸 전화를 받고 바로 올라오신 것이다. 나는 난감했다. '어떻게 해야 하나?' 장인어른께서 정말 엄격하시고 너무나 무섭다고 가족들은 모이기만 하면 뒷담을 하는 것을 들었기에 나한테는 어떤 모습으로 혼을 내실지 그동안 교회도 안 다니고 약속도 어겼고, 무섭기에 앞서 참으로 면목이 없었다. 집에 빨리 들어가야 했지만 나는 밤 12시가 넘어서야 떨리는 마음으로 들어갔다.

장인께서는 이미 주무시고 애들 엄마의 얼굴을 보니 새까맣게 속이 타들어 가서 차마 볼 수가 없을 정도였다. 화가 너무 나서 무슨 일이라도 낼 양으로 장인께서 들으실까 봐 목소리인지 신음인지 숨을 죽여 가며, "왜 이제 들어왔냐"며 아버지는 첫 기차표를 끊어 오셔서 새벽에 가실 거라고 나를 어떻게 해 버릴 것 같았다. 새벽에 어김없이 옆방에서 일어나신 장인께서는 떠나실 채비를 하시고 나가시는데 나는 숨죽이고 일어나지 않았다. 참으로 분위기가 생생한 기나긴 밤, 기나긴 순간이었다. 아주 조심스럽고도 낮게 장인 어르신의 목소리가 긴 복도에서 안방으로 흘러들어 새벽의 적막감을 더했다. 나는 그 순간 호흡이 멈춰서 숨이 막혔던 것으로 기억된다. 함께 살던 내 남동생과 사랑하는 막내딸에게 "내가 다녀간 것으로도 애비는 다 알 것이다."라는 간단한 말씀을 남기시고 현관에 서신 채로 간절히 기도를 해 주시고는 깊고도 넓은 사랑의 채찍을 침묵으로 남겨 두시고 그 어둡고 조용한 새벽 미명과 함께 떠나셨다.

그 일이 있은 후 모든 형제가 물었다. 무슨 일로 아버지께서 막내 전화를 받고 누구에게도 한마디도 안 하시고 급히 서울에 상경하셔서 다음 날 바로 내려가셨는지. 상인께서도, 나도, 애들 엄마도 결코 그 물음에 답하지 않았다. 지금까지도….

장인께서 돌아가신 지 22년이 지났다. 우리 가족은 장인께서 남겨 주신 신앙과 믿음의 유산을 감사하게 생각하며 부족한 나는 장로로, 아들은 미국인 교회 목회자로, 딸은 대총회 아드라 부서에서 교역자로, 교회와 기관에서 하나님의 일꾼들로 쓰임을 받으며 재림의 그날을 고대하며 살아가고 있다.

친정아버지의 숙제

최수자 집사(볼티모어 교회)
2010년 미주 시조사 창립 30주년 기념 현상 문예 작품 공모전 입선 작

　내 딸 아이는 초등학교 시절, 학교에서 돌아오면 준비해 놓은 맛있는 간식도 뒤로하고 콧등에 땀이 송글송글 맺히도록 최선을 다해 숙제를 하였었다. 숙제가 끝나면 이튿날의 시간표를 정리한 책가방을 현관문 옆에 단정히 기대어 놓고는 홀가분하게 뛰어놀고 먹고 씻고 평안히 잠자리에 들었었다. 그 모습을 지켜보는 식구들은 늘 자기 일을 책임감 있게 잘하는 앙증맞은 딸의 모습이 그렇게도 흐뭇할 수가 없었다. 숙제를 잘하기 위해서는 강한 결단력과 유보할 수 없는 실천이 필요하다.

　나는 9남매의 막내로 태어났다. 두 오빠는 어렸을 때 홍역을 치르다가 그만 부모님의 가슴에 묻혔고 나를 제외한 6남매는 모두 재림교인을 배우자로 만나 단란한 가정을 꾸렸다. 그런데 당연히 목회자와 결혼할 것이라고 생각했던 막내가 불신자와 결혼하는 바람에 친정에서 나는 옥에 티, 안타까운 오리 새끼였다. 부모님과 형제들이 나만이 겪어야 했던 외로움은 어느 정도 알았겠으나 불신자 가정에 시집가 홀로 신앙을 지켜 나가며 시집 식구들을 이해시켜 복음을 전하기 위해 몸부림쳤던 내 삶의 편린들을 이해하지는 못하였다. 목사님이나 교우들이 어떻

게 불신자와 결혼을 했는지 물어 올 때면 마땅한 대답이 없어 괜히 심통이 났었는데….

남편은 안식일교인들끼리만 결혼하면 전도는 어떻게 하느냐며 스스로 서울중앙교회를 찾아가 이춘철 목사님과 침례 공부를 하고는 김군준 목사님께 침례를 받았다. 당시, 두 목사님 모두 염려되었는지 반대를 하셨는데, 매년 야영회에서 만나면 옛이야기를 하며 흐뭇해하신다.

간신히 아버지의 허락이 떨어지긴 했으나 결혼식 당일 아침까지도 여러 사람의 염려하는 말을 들으며 결혼 생활은 시작되었다. 지난 30여 년 동안 오직 하나님께서 기뻐하시는 가문을 만드는 데 힘을 쏟아야겠다는 결심으로 내 믿음의 분량을 넘어선 목표들을 세워 놓고 고행하듯이 온 정성을 다해 신앙생활을 실천해 나갔다. 그 결과 하나님께서 함께 하심으로 기쁨의 열매가 주렁주렁 맺혀 이제 한 알 두 알 거두며 사람에게는 기쁨이요 하늘에는 영광을 돌리고 있다.

친정아버지께서는 매우 엄격하며 확실한 분이셨다. 사윗감을 만나보시고는 "인간성이 좋아야 신앙도 잘하는 법인데 인간성은 괜찮아 보인다."며 못내 결혼을 허락하시면서 숙제를 주셨다.

1. 너는 그 가정의 선교사로 간다. 아버지가 힘을 다해 도울 터이니 사명을 잊지 마라.

2. 어떤 일이 있어도 결혼 생활에 성공해야 한다. 힘들다고 형제들을 찾아가지 마라.

3. 나 죽은 후에도 아버지의 자존심을 잊지 마라. 아버지 혼자 너의 결혼을 허락했다.

막내딸을 시집보내기 전, 친정아버지는 그 마을에 가셔서 그 집안에 관하여 자세히 알아보셨다. 또한, 내 시댁이 될 집을 방문하여 장차 사돈 될 어르신과 결혼 문제를 의논하며 결혼할 경우 안식일교인으로서의 행할 수 없는 종교의식과 교회 생활에 대하여 확실히 허락을 받으셨다. 한편, 나에게는 제사상은 어떻게 놓는 것까지 꼼꼼히 일러 주셨는데 어동육서(魚東肉西)라 하여 생선은 동쪽에 육 고기는 서쪽에 놓는다는 것 등 자세히 가르쳐주셨다. 시댁 어르신들의 종교를 존중하여야 너의 종교 생활도 존중받는다고 신신당부를 하시던 친정아버지의 염려가 아직도 들리는 듯하여 뜨거운 눈물이 맺힌다. 감사하게도 시할아버님, 시할머님, 시부모님의 넓으신 이해와 사랑으로 어려운 시집 생활을 잘 견딜 수 있었다.

자신도, 자격도 없으면서 맏며느리로서 시동생 1명, 시누이 4명과 13년 동안 함께 살며 전도하여 5남매 모두를 출가시켰다. 철없는 막내로 태어난 올케와 형수로 인해 시동생이나 시누이들의 마음고생은 이루 말할 수 없었으리라. 내가 시댁 식구들을 전도한 것이 아니라, 그들의 마음 밭이 좋아 하나님을 믿게 된 것이다. 나와 동갑인 큰 시누이와 그의 남편은 부족한 내가 맏며느리 역할을 잘 해낼 수 있도록 지금까지도 물심양면으로 힘을 다해 도와주고 있다.

그 시누이도 한국에 있었으면 재림교인이 될 수 있었을 텐데, 하나님의 인도하심으로 미국에 와서 자녀들과 함께 신앙생활을 하고 있으며 큰딸도 신실한 재림 청년을 만나 가정을 꾸렸고, 사위는 교회에서 찬양대 지휘자로 열심히 봉사하고 있다.

모든 자손과 한집에서 사는 것이 소원이라던 시할머님은 침례 받고 교회에 다니시면 그 소원을 이룰 수 있다는, 당시 천성교회 홍성선 목사님의 재치 있는 대답에 선뜻 침례 받고 믿음 생활을 하시다가 10년 전에 돌아가셨다. 목사 손자를 둔 덕분에 호남합회 목회자들의 애도 속에 장례를 잘 치러 동네 분들이 그 장례식을 너무 부러워하셨다. 3년 전, 시아버님 장례식도 시할머님 때처럼 훌륭하게 치러 동네 분들의 칭찬이 자자하였다.

하나밖에 없는 심성이 고운 시동생을 인도할 때는 천성교회 교우들과 청년, 친정 식구들까지 다 동원되어 도와주셨다. 군 복무하는 동안에는 매달 시조와 격려의 편지를 보냈다. 제대 후, 함께 살면서 아침 예배 시간마다 기도력을 읽게 했으며 나와 번갈아 가며 대쟁투 상, 하권을 읽었다. 시간이 흐르며 성령의 도우심으로 시동생의 마음에 떨어진 말씀의 씨앗이 자라 실한 열매가 열렸다.

숭전대학교 기계공학과를 졸업한 시동생은 삼육대학 신학과에 편입하여 졸업하고 제3기 천 명 선교사로 필리핀에 가서 봉사하였으며 다시 돌아와 신학대학원도 마쳤다. 시동생은 이 부족한 형수의 조언에 순종하여 모태 신앙의 신실한 여청년과 만나더니 두 달 만에 전격적으로 결혼하였다. 당시 아직 하나님을 잘 모르는 시댁 친척들을 비롯하여 남편의 친구들과 사업 거래처 분들을 위하여 일부러 삼육대학에서 결혼식을 올렸고 멋진 채식 뷔페로 음식을 차려 하나님을 믿지 않는 하객들의 부러움을 사기도 하였다. 동서는 호남삼육고등학교에서 영어 교사로 성실히 일하며, 또한 힘든 사모의 역할도 묵묵히 감당하며 남편을 도와 주의 나라를 확장하는 일에 헌신하고 있다.

선교에 열심이시던 친정아버지께서 돌아가신 지 13년이 지났다. 호남합회 장(葬)으로 장례를 치러 주셔서 많은 분이 친정아버지의 마지막 길을 지켜주셨다.

"그렇게 엄격하고 무서운 최 장로님이 어떻게 막내딸을 불신자 집안으로 시집보냈는지, 그 막내 사위 좀 봐야겠다."는 게 장례식 날 이야깃거리였단다.

결혼한 지 어언 29년이 흘렀다. 결혼 후 18년 동안 신앙생활에 무심하던 남편이 지금은 부족하나마 집사의 직분으로 열심히 교회를 돕고 있다. 사위가 신앙생활을 하지 않던 시절, 친정아버지는 사위에게 한 번도 "자네는 왜 교회에 안 나가느냐?"고 채근하지 않으셨다. 형제들이 그 문제에 관하여 마음을 쓸 때면 아무 말씀 안 하시고 도리어 큰기침을 하시며 막내딸 내외를 두둔해 주시던 아버지. 그러면서 막내딸 시댁 식구들을 위하여 항상 기도하며 사돈댁의 대소사를 자상하게 돌봐주셨다.

어느 곳에서나 신앙 문제만큼은 확고부동하셨던 친정아버지에 관한 재미있는 에피소드 하나다. 시동생은 이미 신학생이 되어 말씀에 빠져 있을 무렵, 한번은 추석 명절에 많은 친정 식구가 시댁으로 인사를 오셨다. 그런데 친정아버지께서 다짜고짜 부엌으로 가시더니 시할머님과 시어머니께서 애지중지하시는 조상단지 (부엌 아궁이 앞 벽에 작은 구멍을 뚫어 매일 아침 정한수를 올리는 작은 사기 그릇)를 꺼내서 뒤뜰에 던져 버리시는 것이 아닌가! 깜짝 놀라신 시할머님께서 "아니, 사장 어르신, 왜 우리 조상단지를 던져 버리시오?"라고 항변하니, 친정아버지는 "한 집안에서 두 신을 섬기면 자손이 안 좋으니 하나님만을 섬기시라."고 당당히 말씀하셨다. 그 후 집이 낡아 새집을 지었는데, 그때부터 시댁에서는 여기저기에 모셨던 조상 단지들이 사라져 버렸다.

이제 총 28명의 시댁 식구 중에 재림교인이 23명이다. 시동생에 이어 내 아들도 부족하지만, 한국에서 신학과를 마치고 미국으로 건너와 4년 동안 청년 목회자로 봉사하던 중 하나님을 사랑하는 참한 배필을 만나 새 가정을 꾸렸다. 지금은 앤드루스대학교 세미나리에서 그리스도를 아는 일에 정진하고 있다.

"할머니, 목사 아들에 목사 손자까지 두셔서 좋으시겠네요."

"그것이 좋은 것이라요?"

마냥 행복하여 입이 다물어질 줄 모르는 시어머님의 해맑은 모습에 이 부족한 며느리는 행복의 눈물, 감사의 눈물을 흘릴 수밖에!

지금 시댁은 마을에서 또한 집안 친척 중에서 가장 복을 많이 받았다며, 동네 분들이 "하나님을 믿으면 그렇게 복을 많이 받느냐?"고 시어머님께 물어 온단다. 안식일 아침 한국에 안부 전화를 드릴 때면, 항상 시어머님은 "나, 오늘 교회 다녀왔다."며 교회에서의 이런저런 이야기를 보고하시듯 말씀하신다. 그 연세에 음식도 준비해 가신다니!

선교 열의도 대단하신 시어머님은 미국에 방문 오셔서 우리 교회를 보시더니 영암교회에는 교인이 적다고 아쉬워하신다. 더 흐뭇한 이야기는, 목회하는 아들네 가셨다가도 영암교회 교인이 별로 없다며 안식일이면 짐을 꾸려 꼭 당신 교회에 가신다고. 이제 집안의 모든 제사를 추모 예배로 바꿨는데 시어머님이 가장 기뻐하시며 "진작 교회에 다녔다면 얼마나 더 편했을까?"라시며 후회막급이시다.

"며늘아이, 네가 우리 집에 시집와서는 식구들을 서울로 끌고 가더니만, 교회로 데리고 가고, 이제는 또 미국으로 다 데리고 가는구나."

"어머니, 아직 한 곳에 더 가야 해요. 저 하늘나라 말이에요."

아직은 각자의 신앙생활이 미약하지만, 구원의 기준은 하나님께서 평가하는 것이기에, 영광스런 재림의 날을 손꼽아 기다린다. 이렇게 되기까지 나만의 노력이 아니라 하나님의 도우심과 말씀의 능력으로, 또한 주변의 교우들과 가족들의 열렬한 도움으로 모든 것이 가능하였다. 소망을 품고 부족하지만, 최선을 다해 하나님께 매달리며, 떼쓰며, 보채며, 깨달은 만큼 간구했었다. 그때마다 나에게 맞게, 내 능력에 적절한 방법으로 응답해 주셨다. 하나님의 은혜를 잊어버릴까 두려워 순간순간 내 자신을 가다듬는다.

요즘, 남편은 운동하러 체육관에 갈 때마다 『시조』와 『가정과 건강』을 들고 간다. 한인들에게 나누어 주기 위해서다. 친정아버지께서 살아 계셨더라면 얼마나 기뻐하실까.

친정아버지께서 생전에 그토록 바라셨던 조석 예배와 순종에 대해 나는 내 자신과 남편, 아들, 며느리 그리고 딸에게 만날 때마다 귀가 닳도록 이야기한다. 왜냐하면 친정아버지가 지금 이 세상에 계시지 않지만 살아 계셨을 때보다 더 강하고 확실하게 나를 격려하시기 때문이다. 바로 말씀을 통하여.

친정아버지께서 주신 숙제를 오늘도 되새긴다. 내 생명이 다할 때까지 쉬지 않고 숙제를 해 나갈 것이다. 더하여 자손들에게 그 숙제를 주고 또 줄 것이다. 그 숙제를 하다 보면 그리운 친정아버지를 만날 순간이 오겠지.

"억지로라도 순종하면 축복은 네 것이다."

외할아버지의 만 원짜리 막내딸

이세현 목사(대성의 손자, 사우스 뷰 재림교회 담임목사)

"엄마는 만 원짜리야."

금전의 관념이 아직 없을 때 어머니께서 우리 남매에게 하신 말씀이다.

"무슨 말씀이람? 멍!"

사건의 배경도, 상황도, 인물도, 아무것도 감이 잡히지 않은 이야기의 내용은 다음과 같다.

8번째로 둘째 이모님을 낳으시고 4년이 지났단다. 그런데 외할머니의 신체적, 생물학적 현상으로 이모님이 막내라고 단정을 지으셨는데 덜컥 나의 어머님이 생기는 사건이 발생하였다나?

"웬 사건?" 내 동생과 나는 멀뚱하니 엄마를 빤히 쳐다보며 이 사건이라고 하는 이야기에 별로 관심도 없었고 이해도 안 되었지만, 그때 그 상황을 아주 생생하게 보신 것처럼 말씀해 주시는 어머님께 경청의 태도를 보였다. 어머님은 할아버지를 많이 닮으셔서 너무나 엄격하셨기에 우리에게 늘 순종과 복종을 강제적으로 요구하시는 편이셨다.

할아버지, 할머니께서는 전혀 기대하지 않은 나의 어머니를 유산시키기로 결정하시고 교우 중에 의료원을 운영하시는 장로님을 찾아가셨다.

여차여차해서 아이를 떼어 달라고 하였더니 당시에는 큰 돈인 10,000원을 요구하셨고 생긴 아이니 낳으라는 충고까지 덤으로 주셨다. 두 분은 많은 고민과 부끄러움과 무거운 마음으로 죄인들처럼 동네 뒷길로 집에 돌아왔다. 그때가 1958년 이른 봄이었다. 앞마당에서는 결혼을 하고 군대에 간 큰 아들(최영찬 장로)의 세 살짜리 아들(최상섭 장로)이 자전거를 타고 놀고 있었다. 그 당시에는 흔히들 있는 일이었지만 손자가 있는 자신들의 입장에서 현실을 받아들이기에는 참으로 난감한 일이었다고 한다. 그렇게 생명의 위기를 면하고 태어난 나의 어머니의 출생 이야기다. 떳떳하지 못하게 태어난 늦둥이 막내딸은 나이가 더 많은 조카와 비슷한 또래들의 여 조카들 사이에서 그것도 한 집에서 성장하는 막내딸과 손지녀들과의 애매한 상황에서 나의 어머니를 향한 할아버지, 할머니의 각별하셨던 사랑 이야기와 우리 두 남매에게 향하셨던 꿀 같은 사랑 이야기는 지금도 계속 이어지고 있다. 외할아버지께서는 "막내가 시집을 가는 것을 볼 수 있을까?"라며 늘 염려를 하셨단다. 그런 어머님이 결혼을 하셨고 나를 가지셨다는 소식에 많이 기뻐하시는 것은 너무나 당연하셨을 것이다.

내가 생겼을 때 어머니께서는 입덧이 심하셨단다. 그런데 어머니께서는 보성 외가댁 뒷산 옹달샘 모사내(모래 속에서 솟는) 우물물을 먹고 싶다고 하니 외할아버지께서는 보성에서 그 이른 새벽에 산에 가셔서 물을 떠서 온종일 기차를 타고 서울에 상경, 막내딸에게 가져오셨다는 것이다. 그런데 어머님께서는 맛을 보시고는 시큰둥하게 모사내 물이 맞느냐며 그 말도 모자라 모사내 물은 참 시원했는데 맛이 왜 이러느냐며 짜증까지 내면서 먹지 않으셨다는 것이다. 정말로 힘이 쭉 빠져버리게 하는 황당한 일이 아닐 수 없다. 그토록 엄격하고 무섭다고 하신 할아버지께서 그 상황을 어떻게 참으셨을까? 의문이다.

내가 태어나자 외할아버지와 외할머니께서는 서울에 오셔서 묵동 외삼촌 댁에서 공릉동까지 날마다 걸어오셔서 백일 때까지 목욕을 시켜 주셨다고 한다. 또한, 내가 황달이 심해서 위생병원(현 서울삼육병원)에서 엄마만 퇴원하시고 입원해 있는 것을 많이 가슴 아파하시며 보성에서 현미, 검은콩, 검은깨를 갈아서 가져오셔서 각종 야채 물로 죽을 끓여 먹여 주시며 염려와 헌신을 아끼지 않으셨단다. 나는 그 이야기를 듣고 내 피부가 그래서 까맣다고 억지를 부려 본 적도 있었다.

할아버지께서 우리 집에 오시면 어머님과 함께 많은 이야기를 나누셨다. 무슨 할 말이 그렇게 많으신지 참으로 각별한 부녀이셨다. 우리가 두 분의 대화의 방해가 될 때는 장터국수를 사 주셨다. 내 동생과 나는 장터국수 가게에 신나게 뛰어갔던 추억에 그 국수 맛이 지금도 생생하다. 그 대화 내용에는 여지없이 우리 두 남매의 장래를 위한 일방적인 계획이 있었다는 사실을 나는 알고 있었다. 어릴 때부터 "목회자"가 되라고 하신 것을 보면 분명히 그랬다. 많은 세월이 흘러 나는 부족하지만 목회자가 되었다.

할아버지의 강하고 따뜻한 눈빛과 표정과 손길이 지금도 어렴풋이 느껴진다. 명절 때면 사촌들과 함께 보성 외가댁에 모이면 집안의 모든 연장들을 가져와 괜한 나무들과 대나무를 잘라서 온 집을 전쟁터처럼 만들어 뛰어놀았다. 그럴 때면 "허허허. '역적 구성뱅이'들이 난리를 치네."하시며 마냥 좋아하셨던 기억이 난다.

몇 달 전, 대총회 아드라 부서에서 일하고 있는 동생이 60년대에 할아버지의 선교 활동 자료를 보내왔다. 나는 할아버지에 관하여 이야기만 들었던 선교담을 SDA 세계 선교 현장에서의 한 인물로 기록된 것을 보며 할아버지의 선교 사명을 이제야 실감하며 자랑스럽게 할아버지 자료로 설교를 하였다. 외할아버지의 훌륭한 신앙 유산을 신조로 어머님께서는 그토록 가족 예배 시간과 무슨 일이 있을 때마다 "외할아버지께서는…" 하시며 짤막하게 혹은 너무나 길게 일화들을 말씀해 주시며 경성과 각성을 주시고 때로는 잘못된 우리의 신앙과 삶을 바로잡아 주신다. 어머님은 외할아버지 성격과 선교 정신을 많이 닮으신 것 같다.

나는 이제 40세가 되어가는 중견 목회자로서 27여 개 나라의 다민족이 모인 미국인 교회에서 목회를 하고 있다. 매 안식일이면 어머님께 문자가 온다. 설교에 꼭 "재림"을 준비시키는 말씀을 선포하라는 당부를 하신다.

오늘도 나 자신에게 질문을 한다. '나는 과연 외할아버지처럼 절대적인 하늘의 선교 정신과 사명감을 가진 목회자인가?' 라고.

대총회에 먼저 오셔서 나를 기다리신 외할아버지

이세란(최대성 장로 손녀, 대총회 국제 아드라 그래픽 디자이너)

"이 땅개비야!"

"역적다리 구성뱅이야!"

외할아버지께서 나를 부르시는 애칭이다. 이 애칭은 모든 사촌 언니, 오빠들도 다 듣고 자란 공통분모이다. 그래서 우리 삼 세대들이 모이면 할아버지 이야기로 늘 타임머신을 탈 수밖에 없다. 할아버지께서 우리들에게 베푸신 사랑은 많은 세월이 지났어도 현실의 힘든 일들을 잊고 행복하게 해 주는 자신감 주는 귀한 격려의 말이고 사랑의 보약이다. 우스운 것은 땅개비는 뭔지 대충 나중에 커서 알았으나 역적다리 구성뱅이는 뭔지 아직도 모른다.

"그랑께 그라네…" "크크크… 흠…" 이 말도, 이 기침 소리의 의미도 무슨 뜻인지 아직 모른다. 할아버지께서 자주 하신 말씀이시고 기침 소리이시다. 그러나 분명한 것은 우리들이 예뻐서 그러셨다는 건 안다. 그런데 이 말씀과 기침 소리는 대상과 장소에 따라 전혀 다른 의미를 가지고 있다는 게 더 흥미롭다.

할아버지께 붙잡히면 손과 발을 꼭 잡고 안 놔 주셨다. 그러고는 거친 수염으로 얼굴과 손발을 다 문지르셨다. 아프고도, 시원하고도, 간

지럽기도 한 넘치는 사랑의 표현으로 느껴졌던 기억뿐이다. 또한 할아버지는 정말 키가 크셨다. 외삼촌들이 할아버지 키보다 더 크신 분이 없으시다. 그렇게 크신 할아버지 두 발등에 나의 두 발을 올려놓고 걷는 놀이는 너무나 신나고 재미있었다. 그런데 어른들께서 할아버지가 무서우신 분이셨다고 얘기들을 하시면 우리들은 지금까지도 도저히 이해가 안 된다. 너무나도 그리운 할아버지일 뿐.

  할아버지께서 운명하시기 전 위생병원 독실에 입원해 계셨다. 어느 날 내가 병원에 갔다. 둘째 이모네에서 간병을 받으시던 외할머니도 오셨다. 옆 침대에 나란히 눕혀져 계신 두 분의 모습이 지금도 생생하다. 그때도 할아버지께서는 내 손을 강하게 힘껏 꼭 잡고 안 놔 주셨다. 그렇게 키도 크시고 건강하셨던 할아버지께서 그러고 계신다는 게 믿어지지 않았다. 병원에 입원한 날 영선 외삼촌과 엄마가 함께 묵동 외삼촌 댁에서 할아버지를 모시고 앰뷸런스로 병원으로 이송을 하셨는데 병원에 안 가고 몸에 약물을 투여하지 않은 상태로 하나님께서 허락하신 생명을 다하고 운명하시고 싶다고 하셨단다. 그런데 다른 사람들이 자식이 여럿인데 왜 병원에 모시지 않느냐는 말에 하는 수 없이 병원으로 가시게 되었다며 너무나 속상해하셨다는 것이다. 죽는 것도 내 맘대로 못하다니 하시며…. 무덤에 장사하는 것도 수의만 입혀서 탈관하여 맨 밑에 흰 산돌을, 그 위에 조그마한 흰 조약돌을, 그 위에 자잘한 흰 돌을, 맨 위에 깨끗하고 고운 흰 모래를 그리고 할아버지를 올려 달라고 하셨단다. 그런데 엄마는 그 말을 하지 못하여 소원대로 해드리지 못한 것을 두고두고 후회하신다.

할아버지께서는 자존심이 정말 강하셨는데 병원에 가자마자 검사가 시작되었고 기저귀를 채우고 링거를 꽂는 수많은 과정에서 화병이 더하셨단다. 자신의 몸이 이 사람 저 사람에게 맡겨져서 함부로 취급을 받고 있다는 사실에 긴 한숨이 깊어지며 엄마께 하소연하셨다고 한다. 가엾은 할아버지. 엄마와 할아버지는 정말 친하셨다. 두 분은 만나기만 하면 이야기가 끝이 없었다. 어떤 경우에는 엄마가 할아버지께 좀 흥분하여 말씀하셨는데 할아버지께서는 한쪽만 양반다리를 하시고 다른 편 다리는 세우시고 한쪽 손은 세워놓은 다리에 올린 상태로 입 근처에, 혹은 긴 눈썹 결을 따라 쓸어 만지시며, 다른 손가락으로는 반쪽 양반다리 옷깃을 만지시거나 방바닥 장판 무늬를 따라 많은 세월의 파편들을 모았다 흩었다 하는 모습을 보이셨다. 서로 역할이 바뀌어 엄마가 할아버지를 타이를 때도 있었다. 그런 그림은 외가댁 가족에게서는 도무지 볼 수 없는 기이한 모습이었다. 나는 늘 많이 궁금했다. 그 후 많은 세월이 흘러 우리가 미국에 와서 나도 나이가 드니까 엄마가 살아온 이야기를 많이 해주시는 가운데 그때 궁금했던 두 분의 대화의 수수께끼가 풀린 것이 많다. 이 외에도 너무나 많은 이야기가 있지만….

손자 중 막내 세란이가 말할 수 있는 성인이 되었기에 할아버지의 삶에서의 자신과의 치열한 싸움과 고통의 십자가가 어떤 것들이 있었는지도 알아버렸다. 가족 구성원에서 어느 가정에서나 있는 문제가 할아버지께도 결코 예외는 아니셨다는 것을…. 우리 엄마는 성질이 급하시고 벌컥 화도 잘 내시는 편이시다. 신앙적인 문제로 말씀하실 때, 옳은 일이 아니다 싶을 때, 어른한테 말대꾸를 할 때, 또한 우리에게 말씀을 하실 때 성실하게 경청하지 않을 때 등, 할아버지를 닮으셨단다. 그런데 할아버지께서는 엄마보다 훨씬 더 그런 면에서 강하셨으므로 가족들에게 종종 아픔을 주는 경우도 있었다고 한다. 그래서 그런 자신을 속상해하셨다는 것이다. 이런 이야기를 들으며 할아버지께 그런 아픔이 있으셨다니… 지금 살아 계신다면 할아버지께 "모두 다 그러고 살아요. 아파하지 마세요."라고 말씀해 드리며 위로해 드릴 수 있었을 텐데 너무나 아쉽다.

그러나 신앙이라는 큰 틀 안에서 하나님의 사랑으로 서로 이해하고 상대방의 장점들은 칭찬해 주고 단점들은 덮어 주며 이해해 주는 그리스도의 은혜로 할아버지 자녀 손 모두가 지금까지에 이르렀다. 내가 3세대 중 가장 어리지만 많은 세월과 각자의 신앙의 연륜과 인생의 경험으로 할아버지를 이해하고 존경하며 자랑스러워하는 우리 가족임을 인해 하나님께 영광과 감사를 드린다.

엄마는 거의 날마다 할아버지의 신앙관 이야기를 하신다. 간절히 기도하시는 엄마. 엄마의 기도의 응답을 목격하며 살아가는 삶이기에 뜻을 거스를 수가 없다. 어떻게 걸어라, 어떻게 옷을 입어라 등등. 고등학교 때 교회 친구들은 다들 매니큐어를 바르고 다녔다. 한번은 내 친구가 여름에 우리 집에 와서 자신의 것으로 내 엄지발가락에 무색 매니큐어를 발라 주었다. 안식일 아침에 교회를 나가다 엄마께 딱 걸렸다. 엄마의 표정에 나는 죽었다는 생각이 들었다. "지우고 교회에 가거라." 불벼락이 떨어졌다. 또 외할아버지께서 등장…. "엄마는 손발톱에 봉숭아 물을 들이는 것 만으로도 혼이 났다." 하시며 교훈이 시작되었고 옷 색깔에 맞춰서 매니큐어를 바르려면 평생 얼마나 복잡하고 시간 낭비냐며 그 행위는 당최 유익한 일이 아님에 대한 설명을 논문 한 권 분량으로 훈시하셨다. 그 후 나는 매니큐어와는 상관이 없는 삶이 되었다. 할아버지의 영향력의 위력. 그뿐만이 아니다.

엄마는 꿈을 잘 꾸신다. 일반적인 꿈이 현실 생활에 딱 맞는 소름 끼치는 일이 많다. 그 꿈들 중에 중요한 일에는 반드시 외할아버지와 할머니께서 등장하신다는 사실은 참으로 신기하다. 외할아버지와 엄마는 정말 친한 사이다. 살아 계신 것처럼.

올해 봄에 외삼촌과 사촌 오빠께서 대총회 도서관에 외할아버지 선교담 자료가 있을 터이니 찾아보라고 하셨다. 밖으로 가지고 나올 수 없는 시스템을 고려해 잘 아는 담당자에게 부탁하여 다행히 할아버지에 관한 자료를 찾을 수 있었다. 대총회 월간선교 잡지 "GO"(가래)의 표지에 나타난 할아버지의 얼굴. 사랑하는 할아버지를 직접 만난 듯 너무나 반갑고 벅찼다. 하나님은 이렇게 멋있는 능력의 하나님이시다.

"이 땅개비야! 할애비가 55여 년 전에 여그 대총회 도서관에 먼저 와서 '역적 구성뱅이' 너를 기다리고 있었당께"라고 하시는 것 같았다. 나는 기도에 응답하시는 하나님, 엄마에게 기도를 가르쳐 주신 외할아버지께 감사를 드린다. 엄마의 그 간절한 기도의 영역에서 하나님의 보호와 관심과 사랑을 경험하고 있기 때문이다. 할아버지께서 장난기 섞인 인자한 가성의 목소리로 부르시는 것 같다.

"이 땅개비야!"

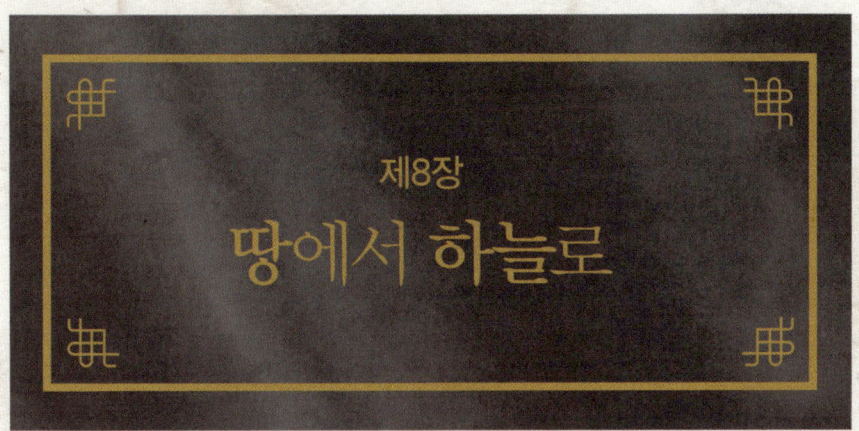

제8장
땅에서 하늘로

"저희는 하나님의 백성이 되고 하나님은 친히 저희와 함께 계셔서 모든 눈물을 그 눈에서 씻기시매 다시 사망이 없고 애통하는 것이나 곡하는 것이나 아픈것이 다시 있지 아니하리니 처음 것들이 다 지나갔음이더라"(계 21:3~4)

제8장

땅에서 하늘로

    땅의 삶은 잠시 잠깐의 삶이다. 영원한 하늘을 소망하지 못한 사람은 안개와 같고 바람에 나는 겨와 같은 삶을 부여잡고 있는 것이다. 대성을 만나 땅에서 눈을 들어 하늘을 소망하게 된 사람들은 대성을 그리워한다. 하나님이 그를 통해서 이루신 섭리를 찬양한다. 누가 기억해 주지 않는다면 어떤 사람의 위대한 영적 유산이 어찌 후손들에게 유익이 될 수 있겠는가? 대성과 절친했던 교단의 어른 신종균 목사는 대성의 부고를 듣지 못했다. 후에 대성의 무덤에 와서 눈물을 흘리셨다. "참 훌륭한 신앙인이셨지. 자녀들에게 신앙을 잘 심어 주셨어." 신종균 목사는 대성을 홀로 이별하며 다시 만날 날을 기약했다. 대성을 기억하고 그리워하는 분들에게 감사를 드리며 여기에 그들의 소중한 글들을 싣는다.

존경하는 최대성 장로님을 그리면서

정영근 목사(전 호남대회장)

보성본부교회 선교 100주년을 맞으면서 고 최대성 장로님을 그리워합니다. 저는 보성본부교회가 있는 오리실 동네에서 자라나면서부터 최대성 장로님을 하늘의 젖줄을 가진 평신도 목회자로 모시고 자식처럼 자라났습니다. 어린아이의 기억으로는 최대성 장로님 내외분은 보성이 고향으로 일본에 가셔서 사시다가 오신 것으로 알고 있습니다.

저는 어린아이였지만 최 장로님의 설교 말씀에 큰 감명을 받으면서 자라났습니다. 저의 중학교 학창시절 때에는 최 장로님께서 저를 개별적으로 성경 연구 지도를 해 주셨습니다. 요긴한 성경절들을 한절 한절 찾아가면서 성경을 공부했는데 2300주야 공부는 나의 생애의 전환점을 이룰 만치 큰 감명을 받았습니다. 성경에 이렇게도 놀라운 숫자적이고도 계산적인 내용이 있는 줄 몰랐는데 2300주야 공부를 다 끝마치고 보니 제 마음 눈이 밝아지는 것처럼 느껴졌고 재림교회 신앙생활에 큰 확신과 결심이 생겨나게 되었습니다. 그리고 이러한 감명이 훗날에 신학을 공부하겠다는 소명의 길로 들어서게 하는 전기를 마련해 주신 것으로 이해하고 있습니다. 아마도 지금까지 이 기회만큼 성경에 대한 감명을 받은 일이 다시 없었다고 말씀드릴 수 있습니다.

두 번째의 감명이 있습니다. 솔직하게 말해서 최 장로님께서는 그 시절이 우리 복음의 여명기인지라 신학에 대한 특별한 배움의 기회가 없었는데도 그 어찌 평생 동안 목회자 없는 교회에서 평신도 장로님으로써 안식일마다 그렇게 감명적이고도 훌륭한 설교로 호소하실 수 있었는지 모르겠다는 생각을 갖게 됩니다. 당시로 말하면 신학적인 서적들이나 자료들이 거의 없는 시절이었음에도 불구하고 성도들의 영적인 빈곤과 갈한 심령을 유여하게 채워 주시고 소생시켜 주셨을까 의아하게 생각되어 집니다. 아마도 최 장로님께서는 목회 영성이 크신 분으로 즐겨 성령의 부르심과 감명에 몰입하면서 소질 역량을 다해 자신 스스로를 불태웠을 것이라고 생각합니다.

세 번째의 감명이 있습니다. 당시는 빈곤의 시대였습니다. 처음에 초라하고 작은 교회를 지었지만, 또 확장시켜가면서 나중에는 큰 교회를 건축했습니다. 그리고 그때 당시의 100여 명 안팎인 성도들의 신앙을 독려하면서 자녀들의 신앙 교육을 장려하였는데 교회 안에 삼육국민학교까지 개설하기도 하셨습니다. 이 학교는 당시에 호남대회 안에서 몇 곳 안 되는 교육기관이었던 셈이지요. 저는 이 학교에서 교사로 몇 년간 봉직한 경험이 있습니다만 이런 경로가 저로 하여금 신학을 공부할 수 있는 동기 부여와 기회를 마련해 주신 것으로 압니다. 최대성 장로님은 호남대회 행정위원, 한국연합회 행정위원을 지내셨는데 당시로 거슬러 올라가 생각해 봐도 자못 행정적인 지도자 소양을 크게 갖추고 계셨던 분으로 생각됩니다.

  네 번째의 감명이 있습니다. 당시에 해를 거듭하면서 여러 곳에 전도회를 경영하고 강사로 일하셨습니다. 물론 많이는 사비를 들여 경영한 것으로 이해하고 있습니다. 사실상 최 장로님의 이러한 활발한 활동 뒤에는 보이지 않는 내조자께서 전적으로 장로님의 뜻을 받들어 섬기다시피 하면서 잔잔하면서도 아름다운 품성의 덕성을 이름 없이 발휘하셨다고 생각합니다. 저는 최 장로님의 헌신과 노고를 지켜보면서 그 당시에 교회 지도자의 의미와 사명감에 대한 큰길을 찾고 싶어 했던 것이 사실입니다. 존경하는 최대성 장로님! 감사드립니다!

최대성 장로님을 그리며

산중인 학운 최학봉 장로

보배로운 보성에 큰 소리로 복음 전도하셨던 최대성 장로님을 소개한다. 장로님께서는 1946년 해방 후 일본에서 귀향하셨다. 보성읍 주봉리에 거주하실 때 내 나이 9세 때 동갑되는 친구가 현재 보성본부교회 최영열 장로였다. 가족처럼 이웃집에 살고 지냈다. 그때에 마을에는 교회 집회소가 있어 교회를 다니게 되었다.

교회지도자 최대성 장로

1950년 6월 어느 날, 비행기와 총소리가 요란했다. 나는 보성에 오셨던 중한대회장 김명길 목사와 최대성 장로님께서 우리 집 고구마 토굴 속에 우리 가족과 함께 피신하고 있을 때 장로님과 목사님의 간절한 기도에 감동을 받았다. 인민군은 기독교인 사상 명단에 최대성 장로님의 이름을 올려 놓고 죽이려 했으나 하나님의 도우심으로 죽음을 면할 수 있었다. 정해진 날짜가 이르기 전에 급히 후퇴를 하게 되었기 때문이다.

장로님의 선교 정신

6월의 붉은 아름다운 빨간 장미꽃 향기처럼 하늘의 기별을 손과 발에 드셨다. 그리고 세상에서 기도의 인생을 사셨다. 방문길에서도, 잠시 서셔서 소리없이 묵상하시며, 대문 앞에 서서 묵상하신 믿음의 선배, 꿈과 미래를 결정한 긍정을 선택하셨기에 현재 가족에 많은 목사와 103명의 후손, 장로들과 집사들로 헌신하는 신앙인의 가족을 만드셨다. 무교군 무교면 개척에 헌신하셨기에 보성읍 쾌상리, 웅치면, 장평면, 회천면, 벌교읍, 미력면, 복내면, 고흥대서, 조성면, 노동 금호리를 개척하는 일에 최선을 다하여 한국연합회에서 인증을 하셨다.

꿈과 믿음으로, 미래를 결정하듯 씨름한 야곱처럼 축복받으신 최대성 장로님을 존경한다.

보성본부교회 선교 100주년을 축하드리면서

정영근 목사(전 호남대회장)

보성본부교회 선교 100주년 기념식을 축하드립니다. 그동안 교회의 발전을 위해 노심초사 수고해 오신 지도자 여러분께 심심한 경의를 표합니다. 또한 교회의 발전과 더불어 충성스럽게 일해 오신 주역들은 바로 성도 여러분의 사명감과 참여 활동 아니었겠습니까? 삼가 그 노고에 경의를 표하면서 선교로 자랑스러운 본성본부교회의 무궁한 발전을 충심으로 기원합니다. 적잖은 100년의 세월, 흐르고 흘러서 오늘에 이르렀다는 전언 아니신가요. 참으로 장하고 또 훌륭하기 그지없습니다. 우리 주님께서 영광 받으시겠습니다. 찬양 드립니다. 주님께는 오직 영광이요 성도님들께는 기쁨과 찬양을 드리고 싶습니다.

저는 오늘의 보성본부교회의 선교 100주년 기념식에 참석하지 못함을 인하여 못내 송구하기 그지없습니다. 그러나 머나먼 이역 땅에 있을지라도 한결같은 근접한 마음과 목격담으로 이 글을 쓰게 됨을 큰 보람으로 여깁니다. 소생은 본디 보성읍 주봉리에서 모태 교인으로 태어났으며 보성본부교회에 몸담아 출석했습니다. 당시 교회는 작은 규모의 교회에서 증축 과정으로부터 또다시 좀 더 큰 교회의 건물로 확장 건축하는 모습을 지켜보았습니다. 50~60년대의 지극히 빈곤한 시대 그리고 예기치 못했던 6·25 사변으로 인해 약 3개월간 지하교회 신앙을 고수하던 당시의 성도들의 뜨거웠던 신앙열을 상기하면서 지금의 100주년의 굵직한 맥박을 그때 이미 감지했다는 옛 소식을 전해 드립니다. 그럼에도 불구하고 보성본부교회는 꾸준하게 전도열을 가다듬고 정진할 수 있었던 것 같습니다.

저는 보성본부교회 100주년을 축하하는 이 마당에서 꼭 **빼놓을 수 없는** 역사의 한 페이지를 잊을 길이 없다고 보여집니다. 당시 연로하심과 건강상의 관계로 잠시 휴식을 취하고 계시던 김봉옥 원로의 노고와 때를 맞춰 사명감과 열성을 다해 수고하신 최대성 장로님의 노고를 결코 잊을 길이 없다고 말할 수 있겠습니다.

특히 최대성 장로님의 꾸준한 영혼 구원 사업과 설교 중심의 목회 활동에 큰 감명을 받았고 생각하면 지금도 그 일을 잊을 길이 없다 하겠습니다. 최 장로님께서는 평신도 지도자로서 보성교회 목양을 맡고 안식일마다 그리고 수십 년간 세월을 어찌 하루 같이 그렇게도 말씀을 힘차고 열렬하게 감동적으로 전하실 수 있었을까 싶습니다. 아마도 복음 소명에 대한 충일한 부르심이 아니고는 결코 이런 일을 이루실 수 없을 것이라고 판단되어 집니다. 그리고 당시 여러 곳의 분교를 개척하면서 열렬한 전도 강사로 활동하셨습니다.

그때 당시의 성도님들의 신앙을 회상하면 한결같이 순결했고 열성적이었으며 하나로의 아름다운 연합을 표방했습니다. 소생은 고향을 떠나그네가 된 지 60여 년 전을 이렇게 회상하면서 사랑스럽고 존귀하신 성도 여러분의 한결같은 애쓰심과 노고를 힘입어 이제 100주년 이후 아니 주님 다시 오시는 재림의 그날까지 세 천사 기별 전파의 세계 복음화와 아울러 보성본부교회의 무궁한 발전을 기원하면서 다시 한번 주님께서 인도해 주신 100주년 축하 기념 행사에 큰 복을 내려 주시기를 기원하여 마지않습니다.

부디 보성본부교회 성도 여러분! 그동안 우리 주님 재림의 그때까지 "능력과 존귀로 옷을 삼고 후일을 웃으며"(잠 31:25) 내내 건승하시기를 기원합니다. 감사합니다.

2020년 8월 3일

맺는 말

큰 소리, 하나님의 호소

　최영태 목사와 나는 서호리의 옛날 교회를 찾고 있었다. 대나무 숲 어딘가에 있을 교회를 찾다 마을 꼭대기까지 올라가게 되었다. 마침 밭에서 일하는 노부부를 만나게 되었다. 부부는 밭에서 마늘을 파내고 있었다. 한 곳에는 탐스러운 마늘이 수북이 쌓여 있었다. 우리는 부부에게 옛날 서당이었던 안식일교회를 찾고 있는데 알고 있느냐고 물었다. 부부는 친절하게 장소를 알려 주었다. 마늘을 좋아하는 최영태 목사는 마늘을 사면서 대화가 오고 갔다. 나는 부부에게 물었다. "혹시 최대성 장로님을 아십니까? 몇십 년 전에 서호리에서 전도회도 하고 열심히 활동했는데요." 놀랍게도 여자 분이 최대성 장로를 알고 있었다. "최대성 목사님요? 알다 마다요. 참 좋은 분이셨지요. 제가 시집와서 고생을 많이 했는데 그분 설교를 듣고 위로를 많이 받았지요. 이 마당 저 마당으로 이리 오라 하면 이리 오고, 저리 오라 하면 저리 몰려다니며 말씀을 들었지요." 교회도 없이 선교 활동에 열심이었던 대성과 서호리 성도들의 모습이 세월을 넘어 내 마음에 들어 왔다. 조부님을 목사님으로 알고 있는 그 여자 분은 알고 보니 침례교인이었다. 인생파도 넘다 보니 교회를 쉬게 되었다고 한다. 최대성 장로님의 아들과 손자를 만나게 되어 참으로 반갑다고 했다.

   수십 년 전에 조부님에게 복음을 받은 분을 수십 년 후에 손자로서 만나는 것은 시간을 휩쓸고 내려오는 깊은 감동의 물결이었다. 그때 들었던 복음을 지금까지 감사하고 있으니 얼마나 놀라운 일인가! 최영태 목사는 신신당부했다. "꼭 교회에 다시 나오세요. 나중에 제가 한 번 시간을 내어 방문하겠습니다." 세월에 주름이 파도를 치고 있어도 인상이 편안하기 이를 데 없는 그 노부부는 영락없는 세월에 익은 재림교인처럼 따뜻하고 포근했다. 주께서 재림하시는 날에 조부님과 이 노부부도 기쁨으로 서로 만나게 되길 기도했다.

   조부님의 과거를 탐구하면서 깊이 알게 된 것은 기록을 남기는 이 작업이 하나님께서 하신 일을 발견하는 것이었음을 깨닫게 되었다는 것이다. 하나님을 사랑하고 사람을 사랑한 많은 성도의 헌신을 통하여 하나님이 베푸신 놀라운 은혜와 그분이 펼치신 섭리를 확인할 수 있었다. 하나님은 선교 현장에 생생히 살아 계셨다. 정작 '큰 소리'는 하나님이셨다. 대성과 많은 성도를 통하여 외쳐진 "하나님은 사랑이시라."는 '큰 소리'는 이 작업을 하면서, 책을 쓰면서 내 영혼 깊숙한 골짜기마다 울려 퍼져 감동의 메아리가 끝이 없었다. 하나님의 은혜가 내 심령을 가득

채웠다. '큰 소리'이신 하나님의 호소가 이 글을 읽는 모든 사람에게 깊고 우렁찬 '큰 외침'이 되기를 간절히 소망한다.

* 이 책은 보성교회나 보성 지구의 역사를 기록한 것이 아니다. 한 시대를 하나님께 헌신하여 삶을 불태운 최대성 장로의 개인의 역사를 탐구한 것이다. 그러므로 당시에 활동했던 여러 인물들의 이름들과 역사적인 사건들을 다 다룰 수 없었다. 후에 보성교회와 보성 지구 교회들의 역사를 연구하는 사람들에 의하여 좀 더 자세히 기록되기를 바란다.

사진첩

1933. 3. 9. 첫 번째 교회 헌당식, 일제때 철거당함

두 번째 교회 건축 기공식

세 번째 완성된 교회

네 번째 교회 헌당식(1961. 7. 15.)

다섯 번째 교회

대성의 성경책

이제명 선교사 부부(앞의 좌측)와 대성의 7자녀

보성교회 80주년 기념 행사 후 대성의 후손들과 선교사들

인쇄 제본 50년 장인의 솜씨
"낡은 성경책 수리해 드립니다."

성경책이 낡으면 버리고
새것으로 교체하십니까?

Tel. 02) 973-3094
HP. 010-2272-4806

서울 중랑구 공릉로 2가길 28-5
에녹스빌 102호(묵동)

영구히 사용 가능한 고급원단 소가죽 사용

을 만드는 사람들!  삼 영 인 쇄

도서출판 **삼영출판사**   대표 최 상 섭

🍎 편집디자인 · 회고록 · 설교집 · 단행본
칼라복사 · 팜플렛 · 현수막 · 필사성경제본

대표전화	02-2249-3641, 2248-7073
Mobile	010-3757-3641
디자이너	010-7655-9607
E-mail	amyoung36@hanmail.net
팩 스	02-2249-7337
Webhard	ID-samyoung36 / PW - sy3641

서울시 동대문구 전농로 227 서울시립대 입구 (전농2동 103-294)

신신플러스의원
SHINSHIN PLUS CLINIC

종합 건강검진센터 | 통증의학과 · 정형외과 · 재활의학과 · 내과 · 산부인과
가정의학과 · 이비인후과 · 피부과 · 소아과

" 예수님의 제자가 되기를 꿈꾸는 사람들이 이 땅에서 만들어가는 작은 천국 "

예수님의 사랑으로 진료하고 환자들을 위해 기도하는 병원과 그 곳의 재림교인들

믿음의 주요 또 온전하게 하시는 이인 예수를 바라보자 (히브리서 12장 2절)

의료진
삼성의료원 출신 가정의학과 전문의 조상익
서울아산병원 출신 통증의학과 전문의 진석준
서울대학교, 국립암센터 출신 소화기내과 전문의 최상일
3명의 대표원장 포함 교수출신 전문의 총 7인

진료시간
월-목요일	오전 8시 30분 ~ 오후 6시
금·일요일	오전 8시 30분 ~ 오후 5시
수요일 야간진료	오후 6시 ~ 8시
토요일·공휴일	휴무

※ 일요일은 공휴일이어도 항상 진료

산부인과
산부인과 휴무	수요일, 토요일
월요일 야간진료	오후 6시 ~ 8시
일요일 진료	오전 8시 30분 ~ 오후 1시

스페이스타워 4층

대표전화
031-342-8275
help@sspclinic.com

남쪽의 큰소리

2021년 1월 4일 재판 인쇄
2021년 1월 7일 재판 발행

지은이 최상재
편집인 김진주
발행인 최상섭
출판사 삼영출판사
등록번호 1989. 8. 11 제 5-195호
주　소 서울시 동대문구 전농로 227
전　화 (02) 2249-3641, 2248-7073
팩　스 (02) 2249-7337
E-mail samyoung36@hanmail.net
webhard samyoung36 / sy3641

정가 17,000원

ISBN 979-11-90986-05-2(03200)

이 책에 실린 글과 사진의 무단 전재와 무단 복제를 금합니다.

저자
판권